教育部人文社会科学研究青年基金项目资助（10YJC752009)

德州学院学术著作出版基金资助

依附与剥离

后殖民文化语境中的黑非洲英语写作

YIFU YU BOLI:Houzhimin Wenhua Yujing Zhong De Heifeizhou Yingyu Xiezuo

高文惠 著

中国社会科学出版社

图书在版编目（CIP）数据

依附与剥离：后殖民文化语境中的黑非洲英语写作／高文惠著.
—北京：中国社会科学出版社，2015.4
ISBN 978 - 7 - 5161 - 5942 - 2

Ⅰ.①依…　Ⅱ.①高…　Ⅲ.①后殖民主义—文化研究—非洲
Ⅳ.①G14

中国版本图书馆 CIP 数据核字（2015）第 076390 号

出 版 人	赵剑英	
选题策划	刘　艳	
责任编辑	刘　艳	
责任校对	陈　晨	
责任印制	戴　宽	

出　　版	中国社会科学出版社	
社　　址	北京鼓楼西大街甲 158 号	
邮　　编	100720	
网　　址	http://www.csspw.cn	
发 行 部	010 - 84083685	
门 市 部	010 - 84029450	
经　　销	新华书店及其他书店	

印　　刷	北京市大兴区新魏印刷厂	
装　　订	廊坊市广阳区广增装订厂	
版　　次	2015 年 4 月第 1 版	
印　　次	2015 年 4 月第 1 次印刷	

开　　本	710×1000　1/16	
印　　张	14.5	
插　　页	2	
字　　数	240 千字	
定　　价	48.00 元	

目　录

绪论　走出话语的师徒契约

　　黑非洲在地缘上是指撒哈拉沙漠以南的热带非洲地区，包括东非、西非、赤道非洲和南部非洲大陆及诸岛。从自然地理方面来说，非洲大陆是一块结构十分完整的大陆，之所以以撒哈拉沙漠为界，将非洲文化分为北部非洲文化和南部非洲文化，主要是因为撒哈拉沙漠以北地区的人种为白色人种，其文化与地中海周边文化为一体，与阿拉伯—穆斯林文化具有密切联系。而沙漠以南的非洲居民主体是尼格罗人种（黑人），有着大致相似的行为系统、语言特征、哲学观念和宗教信仰。另外，黑非洲的广大地区在历史上有着相似的遭遇和命运，尤其是近代持续了五百年的奴隶贸易，增强了整个黑非洲地区是一种命运共同体的文化自觉意识。由于这些因素的共同影响和作用，撒哈拉沙漠以南的非洲形成了有着一体意识的独具特色的黑非洲文化。作为黑非洲文化组成部分的黑非洲文学，也因此显示了某些共通的属性。

一　黑非洲英语文学的崛起及国内研究现状

　　黑非洲各民族大多迟至 19 世纪仍没有创制本族文字，所以在 19 世纪以前，黑非洲的文学基本上还处于口头文学阶段，欧洲殖民者对黑非洲地区的掠夺和渗透一方面给非洲人民带来了巨大的灾难，另一方面殖民主义作为历史的"不自觉的工具"，又促成了黑非洲的近代化进程，并导致黑非洲的书面文学"在全面移植西方文学的基础上，从无到有形成和发展起来"[1]。黑非洲书面文学从形成之初，就渗透着欧洲文学传统的影响，尽管黑非洲地区的几代文化精英都在努力摆脱欧洲文学的影响，建构非洲

---

① 王向远：《东方文学史通论》，上海文艺出版社 1997 年版，第 270 页。

自己的文学，但是一个毋庸置疑的事实是：英语文学、法语文学等已经成为非洲文学的一个重要组成部分。独立前，这种文学格局的形成与宗主国强行推行的殖民教育体系直接相关；独立后，则与黑非洲地区的语言传统和文化现状相关。具体来说，主要原因有三个：第一，由于黑非洲各国本土语种众多，难以将一种语言推广为全国通用语言，而英语、法语等外来语言反倒相对适应性广、接受面宽，因而成为很多国家的通用语言之一；第二，由于黑非洲本土书面语言大多发育不够完善，难以承载黑非洲人丰富的社会生活，因而作家自然选择英语、法语等语言来作为承载媒介；第三，由于本土语言文学的影响面小，很难拥有世界读者，而英语文学、法语文学更容易走向世界，形成世界性的影响，无论从作家声望的提高角度考虑，还是从区域文化、国家文化、民族文化的传播效力角度考量，英语、法语等语言都会是很多作家的首选语言。

总之，由于历史原因，英语文学、法语文学等已经构成黑非洲地区文学的重要组成部分，出现了许多杰出作家和优秀作品，其影响远非其他本土文学可企及。尤其是英语文学，近些年来逐渐崛起，发展态势迅猛，先后有索因卡、戈迪默、库切三位作家获得诺贝尔文学奖，这种崛起伴随着后殖民文化思潮的席卷全球，强烈地冲击着以中心自居的西方文化霸权，大有逼近中心、争夺话语权的态势。黑非洲英语文学也因此越来越受到国内外学术界的重视。

与对欧美英语文学的研究相比，目前国内关于黑非洲英语文学的研究由于起步晚、资料缺乏，研究很不充分，整体研究和系统研究的成果尤其缺乏。有些教材如季羡林主编的《东方文学史》（吉林教育出版社，1995）中专设一节"黑非洲英语文学"，对黑非洲的英语文学做了一些概要的介绍，李永彩翻译的伦纳德·S. 克莱因主编的《20世纪非洲文学》（北京语言学院出版社，1991）对黑非洲的文学按照国别进行了介绍，算得上是国内目前为止最为详尽的介绍，但也仅仅停留在介绍层次上；任一鸣、瞿世镜合著的《英语后殖民文学研究》（上海译文出版社，2003）中设有"非洲裔英语后殖民作家作品"一章，对几位作家进行了评述。2012年，宁夏人民出版社出版了俞灏东、杨秀琴、俞任远合著的《非洲文学作家作品散论》，这部专著是俞灏东等学者对黑非洲文学长期关注研究成果的一个汇总，里面分专节介绍了奥丽芙·旭莱纳、彼得·阿伯拉罕姆斯、戈迪默、理查德·里夫、桑戈尔、乌斯曼、奥约诺、阿契贝、索因卡、恩古吉等作家的创作情况，是目前国内唯一的一部由中国学者创作的系统介绍黑非洲文学创作的专著。

在对黑非洲英语文学的宏观梳理与概括上，国内也有一些学者做了一些研究工作，如黎跃进在《20世纪"黑非洲地区"文学发展及其特征》中，提出"非洲地区20世纪文学的发展分为四个阶段：模仿阶段、回忆阶段、战斗阶段和后殖民阶段"①。并分别对四个阶段的黑非洲文学发展特征进行了归纳；王向远在《黑非洲文学的区域性特征简论》中提出："从宏观比较文学的角度看，共同的口承文学传统、近现代文学共同的文化冲突的题材和主题，使黑非洲各民族、各国家的文学在纷繁复杂中呈现了内在的统一，在多样性中呈现出了共通性，即所谓'黑人特性'，并由此形成了相对完整独立的黑非洲区域文学。"② 任一鸣的《后殖民时代的非洲宗教及其文学表现》则从后殖民时代非洲宗教文化的角度考察非洲英语文学，又从文学的角度反观后殖民时代的宗教文化。他提出，"整个后殖民社会都处于流放状态，宗教和语言是最突出的两个领域。后殖民文学文本所使用的语言，就是这样一种流放语言，通过流放的文本来考察同样处于流放状态的非洲宗教，可以提供一种更适合的视角，一种完全不同于从宗教本身出发的视角"③。

还有一些学者对黑非洲英语文学的语言问题进行了探究，如张荣建的《黑非洲文学创作中的英语变体》（《重庆师院学报》，1995年第3期）细致分析了非洲英语现状、非洲英语区国家的语言态度及语言政策、非洲英语变体的显著特征、非洲英语变体与语码转换等问题；黄和斌、戴秀华的《非洲英语的形成、特征与功能》则"分析了东、西非洲英语生成的历史原因和社会原因及其形成过程，阐述了东、西非洲英语在语音、语词、语法、语用等方面的基本特征，揭示并讨论了其各层英语（英美标准英语、非洲标准英语、洋泾浜英语）在官方用语、教育用语、日常用语等方面的社会功能"④。颜治强的《关于非洲文学语言的一场争论》（《湖北师范

---

① 黎跃进：《20世纪"黑非洲地区"文学发展及其特征》，载《黑龙江社会科学》2012年第2期。

② 王向远：《黑非洲文学的区域性特征简论》，载《苏州科技学院学报》2012年第3期。

③ 任一鸣：《后殖民时代的非洲宗教及其文学表现》，载《社会科学》2003年第12期。

④ 黄和斌、戴秀华：《非洲英语的形成、特征与功能》，载《解放军外语学院学报》1998年第7期。

学院学报》，2008 年第 3 期）则介绍了肯尼亚作家恩古吉和尼日利亚作家阿契贝之间关于是否使用英语作为非洲文学创作语言的一场争论，这场争论虽发生在两人之间，却反映了黑非洲地区的作家们共同的语言困惑。

目前国内对黑非洲地区的英语文学的研究主要集中于南非、肯尼亚、尼日利亚三个国家。对肯尼亚、尼日利亚文学的研究主要呈现为针对个别作家的具体研究，而对南非英语文学的研究则除了针对个别作家的研究外，在对南非英语文学的总体研究上，也取得了一批成果：如刘炳范在《二十世纪南非文学简论》中认为，"现代南非文学基本上是在二十世纪发展起来的，以五十年代为界分为两个阶段，前期是形成确立阶段，英语文学和阿非利加语文学获得发展，其他民族语言文学开始萌芽；后期是走向成熟阶段，涌现出了以戈迪默为代表的一大批著名作家。南非文学特点鲜明：反对种族歧视文学是主流，在世界上产生了广泛影响；各民族语言文学共同发展，以英语文学成就最高；深受欧美文学影响，同时又具有鲜明的地方色彩"[1]；王培根在《南非文学说略》中提出，"真正在世界上产生反响的南非文学，无疑当数南非英语文学"[2]。文章还对自 18 世纪末期至 1994 年南非废除种族隔离建立民主国家之前这一历史阶段的南非英语文学成就进行了梳理；沈艳燕的《南非英语文学的发展》（《英语研究》，2007 年第 4 期）分别介绍了肇始期、种族隔离期、种族和解与共同发展期的南非英语文学，并对各个时期的创作特点进行了概括；邹颉的《南非英语文学述评》"对近百年来南非英语文学的主要文类重要作家及代表作品进行梳理和评述，旨在揭示南非英语文学的民族特征及书写特色"[3]；张毅的《南非英语文学纵览》（《四川理工学院学报》，2010 年第6 期）对南非的白人文学、黑人文学、布尔人文学进行分类介绍；张毅的另一篇论文《从文学功能看南非的英语文学》在提出南非英语文学是南非现实的反映之外，也注意到了其缺陷："深邃与阔大的阙如，题材与表现手法的单一狭窄。"[4] 总体上来看，这些成果有助于国内对南非英语文学的整体认识，但大多仅仅停留在介绍的层面，深入研究其规律及特质的成果缺乏。

---

①　刘炳范：《二十世纪南非文学简论》，载《齐鲁学刊》1997 年第 3 期。
②　王培根：《南非文学说略》，载《解放军外语学院学报》1997 年第 5 期。
③　邹颉：《南非英语文学述评》，载《浙江师范大学学报》2011 年第 3 期。
④　张毅：《从文学功能看南非的英语文学》，载《山西财经大学学报》2012 年第 5 期。

　　国内发表的关于黑非洲英语文学方面的成果多集中在作家个案研究上，在众多作家中，又多集中于库切（南非）、戈迪默（南非）、索因卡（尼日利亚）三位诺贝尔获奖作家及布克奖获奖作家阿契贝（尼日利亚）身上，但就是对这些作家的研究，与对其他地区的重要作家相比，在数量上也是少的。其他作家则鲜有或根本没有论述。即使是对以上作家的研究，也显示出接受与研究滞后的特征，总是在作家获诺贝尔文学奖、布克奖等文学大奖之后，国内才做出反应，此前几乎没有发现。

　　综上所述，迄今为止，国内关于黑非洲地区英语文学的研究取得了一定进展，也收获了一批极具深度的研究成果。但与黑非洲地区英语文学的蓬勃发展及其在国际英语文学界日益上升的地位不相匹配。不仅研究队伍小，研究缺乏系统性、持续性和完整性，而且研究视域不够开阔，研究视角不够多元，对原典资料的发现不够深入。黑非洲英语文学是一块蕴藏丰富的黑色沃土，尚有很大的领域未向中国学者敞开，相信随着研究队伍的壮大和研究界重视程度的提高，国内学者在黑非洲英语文学这块研究领域内，必将会有很多令人惊奇的发现。

二　关于后殖民文化批评的相关术语

　　要厘清黑非洲英语文学的后殖民文化语境，必须要对后殖民文化批评和后殖民文学、后殖民性等概念进行一番梳理。

　　"后殖民文化批评理论是一种带有鲜明的政治性和文化批判色彩的学术思潮，是对殖民主义视角、东方学传承的机制以及它们的延伸所形成的文本进行的一种多维意识形态批判理论。"[①] 它最初出现在第二次世界大战后一批旅居西欧的非洲知识分子对殖民主义在殖民地遗留的文化问题的思考中，萨义德于1978年出版的专著《东方主义》可以说是后殖民主义批评在理论上自觉和成熟的标志，比尔·埃什克拉夫特、加恩里·格里菲斯和海伦·蒂芬的著作《逆写帝国：后殖民文学的理论和实践》（1989）被视为第一部系统介绍后殖民文学理论的导论性著作，而由威廉姆斯和克里斯曼合编的《殖民话语和后殖民理论》（1993）是第一部后殖民主义的理论读本，它们将后殖民理论带入欧美的大学教育。这样，首先由族裔是

---

① 姜飞：《跨文化传播的后殖民文化语境》，中国人民大学出版社2005年版，第91页。

第三世界的第一世界学者发起，后由众多第一世界和第三世界学者参与讨论与建构的后殖民文化批评理论在 20 世纪 90 年代发展成为国际学术界的显学，至今方兴未艾。

后殖民文化批评理论是一个非常复杂的集合体，理论资源丰富。黑人性运动、葛兰西的话语霸权理论、法侬的民族文化理论、福柯的权力话语分析、阿契贝对殖民主义批评的批判等都在不同程度上为当代后殖民文化批评提供了理论基石。而萨义德对东方主义的批判及其文化霸权理论、斯皮瓦克对后殖民处境的解析及其文化身份书写理论、霍米·巴巴的文化定位、罗伯特·扬的白色神话、弗雷德里克·詹姆逊的后现代主义与后殖民主义的汇合、汤姆森的文化帝国主义、亨廷顿的文明冲突论等构成了后殖民文化批评理论的理论资源。由此可见，后殖民文化批评理论涉及的论题范围非常广泛，研究视角和批评方法也是五花八门，不同的理论家有不同的概念体系和批评术语，甚至观点相左，一些基本概念都存在着重大分歧。复杂性因此构成它的最重要的一个特征。

后殖民文化批评的核心词是"后殖民"，那么，到底什么是"后殖民"？后殖民一词最初产生于第二次世界大战之后，大致是用来指称那些独立后的殖民地国家。维贾伊·米什拉和鲍伯·霍奇在他们的论文《什么是后（一）殖民主义》中考证，后（一）殖民"这个词最早出现在 1959 年 12 月 12 日，在'后－殖民感性高涨的今天，印度多半不会担心，自己和美洲相联系的那段历史必定会给它带来本与亚洲无涉的麻烦'。此后，后（一）殖民一词的使用就带有了'发生在殖民化以后'的意思。从这个意义上来理解，后殖民就具有明显的编年史的意义。从 20 世纪 70 年代后期开始，这个术语开始被文学批评家用来探讨各种殖民化的文化效应，即殖民时期和殖民话语的遗留影响。他们强调，后殖民是"取代殖民时代话语的努力，这既是理论运动，也是各种文化交错的新格局，这种新格局带来新机遇，也带来了一些认同和表述危机"①。明显可见，这种理解中的后殖民既是一种反殖民话语的努力，同时因为处理的是文化交错的新格局，又可能会无意识地陷入其正在反抗的话语的同谋的尴尬处境。

后殖民文化批评理论探讨研究的内容包括：宗主国与殖民地的关系、

---

① 维贾伊·米什拉、鲍伯·霍奇：《什么是后（一）殖民主义》，载罗钢、刘象愚《后殖民主义文化理论》，中国社会科学出版社 1999 年版，第 371 页。

后殖民时期帝国主义的文化侵略、东方知识分子的文化身份、殖民地传统与文化的边缘位置和相对于西方的"他者"角色等。它的视野不仅停留在文化领域，还扩展到了国际政治和金融、跨国公司等经济领域。但对后殖民文学的关注，一直是后殖民文化批评领域中的一块重要阵地。甚至有些理论家将后殖民文学的研究视为后殖民文化批评理论的源头。埃什克罗夫特、格里菲斯、海伦·蒂芬三人在他们合著的另一本专著《后殖民研究关键词》中，就明确将埃什克罗夫特等人于1977年《新文学评论》第2期上主持的"后殖民文学"专集视为"后殖民"的源头，他们认为，"殖民表现话语力量的研究开始于1978年萨义德的标志性著作《东方主义》，并导致了如斯皮瓦克、霍米·巴巴这类批评家等人笔下的被称为'殖民话语理论'的发展。不过，真正的'后殖民'这一术语并没有表现在这些殖民话语理论的早期研究中，而是首先在文学界指称殖民地社会的文化互动。例如，1977年《新文学评论》第2期就聚焦于'后殖民文学'，这是此术语在文学界的一次广泛的、虽然非正式的接受"①。

　　对"后殖民文学"的界定，同对"后殖民"的界定一样，存在着诸多歧义。有人用这个词来指称少数民族文学，有人用它来替代第三世界文学，有人则将这个词指向文化多元主义。比较而言，《殖民与后殖民文学》的作者博埃默对"后殖民文学"的界定相对清晰，也较为恰切。他认为，"说到'后殖民'（的）文学，它倒并不是仅仅指'帝国之后才来到'的文学，而是指对于殖民关系做批判性的考察的文学。它是以这样或那样的方式抵制殖民主义视角的文字。非殖民化的过程不仅是政权的变更，也是一种象征的改制，对各种主宰意义的重铸。后殖民文学正是这一改制重铸过程的一部分。后殖民作家为表现殖民地一方对所受后殖民统治的感受，便从主题到形式对所有支持殖民化的话语——关于权力的神话、种族的等级划分、关于服从的意象等统统来一个釜底抽薪。因此，后殖民文学一个很突出的特征，就是它对帝国统治下文化分治和文化排斥的经验"②。

---

　　①　阿希克洛夫特等：《后殖民转折》，转引自赵稀方《后殖民理论》，北京大学出版社2009年版，第20—21页。

　　②　［美］博埃默：《殖民与后殖民文学》，盛宁译，牛津大学出版社1998年版，第3页。

三 黑非洲英语文学的后殖民文化语境

国内关于黑非洲英语文学的研究还很不充分，有许多研究领域有待探索。本书试图在对黑非洲英语文学的系统研究方面做出努力，之所以将这种研究置于后殖民文化语境之中，主要基于以下几点考虑。

首先，从语言层面来看，对于黑非洲来说，英语是一种外来语言，是殖民化过程的一个文化遗产。黑非洲作家使用前宗主国的语言来承载自己的文化体验和生活经验，本身就已经置身于一个后殖民文化处境之中。对此处境，博埃默的比喻更加形象，"穿着借来的袍子而要成为真正的自我，这就是殖民地民族主义者两难处境的核心"①。

语言作为文化构成中最为稳定的要素，向来被认为是建立区域和国家共同体意识的最实在的根基之一。在非殖民化运动中，语言也往往被当作检验与非洲大陆文化认同感的试金石。但是在当今全球化文化语境之中，黑非洲独特的文化构成却使作家们的语言选择不再那么单纯。虽然黑非洲的文学呈现了多语种文学的共同发展态势，但一个不容否认的事实是，在国际上获得认可和声誉的大多是采用欧洲语言，尤其是英语写作的作家。一方面，由于黑非洲语种众多，许多国家都没有形成通用的民族语言，运用民族语言进行创作，影响版权收入还是小问题，自己的发声不能传达给更多的不懂这种民族语言的读者是令作家最无奈的大问题；另一方面，如果采用英语写作，虽然拥有了更多的读者，但却"缺少了他们本民族的人，民族同胞不能阅读自己本民族的故事"②，这无疑是有志于书写非洲自己的故事的作家们的悲哀。对这种在"死亡的阴影"里写作的两难困境，南非作家德里克·沃尔科特不由得发出感慨："一个是非洲，一个是我所喜爱的英语，我该怎样选择呢？"③ 何去何从，黑非洲作家普遍陷入了语言选择的文化困境。

对于黑非洲的语言问题，一些作家坚持认为，非洲的文学必须使用非洲的语言表现非洲人的生活和体验。这类作家以肯尼亚作家恩古吉为代

---

① ［美］博埃默：《殖民与后殖民文学》，盛宁译，牛津大学出版社1998年版，第126页。
② 任一鸣、瞿世镜：《英语后殖民文学研究》，上海译文出版社2003年版，第38页。
③ 参见张荣建《黑非洲文学创作中的英语变体》，载《重庆师院学报》1995年第3期。

表。他认为："语言是人的文化的承载者，文化是人的价值观的承载者；价值是自我界定的基础——人们意识的基础。当你破坏一个人的语言时，你正在破坏他们遗产中的非常重要的部分……实际上你正在破坏那些帮助他们之所以为自己的东西……破坏那些体现为一个人的集体记忆的东西。"① 语言作为族群文化传统中最基础的组成部分，是决定文化脉络能否延续的关键因素，必须予以保护与弘扬。以文字为媒介，表现和传播非洲人生活经验和历史经验的非洲文学也要承担起保护民族记忆的历史使命。在恩古吉看来，"一个非洲作家应该用这样一种语言写作，这种语言能让他和非洲的村民及工人进行有效的交流——也就是说，他应该用一种非洲语言写作"②。在谈到英语写作的问题时，盖茨发出了一系列的疑问："一种真正的黑人文本能否以从主人的阶级继承而来的语言形式出现呢？""我们的选择只能栖身于驳斥、否定或修正的流沙或阁楼中吗？""难道我们只是重新命名从白人一方那里接受过来的术语吗？"对这样的设问，盖茨的回答是："我们必须通过求助黑人土语——当没有白人在场时，我们相互间讲的语言——来做到这一点。我的中心论点是：黑人用黑人土语使他们的艺术和生活理论化。"③ 恩古吉也说："我不认为继续使用英语写作会有多大价值，百分之九十的非洲人读不懂英语，因此，问题就在于，我知道我写的是什么，但我不知道我在为谁而写。"④ 他认为用欧洲语言创作的文学只能是"非—欧文学"，"将这些作品称作'非洲文学'是对现实的新殖民主义扭曲"⑤。他还认为，东非人通过英语接受教育，因此首选英语创作，出版社出的英语书好卖，斯瓦西里语的不好卖，是作家的局限，而不是斯瓦西里语的局限。出于这样的认识，恩古吉从1979年起放弃了英语的写作，而只用他的民族语言——吉库尤语——进行写作。恩古吉的观点和行为中渗透着深深的对民族和乡土的情感，算得上是一种典型

---

①　C. L. Innes, *The Cambridge Introduction to Postcolonial Literatures in English*, New York: Cambridge University Press, 2007, p. 28.

②　恩古吉·瓦·希昂戈：《思想的非殖民化》，转引自宋志明《沃勒·索因卡：后殖民主义文化与写作》，博士学位论文，北京师范大学，2000年，第47页。

③　［美］拉尔夫·科恩主编：《文学理论的未来》，程锡麟等译，中国社会科学出版社1993年版，第257页。

④　任一鸣、瞿世镜：《英语后殖民文学研究》，上海译文出版社2003年版，第37页。

⑤　Ngugi wa Thiong'o, "The Role of the Scholar in the Devolopment of African Literature"，转引自张荣建《黑非洲文学创作中的英语变体》，载《重庆师院学报》1995年第3期。

的"语言民族主义"。

以阿契贝为首的另外一些作家则支持非洲作家用英语写作，他公开宣称，"我既然被赋予了这种语言，那么我就应该运用它"①。他的理由主要有三条：首先，英语作为一种混合型的通用语言，帮助维持了尼日利亚的民族统一。面对尼日利亚存在着 200 多种语言的现实，阿契贝分析道："如果我们有一个伊博国家，或一个约鲁巴国家，等等，而不是一个尼日利亚国家，也就是说，如果有一个改变了的政治现实，我们可能有一个不同于今天的状况，英语是能够使尼日利亚的观念成为可能的东西，所以这种语言深深地确立其权威，但没有理由认为你不能发展豪萨语、伊博语，或约鲁巴语的文学。"② 其次，"他认为英语已经成为尼日利亚生活的一部分，已经可以被看成是一种非洲语言：'在非洲的土地上，由非洲人在讲，非洲人在写的语言，这一点就足以说明问题了'。"③ 最后，文学归属方向的决定力量不是使用的文字本身的来源，而是如何使用本土化的文字表现本土化的生活内容。"在我决心讲述一个故事的时候，我玩味使用语言的形式。我迅速决定使用一种不同的英语，一种不同于英国和美国作家使用的英语。我认为这种英语的开端已经存在于我们的社会、我们的公开发言之中。尼日利亚英语已经获得了发展，英语能够进行这种延伸。"④ 在《非洲作家和英语》中，阿契贝借用杰姆斯·鲍德温对英语的评论进一步表达自己的观点："我反对过英语是因为我曾经觉得英语不反映我的经验，但是现在，我开始从另一个方面来看待这个事情……可能语言不是我自己的，是因为从来没有尝试着去使用它，仅仅是学着去模仿它。如果真是这样的话，那么如果我能够发现挑战它的毅力，英语可能能够承载我的经验的重负，我会去迎接这一挑战。"⑤ 现在越来越多的作家倾向于接受阿契贝等人的观点，因为黑非洲地区多元文化混成的特征已经成为一个

① 希努亚·阿契贝：《非洲作家和英语语言》，转引自宋志明《沃勒·索因卡：后殖民主义文化与写作》，博士学位论文，北京师范大学，2000 年，第 47 页。

② Phanuel Akubueze Egejuru, *Black Writers: White Audiences*, Hicksville, New York: Exposition Press, 1978, p. 101.

③ ［美］博埃默：《殖民与后殖民文学》，盛宁译，牛津大学出版社 1998 年版，第 229 页。

④ Phanuel Akubueze Egejuru, *Black Writers: White Audiences*, Hicksville, New York: Exposition Press, 1978, p. 100.

⑤ C. L. Innes, *The Cambridge Introduction to Postcolonial Literatures in English*, New York: Cambridge University Press, 2007, p. 101.

不可更改的事实，非洲再也不可能回到纯粹的非洲去了，将适应性强、传播面广的英语拿来为自己所用，言说自己的故事是利大于弊的，关键问题在于如何使英语非洲化。大量作家同阿契贝一样，正面迎接这一挑战：图图奥拉以一种"充满活力的英语"（young English）来描写非洲的民间故事；阿契贝、恩瓦帕和奥卡拉则吸收了一种按字母直译的伊博语或伊基奥语中的惯用语，将它们放入他们的英语叙述中；索因卡采用"双语并用"、"语词置换"、"扩展语言界限"等方法来对英语进行变异……在这些作家的努力下，英语逐渐适应了非洲的土壤，用欧洲语言写作的文学已毋庸置疑地成为非洲文学的一部分。恩古吉在放弃英语写作后，他的后期作品国际反应日渐冷落，这也似乎在证实着阿契贝等人观点的正确。然而对于这些作家而言，多元化了的英语的源头是英国语言这一事实无法改变，英语并不是将黑非洲民族维系在一起的天然要素。对此种尴尬，坚决为英语写作辩护的阿契贝也感受至深，在他的《殖民主义批评》的论文里，他提到和一位英国人的谈话，这次谈话让他"觉得自己就像一个私生子，在跟某个亲生儿子面对面交流。而这个亲生儿子正在抱怨他喜欢冒险、放纵的父亲，责备他不该在每个港口都留下一个情妇"①。索因卡站在诺贝尔文学奖领奖台上，可以义正词严地驳斥欧洲的种族歧视，但他却无法否认他是用"英语写作"的非洲作家这一暗含着种族意识的评价。黑非洲的英语作家们与国际对话时，至今依然无法完满解决这一文化的理论难题，无法彻底摆脱这种"死亡的阴影"。

黑非洲作家们的这一语言选择的困境，实际上反映出后殖民文化批评理论家们常常争议的本土化与全球化、边缘与中心的关系这一敏感而又说不清的热点话题，对黑非洲英语写作存废问题的争议双方，实际上都已深陷后殖民处境之中。

其次，从作品的表现内容上看，表达后殖民的历史经验和生活经验构成黑非洲英语文学的一个最为重要的方面。作为欧洲殖民化过程的一个文化副产品，黑非洲英语文学出现于19世纪，从最初的对欧洲文学的简单模仿，到寻找摸索自己的文学模式，并逐渐走向成熟。这个文学发展过程出现的20世纪，正是黑非洲地区在外来文化影响下，发生剧烈历史震荡

---

① 希努亚·阿契贝：《殖民主义批评》，载罗刚、刘象愚《后殖民主义文化理论》，中国社会科学出版社1999年版，第299页。

的时期。身处文化地震时期，以笔为武器的作家们很难置身时代之外，无论政治立场和文化立场如何，他们的作品大多具有时代的印痕。在黑非洲英语文学的发展史上，类似欧洲的唯美主义的纯文学在黑非洲地区一直没有太大市场。法努埃尔·阿库布泽·伊格居鲁（Phanuel Akubueze Egejuru）在分析了使用欧洲语言进行创作的黑非洲作家必然要面临欧洲读者和非洲读者这两种读者的困境之后，这样概括非洲小说家的主题："1. 传统非洲和它的文化机构；2. 殖民经验；3. 独立的非洲"①。

　　众所周知，殖民化过程不仅是一种武力的征服，同时还是一种文化的侵占和意义的取代。在建立帝国主义事业的过程中，很多欧洲文本都参与其中。"在整个殖民主义领域，欧洲人的文本和他们的小说，犹如他们的枪一样起着决定性的作用。"② 萨义德在他的《东方学》中，通过对 19 世纪和 20 世纪欧美经典小说的阐释，证明欧洲的所谓高雅文化实际上与帝国主义是共谋关系。汉蒙德和法伯洛在考察了英国人在四百年中对非洲的描写之后所做的讨论与萨义德如出一辙，"不管是自信的还是怀疑的，这些作家们都按照同样的常规来描写非洲。非洲的表象始终是英国人自我表象的消极反映和阴影"③。阿布耶·R. 简·默哈默德在他的论文《殖民主义文学中的种族差异的作用》中，将殖民主义认知结构和殖民主义文学的中心特征概括为"摩尼教寓言——一个白与黑、善与恶、优与劣、文明与野蛮、理智与情感、理性与感性、自我与他人、主体与客体之间各种不同而又可以互换的对立领域"④。在这样的摩尼教寓言之下，黑非洲变成了黑暗的、神秘的、野蛮的、无理性的他者与物化的客体，这样的非洲有待于欧洲去开化与拯救，欧洲人来临之前的非洲被想象成为一片没有历史的文化荒芜的大陆。乔伊斯·卡利据此深信不疑地断言不应当让非洲独立，"一个在台风中由从未见过海的孩子们操纵的超载木筏也比非洲人管

---

① Phanuel Akubueze Egejuru, *Black Writers*: *White Audiences*, Hicksville, New York: Exposition Press, 1978, p.138.

② 戴安娜·布莱顿、海伦·蒂芬：《西印度群岛文学与澳大利亚文学比较》，载巴特·穆尔－吉尔伯特等《后殖民批评》，杨乃乔、毛荣运、刘须明译，北京大学出版社 2001 年版，第290 页。

③ 阿布耶·R. 简·默哈默德：《殖民主义文学中的种族差异的作用》，载张京媛《后殖民理论与文化批评》，北京大学出版社 1999 年版，第 208 页。

④ 同上书，第 196 页。

理自己的命运有更多的生存机会"①。

欧洲文本对非洲形象的这种蓄意妖魔化，已经沉潜到欧洲读者关于非洲形象的想象之中。黑非洲作家要纠正这种欧洲读者的认知偏见，呈现一个非洲的真实形象，往往会转向传统非洲文化借鉴资源。希望重构曾经被殖民统治所破坏了的非洲独立文化属性。"这种需求是一种寻根、寻源、寻找最初的神话和祖先、寻找民族的先母先父：总之，这是一种恢复历史的需求。"② 面对访谈者的问题："为什么非洲作家老是想着非洲，尤其是它的过去？"切克·哈米杜·卡恩（Cheik Hamidou Kane）如此回答："这是因为我们曾经被征服和被殖民。非洲已经以一个没有文化、没有历史、在那儿居住着的是智力低劣的人类的形象呈现给世界；因此，对非洲作家来说，第一个问题就是向西方世界和整个文明世界解释和翻译非洲。"③阿契贝也希望通过作家们的这种努力，告诉世界："非洲人不是第一次从欧洲人那里听到的文化。他们的社会不是机械简单的，他们拥有极为深奥、价值丰富而又优美的哲学，他们有诗情，最重要的是，他们有尊严。"④ 既然欧洲读者惯于通过文本了解非洲，非洲作家就要担当起通过写作表现非洲，把拥有丰盈文化的非洲和非洲人呈现给世界的文化使命。因此，"黑人性"作家努力在自己的创作中表现"黑人世界的文化价值的总和"；图图奥拉在《棕榈酒醉鬼故事》中，继承西非人口头讲述故事的传统，用他那不合标准英语语法的英语讲述非洲的民间故事；阿玛迪的《大淖》再现了一部伊博民族的战争史，这场战争既是双方的血肉拼杀，又是信仰与仪式的荟萃；阿契贝将大部分故事的背景放在了他的故乡伊博的乡村，在关注尼日利亚国家命运和非洲历史变迁、文化遭际的同时，呈现传统伊博社会的社会机构、生活场景和风俗信仰，塑造伊博的英雄；索因卡的创作虽然深受西方现代主义的影响，但他却始终愿意从自己的民族文化传统中寻求精神资源，他不仅将约鲁巴人的宗教观、宇宙观引入文学，而且积极构建源于约鲁巴文化意识的美学理想；奥克瑞虽已移居海

---

① 阿布耶·R. 简·默哈默德：《殖民主义文学中的种族差异的作用》，载张京媛《后殖民理论与文化批评》，北京大学出版社 1999 年版，第 209 页。

② ［美］博埃默：《殖民与后殖民文学》，盛宁译，牛津大学出版社 1998 年版，第 203 页。

③ Phanuel Akubueze Egejuru, *Black Writers：White Audiences*, Hicksville, New York：Exposition Press, 1978, p. 135.

④ Dennis Duerden and Cosmo Pieterese Ed, *African Writers Talking*, London：Heinemann, 1972, p. 7.

外，但始终坚持扎根于非洲大地，描写非洲风物和非洲历史。他的小说中充满了死者、精灵、魔法和梦幻，在奥克瑞看来，这个世界并不虚幻，而是更加真实的世界，因为它是非洲意识的反映……总之，"归于这一类的小说的首要关注是提供对于非—非读者来说陌生的非洲文化的诸方面，和纠正这些读者已经形成的关于非洲的歪曲想象。这些小说，据阿契贝和纳兹·博尼所说，也是对那些因为接受西方教育而对非洲文化产生疏离的非洲精英进行再教育"①。

几乎是在非洲书面文学形成的同时，非洲作家们就开始在他们的创作中表现殖民经验，因为殖民就是他们最鲜明的社会生活。这些小说经常被称作"抗议小说"，因为它们暴露和批判殖民帝国的各个方面。流行的主题有：殖民主义教育体系下非洲人的困境；殖民者对非洲人的不公正的剥削与监禁；欧洲资本主义工业文明的入侵带来的混乱；反抗的斗志和独立的热望。表达殖民经验的文学在 20 世纪 50—60 年代达到高潮。李永彩为《20 世纪非洲文学》的中译本所做的"代译序"中，在提到这个时代的时候，概括道："国家要独立，民族要解放，文学出现了前所未有的繁荣局面，在本书（《20 世纪非洲文学》）论述的 982 部（篇）作品中，有460 部（篇）产生于这个时期，不能不说是'文学爆炸'，而且基本主题是反对殖民主义和讴歌独立。"②

自 20 世纪 60 年代以来，黑非洲各国相继获得独立。独立之后，作家们关注的重心由非洲与欧洲宗主国的对立转为殖民文化遗产导致的新出现的国家内部问题。欧洲殖民势力进入之前，黑非洲各国大多还处于部族社会时期，历史的自然发展进程被外力强行中断，黑非洲各国直接由部族社会跨入现代社会。"由于起始于部落制度和部落文化传统，社会经济发展水平较低，文化基础薄弱，公民文化素质偏低；由于传统文化中缺乏现代工业文化、文字文化和精英文化的特质，黑非洲独立后的政治发展处于较低的起点上。"③ 因而在政治上摆脱欧洲控制之后，黑非洲如何独立发展

---

① Phanuel Akubueze Egejuru, *Black Writers：White Audiences*, Hicksville, New York：Exposition Press, 1978, p.138.

② ［美］伦纳德·S. 克莱因：《20 世纪非洲文学》，李永彩译，北京语言学院出版社 1991年版，"代译序"第 5 页。

③ 李保平：《传统与现代：非洲文化与政治变迁》，北京大学出版社 2011 年版，"代自序"第 2 页。

现代政治社会，成为困扰黑非洲文化精英的重大问题。独立后黑非洲各国政权更迭频繁，部族冲突不断，贫富分化严重，种族仇恨依旧，社会发展面临重重阻碍。这样的时代为黑非洲作家们提供了新的素材。阿契贝把他的目光从殖民时代的过去转向了现实，《动荡》（1960）的创作直指尼日利亚的腐败问题，《人民公仆》（1966）以犀利的笔锋揭示出尼日利亚所谓的民主政治只不过是一系列的政治阴谋。《荒原蚁丘》（1987）则以隐喻的形式对尼日利亚政治现实予以批判性审视，批判的矛头直指最高执政者；奥克瑞的《饥饿之路》的描写则反映了尼日利亚社会复制西方式民主政治的深层危机，还表现了城市化进程中由农村进入城市的城市贫民生活中的苦难；恩古吉的《碧血花瓣》中城市化进程摧毁了农村，过去的反殖民的平民英雄沦为城市无产者，曾经被视为精神领袖的精英们变身为城市新贵；戈迪默在《已故的资产阶级世界》、《伯格的女儿》、《我儿子的故事》等小说中，对南非在外部殖民结束后的内部殖民（种族隔离制度下白人对黑人的压迫）进行谴责，又在《七月的人民》、《无人伴随我》等作品中，对后种族隔离时代黑人由于历史积累的仇恨所施加于白人的暴行表示了忧虑；库切的《耻》表达的是同戈迪默相似的忧虑，是对新南非身份大逆转之后白人生存处境的现实呈现，而他的《等待野蛮人》、《福》、《幽暗之地》等作品则以隐蔽的形式探讨白人与帝国主义中心的共谋关系……

　　其实，无论是向历史寻根，还是表现殖民经验，抑或是关注独立后的黑非洲的政治、文化现实，都是在"对于殖民关系做批判性的考察"，对殖民主义视角及其遗产进行抵制，这样的文学完全符合博埃默对于后殖民文学的定义，把它置于后殖民语境中进行关照是恰切的，也是有益的。

　　第三，从独立文学属性的建构上来看，摆脱对欧洲文学的依附关系一直是黑非洲英语文学中最强的声音。黑非洲英语文学在源头时期，是对欧洲文学尤其是英国文学的简单模仿。由于能够熟练掌握英语进行创作的作家大多是出国留学或受过殖民主义教育体系下的学校教育的精英阶层，所以他们的文学意识明显地打上了欧洲传统的烙印。随着黑非洲书面文学的发展，越来越多的作家意识到了摆脱欧洲影响，建立非洲本土的文学表达和独立的文学属性的重要性，在他们看来，这项工作不仅是在建立独立的非洲文学，而且是非殖民化运动的重要组成部分。钦维祖（Chinweizu）在《西方和其他地方》中表示："当代非洲文化的基本问题，就像我们的大学所显示的，是崇敬外国的观点和把西方的偶像来崇拜的殖民思维，这种思维导致我们非常浅薄地、简单地依赖于外来的帮助，这些外部力量与其说是帮助我们，不如说是在剥夺我们。我们的根本问题在我们自身。我们不能再忍受任何的进一步的对自我形象的歪曲。我们不是西方的一部分。……激进的我们思维的再非洲化必须立刻出现。"① 作为文化组成部分的文学，文学的非洲化也是非洲作家迫在眉睫的任务，非洲的文学必须在非洲自己的理论体系中理解和阐释；阿契贝在他的论文《殖民主义批评》中，犀利地批评以普遍主义为代表的殖民主义批评，这不仅是一种话语对抗，也是在为非洲自己的本土表述拓展空间；索因卡也提出："当我们借鉴一种完全不同的语言来进行创作和批评时，我们一定要在了解那种语言的总体性质的前提下选择那些适合于我们的思想感情和表达方式的因素。"② 虽然使用外来的语言进行创作，但是创作和批评不能盲目屈服于欧洲传统和白人文化权威，必须有自己的表达方式；亨利·路易斯·盖茨在他的论文《理论权威，（白人）权势，（黑人）批评：我一无所知》中，以索因卡创作中的非洲本土化的努力为例，提出："如果我们不赞同索因卡对白人的挑战，戴上西方文学理论的面具，操讲西方文学理论的语言，那就意味着我们自相情愿地认可了新殖民主义的思想观念，把自己置于一种话语的师徒契约中。"③

摆脱欧洲传统和黑非洲英语文学的"话语的师徒契约"关系的出路在于："要巩固和发展黑人文学批评原理，应该更多地求助于黑人自己的文学传统。"④ 即建构独立属性的非洲文学表达。为此，非洲作家不仅努力在作品中书写非洲的自然风物、宗教哲学、风俗礼仪、现实生活、生存斗争和爱恨情仇，即从内部书写非洲，而且，努力建构具有非洲精神的诗学体系：图图奥拉、索因卡、阿玛迪等人纷纷探寻古老的非洲文化与现代的延续性，形成非洲传统主义美学；以阿契贝、戈迪默为代表的关注现实问题的现实主义文学一直是黑非洲现当代文学中的主流；恩古吉、古玛则将现当代非洲的社会秩序、文化秩序的根本看作阶级问题，他们的创作走

---

① Chinweizu, *The West and the Rest of Us*, New York: Vintage Books, 1975, p. 339.

② 亨利·路易斯·盖茨：《理论权威，（白人）权势，（黑人）批评：我一无所知》，载张京媛《后殖民理论与文化批评》，北京大学出版社1999年版，第182页。

③ 同上。

④ 同上书，第183页。

向了非洲特色的马克思主义美学；奥克瑞、库切、奥吉伯格等作家的创作具有现代主义特质，但是他们的现代主义又明显地打上了非洲的文化烙印，奥克瑞尝试了"欧洲传统、拉美手法、非洲意识融于一身的混合型非洲美学"，库切的创作则呈现为"后现代主义影响下的后殖民文学形态"；黑非洲的女性作家则在种族、性别、阶级关系复合语境中，思考女性的位置，形成独特的黑非洲女性写作的表现内容和表现方式……总之，还处在发展中的当代黑非洲英语作家的诗学诉求是一种多元化的状态，然而在众声喧哗中，响着一个共同的声音：我们如何与欧洲传统不同？而这种与欧洲传统的对抗又是建立在创造性修正的基础之上，黑非洲作家在发展自己的创作理论和批评理论时，总是以欧洲文学传统作为参照系。他们有个基本一致的诉求：非洲文学的表达"至少要与欧洲式的表征有所不同，同时，又要使它在战后全球政治话语系统中能够被别人理解"①。因而对抗性和对话性几乎是所有独立文学意识建构的核心动力。

　　总之，从黑非洲英语文学的语言、表现内容和独立文学属性的建构来看，黑非洲英语文学的发展之路体现着典型的后殖民性。黑非洲英语作家在以创作实践着一次次的"文本革命"，在消解欧洲中心话语的同时，建构着非洲独立的文学体系。除此之外，欧洲白人移民作家的文化立场问题、白人中心主义与黑人中心主义的问题、本土化的需要与全球化的趋势的平衡问题、传统性与现代性的关系问题等在黑非洲英语文学创作及其批评中常见的话题，都是后殖民文化批评理论家们关注的热点，把黑非洲英语文学放置于后殖民文化语境中，当会更好地理解这些问题。

四　研究目标和研究方法

　　本书力图在黑非洲英语作家的独立文学属性建构和创作实践的梳理与深入挖掘上取得一些突破性进展，扩展国内对黑非洲英语写作及文学批评研究的视野，加强对黑非洲文学的了解，促进中非之间的文化交流。在具体研究中，主要方法如下。

　　采用理论和实践相结合的方法。以后殖民文化理论的视野去考察黑非

---

　　① ［美］博埃默：《殖民与后殖民文学》，盛宁译，牛津大学出版社1998年版，第204—205页。

洲英语写作，以对文本的细致解读来总结后殖民文化语境中的黑非洲英语写作的规律性特征，并丰富和印证后殖民文化理论，做到创作实践与理论的相互阐释、相互促进，尤其重视规律性的把握。

采用个案研究和整体归纳相结合的方法。一方面，在对大量作家进行个案研究的基础上，归纳出其共同的创作理论和彼此之间的差异性；另一方面，作家的个案研究是安插在整体研究的适当位置上进行的。

研究具有多角度性和多层面性。本书的研究突出了文化批评的视角，由于后殖民文化理论本身是一个包容面极广的理论思潮，除了与后现代主义和后结构主义的密切关联外，它还与女权主义、新历史主义、新马克思主义等理论思潮有着许多的交织和重合，这就注定了本研究的多层面性与多角度性。

研究始终贯彻西方文学传统的参照。黑非洲的英语文学是在与西方文学的对话与对抗中产生、发展和成熟起来的，所以对黑非洲英语文学的研究离不开西方文学传统的参照系。

在对作家个案进行深入研究的基础上，追求相对的系统性。当代黑非洲的英语作家、作品为数众多，由于研究者的学力所限，不可能一一涉及，只能有选择性地选取其中最具有代表性的作家、作品。具体来看，重点关注的作家大多是来自南非、尼日利亚、肯尼亚等国家的那些具有自觉的"反话语"意识的代表作家。这种选择在来源国上，固然依旧没有根本突破国内关于黑非洲文学的研究现状，但也是黑非洲英语文学的发展态势使然，黑非洲地区具有国际影响的优秀作家，原本就集中于这些国家；重点探讨的文类是小说，兼及戏剧、诗歌和自传；选取的重点研究作品除了应符合艺术价值和理论价值的标准之外，还应反映后殖民经验。这种对研究对象有选择性的探讨注定了研究成果的相对系统性。对于黑非洲英语文学创作来说，虽然不能全方位地覆盖，但是却具有一定的代表性。

第一章　民族主义文学思潮

在 19 世纪以前，黑非洲的文学基本上还处于口头文学阶段，欧洲殖民主义对黑非洲地区的掠夺和渗透一方面给非洲人民带来了巨大的灾难，另一方面殖民主义作为历史的"不自觉的工具"，又促成了黑非洲的近代化进程，并导致黑非洲的书面文学"在全面移植西方文学的基础上，从无到有形成和发展起来"[①]。黑非洲的书面文学形成、发展、成熟的 20 世纪，正是黑非洲以反抗殖民压迫、争取民族独立和民族自决、建立和维护统一的现代民族国家为目标的民族主义运动从自在到自为，再到自主阶段的发展时期，文学自觉地参与了这一伟大的历史进程，成为复兴黑非洲文化传统和推动民族运动的重要工具。从时间上来讲，黑非洲的书面文学基本上是与黑非洲的民族主义相伴而生的，黑非洲的文学从诞生之日起便形成了关注种族和民族命运、关注现实社会问题的品格与传统，所以可以这样说，黑非洲 20 世纪文学的主流就是民族主义文学。

在正式进入本章的探讨之前，有三点需要说明：第一，本章所谈的民族主义文学，主要是指文学表现的题材，实际上，在美学思想和形式技巧方面，黑非洲民族主义作家又有很多不同的追求，这些追求会在随后的章节中予以讨论。第二，由于黑非洲民族主义文学的发展在某种程度上具有一体性，很难清晰地根据语种予以划分，所以本章的论述以英语文学为主，但也涉及了法语等其他语种的文学。第三，本章所涉及的民族主义文学中的"民族"二字，包含两个层面：第一个层面也是最主要的一个层面，是指整个黑非洲人。在这个意义上使用这个词语时，很容易引起黑人种族主义的联想。但是由于黑非洲的广大地区在历史上有着相似的历史遭遇和命运，尤其是近代持续了五百年的奴隶贸易，增强了整个黑非洲地区

---

① 王向远：《东方文学史通论》，上海文艺出版社 1997 年版，第 270 页。

是一种命运共同体的文化自觉意识。黑非洲的知识分子在向世界发言时，经常有一种是整个黑非洲人的代理人的意识。因此，将有强烈一体意识的黑非洲人视为一个民族进行研究当无不当。第二个层面指向各个区域、国家中出现的具体的民族，如伊博族、约鲁巴族、豪萨族、吉库尤族等。有些作家总是把自己的故事放置在特定族群的村社、城镇和市场中，展示他们的传统文化和现代变革，表现出鲜明的民族意识。此章中涉及的民族主义的两个层面貌似冲突，但实际上殊途同归，最终目的都是书写自己的故事，塑造自己的独立文学属性。

第一节　历史发展及演变轨迹

19 世纪后半叶，黑非洲逐渐沦为西方的殖民地，西方对黑非洲进行了疯狂的政治压迫和经济掠夺，并大肆宣传种族差异和种族歧视，这种行为激起了非洲人民的民族主义情绪，因为"过分压抑民族情感会导致反弹，过分宣泄民族认同会诱发仇恨"[1]，这是一条历史的规律。任何民族在受压迫不过的时候，首先想到的就是借助民族主义的力量，正如赛义德所说，"民族主义……是一种动员起来的政治力量"[2]，所以黑非洲的民族主义思想在 19 世纪后期伴随殖民地化的进程就已经开始萌发和产生。黑非洲的民族主义是列宁所谓的被压迫民族的民族主义，所以说独立之前的黑非洲的民族主义思想基本上是进步的，对黑非洲的民族独立运动起了巨大的鼓舞和促进作用，而独立后的黑非洲民族主义则在黑非洲应对新殖民主义、内部殖民和文化解殖事业上，仍旧发挥着一定的正面作用。

一　20 世纪初至 20 年代是黑非洲民族主义文学思潮的第一阶段

这一阶段是黑非洲民族主义文学的萌芽时期。

这时期，黑非洲出现了第一批本土作家，由于没有本土的书面文学传统可资借鉴，最早期的黑非洲文学主要处在对欧洲文学的模仿阶段，在教会影响下，多是道德说教作品，比如莱索托的莫福洛就在他的小说《东

---

① ［法］吉尔·德拉诺瓦：《民族与民族主义》，郑文斌、洪晖译，生活·读书·新知三联书店 2005 年版，第 7 页。

② ［美］爱德华·W. 赛义德：《赛义德自选集》，谢少波，韩刚等译，中国社会科学出版社 1999 年版，第 277 页。

方旅行者》（1907）、《皮特森林》（1910）中将基督教道德观念理想化，而非洲道德观念却被呈现为衰败状态。刚刚掌握了语言的一些本土知识分子重视对黑非洲丰富的口头文学的搜集整理，出版了像《毛里求斯民间创作》、《在大小动物中间》、《一个非洲悲剧》、《非洲民间故事集》、《黑人文集》等神话故事集和传说故事集，这种对口头文学的整理显示了对民族文学的呼唤。刚刚形成的黑非洲文学中很快便出现了要摆脱附属地位的尝试，安哥拉文学的"精神之父"若阿金·狄亚斯·科尔德罗·达·马塔在19世纪末就提出"创造我们自己的文学"的口号，主张在安哥拉复兴非洲文化，提高非洲语言的地位。一些作家开始努力在作品中嵌入本地的背景，在借鉴、拿来、挪用宗主国文学话语和技术的同时，试图离开殖民界定，越过殖民话语的边界，寻找属于自己的叙述，黑非洲文学中超越和颠覆的意识出现了。然而这时的作家面对的还主要是宗主国读者，刚刚出现的黑非洲文学还没有培养出自己的本土大众读者，所以此时期的本土作家就像法侬所说，还没有养成"面对自己的人民说话的习惯"，他们的文本往往通过种族或主观主义方式谴责宗主国读者。南非黑人作家、语言学家和史学家普拉杰创作的小说《姆胡蒂》是这时期黑非洲民族主义文学的代表之作。这部作品虽然在1930年才出版问世，但在1917年就完成了。综观该小说的叙述模式，可以发现这样几点：第一，这部小说的情节构架是对欧洲文学传统的模仿，正如普拉杰在1920年的一封信中所说，这部小说是"一个模仿浪漫传奇的样式写的爱情故事，但有史实的根据"。黑人女主人公姆胡蒂"大胆地穿越了猛狮出没的地带，这位独来独往的女性先驱在某些方面有点像探险的白人英雄主人公"[①]，这又明显的是继承了欧洲文学中的冒险小说传统。第二，该小说虽然是用英语写成的，但却融入了非洲口头文学的传统，里面有大量的宗教仪式活动的描写，这种杂交而成的文本冲破了殖民主义话语的界限。而普拉杰对欧洲文学传统的借鉴在进行变形之后，获得了某种颠覆性的价值：以《鲁滨逊漂流记》为代表的欧洲探险英雄的故事表达的是一种殖民者的征服欲望，而普拉杰笔下的黑人女主人公的探险则传达了被殖民者的不屈服的意志和英勇的抗争精神。虽然采用的结构模式相同，但二者获得的实际效果却是对抗性的。第三，《姆胡蒂》中还控诉了殖民者对黑人的剥夺，蕴含了黑

---

① ［美］博埃默：《殖民与后殖民文学》，盛宁译，牛津大学出版社1998年版，第113页。

人争取土地权的要求，具有明显的政治性。总之，以《姆胡蒂》为代表的早期黑非洲作家的创作，已经显示出了刚刚觉醒的民族意识，虽然反抗和呐喊的声音还不是那么清晰和响亮，但本土作家通过对法侬所谓的"注重（与西方叙述）种种细微差异的求殊意志"的追求，显示了本土作家有权利和能力再现和表现属于自己的生活，掌握叙述和政治的主导权，从而为后来的民族主义文学思潮奠定了基础。

二　20 世纪 20 年代至 50 年代是黑非洲民族主义文学思潮的第二个阶段

这时期在文学领域内产生了捍卫民族文化的运动，具体表现形式是黑人性文学。

文学和文化上的这股思潮以出现于 19 世纪末期的黑人文化复兴运动为思想基础。黑人文化复兴运动是被称作"非洲民族主义之父"的来自美洲西印度群岛的爱德华·威尔莫特·布莱登发动起来的。布莱登反对把非洲人看成是劣等民族和用欧洲文明来教化黑人的殖民主义文化侵略，致力于提高非洲黑人对自己历史文化的自尊与自豪感，他第一次提出了"非洲个性"的概念，即强调非洲黑人有不同于其他民族的同一性、价值观，有自己的历史和文化，与世界其他种族是平等的，黑人区别于其他人种的独特性在于非洲是"世界精神温室"，它的村社制度及村社成员之间的和谐团结，黑人与他们生存的大自然之间的和谐关系和依赖情感，黑人社会中万物同一、神人相通的宗教信仰可以纠正陷于功利主义、个人主义、物质主义泥潭的西方文明的偏差。

20 世纪初，尤其是第一次世界大战以后，黑人文化复兴运动开始由美洲大陆向黑非洲扩散传播，掀起了更为广阔的、弥漫于几乎整个 20 世纪非洲的泛非主义运动。这一运动在文学界也迅速产生了回应：1934 年，来自塞内加尔的桑戈尔、圭亚那的达马和马提尼克的塞泽尔这三位大学生在巴黎创办了《黑人大学生》杂志，他们的宗旨就是倡导黑人的价值，恢复黑人种族的尊严，其理论核心是"黑人性"。"黑人性"这个词正式出现是在塞泽尔 1939 年发表的长诗《回乡札记》中，此后"黑人性"运动的领军人物桑戈尔在他的文艺论集《自由一集：黑人性和人道主义》中对此概念进行了界定。在桑戈尔的阐释中，所谓"黑人性"，就是指"它代表了一种与白人文明不同但却与之平等的黑人文明概念"。具体而言，它是"黑人世界的文化价值的总和，正如这些价值在黑人的作品、制度、生活中表现的那样"。为了实现"黑人性"，就要"追本溯源"，在精神上、美学上和政治上将非洲丰富的文化遗产发扬光大，进而找回"迷失的自我"。"在发起人的脑海里，'黑人性'运动乃是对法国殖民地同化政策做出的对抗性反应，尤其是对老一代准备把同化作为努力争取的目标做出的对抗性反应。"①

虽然"黑人性"这个术语被经常地运用于一些黑非洲作家身上，但自始至终并不存在一个有统一纲领的黑人性文学流派，只是当时有一大批作家自发地在自己的创作中体现泛非主义和"黑人性"思想。这种创作的创作者和针对的对象是民族精英，成长起来的新一代民族知识分子们希望通过建立和唤起民族文化自豪感来摆脱束缚，恢复尊严。"黑人性"文学的成就主要集中在诗歌领域：塞内加尔的大卫·狄奥普在长诗《非洲我的母亲》中写下了"非洲/我的非洲，你美丽的黑色血液在田野上流淌"这样广为传颂的诗句；利比里亚诗人罗兰·德普斯特尔在《这就是非洲?》中将非洲称作"母亲"，"骄傲的，美丽的，充满了智慧的"，呼吁备受苦难的非洲母亲终将获得自由。象牙海岸的达蒂耶在《我皮肤的颜色》中大声宣称"不，我皮肤的黑色——这不是灾难的标志"。他的《擦去眼泪》一诗告慰非洲母亲，她的孩子们在"经历了一无所获的流浪"之后，"穿过惊雷暴雨"即将归来，他们的心灵向着美丽的非洲母亲敞开。加纳的马依克尔·德依-亚纳克在《非洲，你向哪里去?》中称非洲为"我的祖国"，在对黑非洲的传统与西方的文明进行了一番对比后，诗人呼吁回归黑非洲的传统才是黑非洲的出路。尼日利亚的加布里埃尔·奥卡拉在《钢琴与羊皮鼓》中，也表达了同样的思想：他以钢琴象征西方现代文化，以羊皮鼓象征黑非洲传统文化，虽然诗人表现了某种徘徊，但他笔下的羊皮鼓敲响的"神秘节奏，短促，纯净，恰似流血的肉体，诉说骚动的青春和生命的起源"，使"我的热血沸腾"，而钢琴发出的"啜泣声"则弹奏出"泪痕斑斑的协奏曲"，让人陷入"复杂的迷宫"，两相对比，黑非洲传统文化的优越性明显可见。

"黑人性"文学的主要代表人物是后来成了独立后塞内加尔第一任总

---

① ［美］伦纳德·S. 克莱因：《20 世纪非洲文学》，李永彩译，北京语言学院出版社 1991年版，第 153 页。

统的桑戈尔。作为"黑人性"运动的倡导者和身体力行者,桑戈尔将诗歌当作体现"黑人性"思想的媒介。在诗歌中,他热情地讴歌黑非洲的山川大地和独具特色的文化传统,"我应该把图腾珍藏在我的血管的深处/它是我的祖先,皮肤上交织着风雨雷电/它是我的护身符,我应该把它深藏"(《图腾》)。他将黑非洲比作美丽的黑肤女人,"赤裸的女人,黑肤的女人,你生命的肤色,你美丽的体态是你的衣着","黑色"的皮肤正是美丽的来源,也正是这"黑肤的女人"给予"我"心灵的滋养,"饱满的果子,醉人的黑葡萄酒,激发我抒情的嘴唇","在你头发的庇护下,我的忧愁消散,在你毗邻的太阳般的眼睛照耀下"(《黑女人》)。在桑戈尔看来,美丽的黑非洲是一片生机盎然的和谐的大地,那里有"麦苗绿色的轻风"、"舞蹈者赤裸的双脚耕耘过的"和"笼罩在白色蜜酒和黑色牛奶的溪流中"的人行道、"长矛一般的乳房"、"百合与神话面具的假面的芭蕾"、"爱情的芒果"和"达姆鼓的血液",与此相反,作为欧洲文明象征的城市纽约则到处是"蓝色金属的眼睛"、"冰冻的微笑"、"硫磺的光亮"、"青灰的楼身"、"光秃秃的人行道","这是符号和计算的时代",对照之下,作者不由大声宣告,陷入工具理性的死气沉沉的欧洲文明将通过生机勃勃的黑非洲文明来获得拯救,"纽约!我对纽约说,让黑人的血液流进你的脉管,像生命的油一般清除你钢筋铁骨上的锈迹,赋予你的桥梁以山岗的曲线和藤蔓的弹性"(《纽约》)。

桑戈尔的诗歌主题根植于他的要在殖民主义面前证明黑非洲文化的合法存在以反对种族歧视的基本信念,但在这样做的时候,很明显又陷入了欧洲中心论的二元对立话语,将黑非洲文明与欧洲文明截然对立起来,不同的只是颠倒了一下位置,因而在反对种族主义的同时又走向了另一极端,即鼓吹黑人血统优越的"反种族主义的种族主义"。桑戈尔很快认识到了这种偏差,他后来改变了对西方文明一味排斥和贬低的做法,转而主张文化的互补、融合。在他看来,"文化的融合即文化的开放、混合和合并"。后期的黑人性运动比前期无疑多了一份理性,这在一些作家的创作中也能体现出来:塞拉里昂的英语诗人加斯顿·巴特-威廉姆斯在他的《琴键》中,将黑人和白人比作钢琴上的黑白键,二者共同演奏出和谐的声音:"你的皮肤是骄傲的白色,我的皮肤是黑色;伸出手来,请与我同行。音乐响起,洪亮。我们被融进同一个和音,汇合成同一首歌。"象牙海岸的达蒂耶在《我们手上的纹路》中也表达了相似的愿望,"我们手上的纹路——黄色的、黑色的与白色的——这不是疆域的界线，"而是"生命的纹路，友谊和美丽的命运之路，心灵与幸福之路"。黑人、白人、黄种人联起手来，就可以"将我们的理想联结成一个巨大的花冠"。

"黑人性"诗人们极力歌颂非洲的历史和传统文化，从传统的生活、风俗、神话和祭仪中汲取灵感和题材，"以年轻的非洲对抗老迈的欧洲，以轻快的抒情对抗沉沉的推理，以高视阔步的自然对抗沉闷压抑的逻辑"①，显示了与欧洲文化的整体对抗。应该说，"黑人性"运动在 30—50 年代对于激发黑人内部的民族意识，改变外部对黑非洲黑人的态度方面起了很大的积极作用。但是，五六十年代以后，"黑人性"运动越来越受到黑人理论家和作家的批判，人们认为"黑人性"忽视社会的发展，将人们的目光引向过去，无助于现实和未来，法侬在《论民族文化》中指出："依附于传统或复活失去的传统不仅意味着与当前的历史相对抗，而且意味着对抗自己的人民。"② 索因卡也对"黑人性"文学的狭隘提出批评，他指出"黑人文化自豪感使自己陷入被动，虽然它的口音是刺耳的，句法是夸张的，战略是富于进攻性的——黑人文化自豪感仍然处在对于人及其社会分析的欧洲中心论设定的机构之中，并试图用这些外化了的概念重新定义非洲及其社会"③。

三　20 世纪 50—60 年代中期是黑非洲民族主义文学思潮的第三个阶段

这一时期是黑非洲民族独立运动风起云涌的时期，1952 年肯尼亚发生了农民争取土地和自由的暴动，即"矛矛运动"，这一运动首先把黑非洲反殖民的斗争推到了武装斗争的阶段，标志着黑非洲非殖民化进程中一个新的斗争阶段的开始。此后，争取民族独立和自治的斗争在黑非洲各地陆续展开，1960 年达到了高峰，这一年先后有 17 个国家宣布独立，这一年也因而被称为"非洲年"。对于这种民族主义斗争形势的转变，法侬总结到，在经历了"民族知识分子证明他已经吸收了占领者的文化，他的

---

① 弗朗兹·法侬：《论民族文化》，载罗刚、刘象愚《后殖民主义文化理论》，中国社会科学出版社 1999 年版，第 280 页。

② 同上书，第 284 页。

③ [美]爱德华·W. 赛义德：《文化与帝国主义》，李琨译，生活·读书·新知三联书店 2003 年版，第 326 页。

作品与宗主国的对应作品非常吻合"的第一阶段和"本土作家受到了困扰，他决定记住自己是什么"的第二阶段之后，"要摇醒人民"的"战斗的文学，革命的文学，民族的文学到来了"。此时期的"非洲黑人文化只有围绕人民的斗争而非歌曲、诗歌或民俗，才能表现出自身的实在性……只有首先无条件支持人民的自由斗争，才能坚持非洲黑人文化和非洲文化的统一性"①。众多黑非洲的作家充分认识到了自己的历史使命，自觉地将文学当作鼓舞民族解放斗争的一种精神力量。这时的民族主义作家们已经养成了面向大众言说的习惯，他们在作品中严厉控诉殖民主义、种族主义者的暴行，讴歌独立，忠实地记录黑非洲人民的现实斗争，积极探索黑非洲的出路。这是一个"文学爆炸"的时代，黑非洲的民族主义文学出现了前所未有的繁荣局面。在题材方面，这一时期黑非洲民族主义文学的成就主要集中在小说方面。

这时期，有大量作品表现了黑非洲人民遭受的苦难、他们的现实斗争以及对独立和自由的渴望。恩古吉的小说《孩子，你别哭》（1962）用尽可能忠实的记录历史的真实的语言叙述了主人公恩约罗格一家在动荡时期的命运。他的爸爸是一个出色的农民，但却因白人的到来失去土地，沦为白人农场主的雇农，后来又因参加罢工而失掉了遮身避雨的房屋，他的两个哥哥后来都参加了争土地的"矛矛运动"，一个被处决，一个被投入监狱，一家人陷入风雨飘摇的境地，恩约罗格通过教育改变命运的梦想也破灭了。剧作家库尔迪普·桑迪则在《遭遇战》中直接描写"矛矛运动"的一位"将军"与殖民者的镇压部队的一次遭遇。通过"将军"之口，一针见血地指出了殖民地人民斗争的正义性，"当你们带着你们的新文明来时，我们是欢迎你们的。我们希望最后得到每一种宗教都答应过的那种伟大的和平和幸福。但是相反地，你们却破坏了我们的部族，粉碎了我们的传统。你们让我们看到，你们是更加依恃暴力的"。此外，莫桑比克的路易斯·贝尔纳多·洪瓦纳的《我们打死癫皮狗》（1964）、安哥拉的罗安迪尼奥·维埃拉的小说集《罗安达》（1964）、喀麦隆的班雅曼·马蒂普的《非洲，我们不了解你》（1956）等作品都是表现这一题材的杰作。

塑造觉醒者形象是这一时期黑非洲民族主义文学的一个重要主题，该

① 弗朗兹·法侬：《论民族文化》，载罗刚、刘象愚《后殖民主义文化理论》，中国社会科学出版社 1999 年版，第 287 页。

类题材通过描写被压迫的非洲人如何摆脱殖民者向他们灌输的种种观念走向觉醒之路的过程，对殖民者进行尖锐的批判。喀麦隆作家费丁南·奥约诺 1956 年发表的第一篇小说《童仆的一生》的主人公杜弟当初怀着感恩的思想，崇拜收留了自己的白人神甫，白人神甫死去后，他当上了白人司令官的仆人，他曾经一度引以为豪，但后来他发现了司令的老婆与人通奸，为了遮掩丑事，司令及其夫人诬陷他偷窃，将他投入监狱，遭受毒打和苦役，他最终觉醒了，逃了出来，但很快因伤重而死。奥约诺紧接着发表的第二部小说《老黑人与奖章》（1956）也表现了相同的主题，老黑人麦卡以两个儿子为法国殖民者卖命、死于前线的代价获得殖民当局授予的一枚勋章，麦卡以此为荣，但就在受勋当夜，麦卡因误入白人居住区而被捕入狱，遭受毒打，他至此方才醒悟，开始拒绝欧洲文明，重新寻求获得原来的非洲人人格。杜弟和麦卡的觉醒标志着黑非洲人民对殖民者的幻想的破灭。表现这一主题的作品还有乌斯曼的小说《神的儿女》（1960）、达迪耶的《克兰比埃》（1956）等。

黑非洲虽然有古老而丰厚的文化遗产，但却无法以自己的质朴抵御欧洲现代化武器的侵袭，在欧洲资本主义生产方式和价值观念的侵袭下，传统的黑非洲社会的抵抗软弱无力，痛苦地迅速崩塌。尼日利亚作家阿契贝的"尼日利亚四部曲"中的前三部《瓦解》（1958）、《动荡》（1960）、《神箭》（1964），以现实主义的笔触对这一过程进行了生动逼真的描述。尤其是第一部，它的题名就直接表现了作品的主旨，坚决捍卫氏族社会秩序的主人公奥供喀沃在愤怒、绝望之下的自杀则象征着旧时代秩序的终结。索因卡的剧本《沼泽地居民》（1958）中的主人公青年农民伊格韦祖为生活所迫，来到城市，却被他的亲生兄弟骗去了钱财和年轻的妻子，他怀着对土地的信仰回到家乡，但等待他的却是被洪水和泥浆吞没了的庄稼，根基已经不再存在，他只好再次离开家乡，投向金钱万能、骨肉相残的城市。伊格韦祖的无奈象征了黑非洲传统生活方式面临欧洲资本主义冲击时的无奈。

黑非洲的传统社会解体了，对白人的幻想破灭了，在黑非洲社会的转型期和文化的十字路口，黑非洲应该何去何从，成为此时的民族主义作家们思考的一个重要问题。表现两种文化之间的冲突及对新时代民族道路的探索成为此一时期黑非洲民族主义文学最为突出的一个主题。象牙海岸的达蒂耶的《黑人在巴黎》（1959）和《纽约的老板》（1964）、贝宁的奥林普·贝利－凯南的小说《诗之歌》等作品都是表现文化差异的长篇小说。文化差异是自然存在的，各种民族文化自有其存在的根基和理由，但独立前后的黑非洲地区出现了盲目崇洋和盲目排外的两种对立倾向。面对黑非洲传统与西方现代文化的冲突，一些作家像早期的"黑人性"作家一样，选择了传统：喀麦隆的贝蒂的四部表现传统价值观念同欧洲价值观念之间的冲突的长篇小说《残忍的城市》（1954）、《蓬巴的穷基督》（1956）、《完成的使命》（1957）、《痊愈的国王》（1960）都表现出了这样的取向，尼日利亚的索因卡在这一时期创作的一些剧本中，也采用了向传统归航的对抗策略，《狮子与宝石》（1963）中的美丽少女有两个求婚者，一个是作为西方现代文化代表的青年教师，一个是作为民族传统文化代表的妻妾成群的老酋长。在二者之间，少女最终选择了后者。《森林之舞》（1960）则采用魔幻的手法让历史与现实共现，通过幽灵之口发出"300年啦，什么变化也没有，一切照旧"，"我已经活了三世，但第一个世界仍旧是我向往的"的感慨。索因卡虽然对"黑人性"的狭隘进行了批判，但他本人实质上也没能挣脱"文化本质主义"的束缚，在他的一系列剧作中都表现出要重返传统文化以寻求民族的精神资源的思想。然而与此同时，索因卡在很多时候又流露出对出路的迷惘和对未来的悲观，表现出他对重返传统文化的道路也不是那么坚信：他的剧本《路》（1965）中连接着历史又通向未来的路扑朔迷离、吉凶难料，小说《痴心与浊水》（1965）则充满失路者的困惑。与索因卡等人相反，以恩古吉为代表的一些作家在探索民族出路时，与用非洲的传统文化对抗欧洲资本主义文化相比，宁愿面向未来，他们以更为理性的吸收和融合的姿态来对待传统与现代之间的冲突：恩古吉在小说《大河两岸》中将两种文化比作大河两岸相对而卧的山梁，相互对峙。白人的到来使和谐的山村分裂成信奉部族传统、追求部族纯洁性的部落保守主义和信奉基督教的欧化主义两派，两派之间的斗争集中在对于传统习俗"割礼"仪式的态度上，这种冲突最终导致了暴力的出现。作者塑造的理想人物瓦伊亚吉则主张两派之间的调和，他的努力最终虽以失败而告终，但他的以白人的文化知识来武装本族人民，以互相妥协的精神号召民族团结以对抗白人的思想似乎让人们看到了民族的希望。塞内加尔作家桑贝内·乌斯曼的第二部小说《祖国，我可爱的人民》（1957）中的主人公乌尔马已经摆脱了狭隘的民族主义和部落保守主义的禁锢，他娶了一个法国妻子，并不顾族里人的反对，坚定地与她生活在一起，他向青年人宣传新的思想观念，教给他们先进的生产方式，乌尔马找到和尝试的道路明显由激烈的暴力对立转向用现代的观念和知识发展民族经济。南非作家彼得·亚伯拉罕的《献给乌多莫的花环》中也塑造了类似的探索者形象，表现了具有开明思想的知识分子与保守主义之间的斗争。这些探索民族出路问题的作品大多以悲剧而告终，表明了在文化转型的十字路口，黑非洲选择的艰难。

四 20世纪60年代中期至现在是黑非洲民族主义文学发展的第四个阶段

这一时期，黑非洲各国已经获得了独立，但依旧面临着饥饿、疾病、不公正等严峻的社会问题，民族主义者们逐渐意识到黑非洲地区的现实社会问题并不全是因为外来的欧洲文化对传统文化的冲击和摧毁，还有其内部的原因。所以民族主义作家们关注的中心发生了转移，开始由试图整合欧洲文化与传统文化转向反映内部的现实问题。

过去，黑非洲的民族知识分子凭借民众对民族的忠诚，动员起了反抗的力量，一步步地获得民族自决和自治，但许多独立后上台执政的民族资本家和民族知识分子却将政权作为为自己及某个集团牟利的工具，政治上出现严重的腐败和黑暗现象，民众在摆脱了外部殖民之后，又陷入了内部殖民的痛苦。文学界也相应地掀起了一股以揭示新的剥削、批判现实政治中的腐败现象和道德堕落的幻灭主义文学浪潮。一般认为，加纳作家阿尔马赫1968年发表的长篇小说《美好的人尚未诞生》由于淋漓尽致地揭露了加纳的腐败现象而达到这次浪潮的顶峰。他后来的两部小说《碎片》（1970）、《我们为何如此幸运》（1972）都沿袭了他在《美好的人尚未诞生》中表现的反腐败主题和讽刺的风格。阿尔马赫的同胞科菲·阿翁纳的长篇小说《大地，我的兄弟》（1971）、诗集《海边别墅》（1978）也是对加纳新的统治者的挑战。阿契贝的"尼日利亚四部曲"的最后一部《人民公仆》描写的是独立之后的尼日利亚的政治黑暗现象，投机者南加混迹于民族运动中窃取了部长职位，他贪赃枉法，不择手段地搜刮民脂民膏，却在人民面前自称"人民公仆"，最后被发动了政变的人民轰下了台。阿契贝1987年发表的长篇小说《荒原蚁丘》虽然背景放在一个想象的非洲国度，但反映的依旧是非洲社会政治生活的现状。阿契贝的同胞本·奥克瑞的魔幻现实主义小说《饥饿之路》则"以探究约鲁巴神话底蕴为手段，创造出一个关于非洲和整个现代世界民主危机的政治预言"①。恩古吉在1977年发表的《碧血花瓣》全面地表现并分析了当代肯尼亚社会的政治和经济状况，真实地再现了富有阶级与中产阶级以及工人、农民不同阶级之间的冲突，在这部小说中，恩古吉对民族性的探讨让位给了对阶级性的探讨。乌斯曼的《汇票》不仅表现了独立后塞内加尔的人民的贫困，还表现了某些接受了欧化价值观的人士道德的堕落。此外，以这一题材为表现核心的作品，在小说方面还有几内亚的卡马拉·莱伊的《非洲之梦》、象牙海岸的阿赫莫德·库鲁马的《独立的阳光》、马里作家扬博·乌奥洛冈的《暴力的责任》（1968）、喀麦隆作家达尼耶尔·埃汪达的《总统万岁》（1968）、几内亚的阿辽纳·方图雷的小说《回归线》（1972）、肯尼亚的姆旺吉的《快点杀死我》（1973）……戏剧方面，则有达迪耶的《风声》（1970）和《刚果的比阿特丽兹》、刚果的马克西姆·恩得贝卡的《总统》（1970）、乍得的马恩多埃纳英杜巴的《索韦托大学生》（1981）……

黑非洲民族主义运动兴起时，非洲的"民族"大多还处于形成过程中，只存在个别名义上的独立国家，黑非洲的民族独立运动是在西方列强人为划定的殖民地范围内进行的。独立运动之后不久，不同部族之间的冲突成为黑非洲地区之间战争和国家内部混乱的根源。这样，反对部族主义，追求国家的团结就成为黑非洲的文学艺术家们持久关注的重大主题。以尼日利亚为例，尼日利亚建国仅6年就发生了大规模的部族战争——"比拉夫内战"，这场战争不仅给尼日利亚人民带来了巨大的灾难，而且给尼日利亚文学界蒙上了一层悲剧色彩：索因卡因部族仇恨被投入监狱，1960年达喀尔首届非洲黑人艺术节上的桂冠诗人"奥吉格博之死被看成非洲的象征：在旧式的部族争吵中破坏她最美好的东西"②。一些主要作家都对这一题材进行了表现：克拉克写了诗歌《横祸：1966—1968年的诗歌》（1970）以发泄他的绝望情绪；阿契贝丢下长篇小说改写诗歌《小心啊，心灵的兄弟及其他》（1971）和短篇小说《战火中的姑娘及其他》（1972）来表现战争中人们的悲剧性的生活，谴责同胞相残，呼唤团结；

---

① 任一鸣、瞿世镜：《英语后殖民文学研究》，上海译文出版社2003年版，第19页。
② ［美］伦纳德·S. 克莱因：《20世纪非洲文学》，李永彩译，北京语言学院出版社1991年版，第162页。

索因卡出狱以后，发表了抨击暴力的《狱中诗抄》（1969）、剧本《疯子与专家》（1971）、自传《那个人死了：狱中纪实》（1972）、长篇小说《混乱岁月》（1973）。有些西方评论家认为，索因卡内战后的散文作品，都有一个共同的特征："力图正视噩梦般的人生，表现经历内战的人民的悲惨生活。"①（《狮子和宝石》前言）此外，阿马迪发表了《比拉夫的落日——内战日记》（1973），约翰·米诺奈发表了小说《献给少女的花环》（1973），芙劳拉·恩瓦帕发表了小说《永远不再》（1973）……

在此阶段的黑非洲民族主义文学创作中，南非文学是一个特例。南非在1960年宣布成立共和国，但上台执政的阿非利肯人（南非荷兰裔移民的后代）的国民党在国内推行严酷的种族隔离政策，一直到1994年，在国内的斗争及国际舆论的压力和直接干涉下，南非才废除种族隔离政策，建立新的种族平等的国家。所以，反对作为民族主义恶性膨胀的种族隔离政策，一直是此时期南非民族主义文学的重要主题，众多的黑人作家和白人作家都投身于这一追求种族平等的事业。在小说方面，南非文坛的领袖人物纳丁·戈迪默的创作始终坚持将公共生活空间与私人生活空间结合在一起，她爱南非，但她反对种族隔离，她的众多小说如《利文斯通的伙伴们》（1971）、《已故的资产阶级世界》（1966）、《尊贵的客人》（1970）、《伯格的女儿》（1979）、《我儿子的故事》（1990）等都表现了种族隔离政策对人们的个人生活的影响以及给南非人民带来的巨大灾难。由于包括她在内的众多南非作家的努力，国际社会对南非现状的了解有了比电视等媒体所表现的更为广泛的认识；南非最受欢迎的阿非利肯语作家安德列·布林克则因为他的作品中强烈的政治使命感和对种族隔离政策的抗议而屡屡遭到禁止；拉·古玛则从个人作为黑人的亲身经历出发，在作品中坚定地反对南非政权，表现南非有色人种非人的生活现实；J·M.库切的《幽暗之地》（1974）、《铁器时代》（1990）等作品直接描写种族剥削主题，表现有良知的白人的一种道德上的羞耻感。库切的另外一些作品则突破作为南非文学主流的社会现实主义，从另一个角度颠覆殖民话语：在《福》（1986）、《在国家的中心》（1977）、《等待野蛮人》（1980）、《迈克尔·K的生活和时代》（1983）等作品中试图从话语和语言层次上

① 邵殿生：《熔非洲和西方艺术于一炉》，载〔尼日利亚〕渥雷·索因卡《狮子和宝石》，邵殿生译，漓江出版社1990年版，第5页。

表达白人对非洲土著居民的压迫，并对主奴关系进行解构，这些作品虽然少了一些火药味，但反种族隔离的情绪还是一目了然的。戏剧方面的代表当数阿索尔·富加德，他的以《希兹尉·班西死了》为代表的剧作描写了大量种族隔离政策的牺牲品和人们生存的无奈。在诗歌方面，诗人兼画家的布里坦·布里坦贝奇因他的诗歌中反对阿非利肯人的意识形态而以"恐怖主义"罪名被判入狱9年；丹尼斯·布鲁塔斯在诗歌中"坚持以一种宽容的爱向主宰南非的残忍无情的种族仇恨挑战"①。阿兰·佩顿的诗歌则"把种族斗争解释为更大范围的人反对统治，即反对统治别人和被人统治的反叛活动"②。曼德拉在1994年的就职典礼上曾经呼吁各个民族保持和发扬妥协精神，以便"在国内和在国外都建立和平的彩虹之国"③。然而，长期形成的历史包袱并没有因新政府的成立而迅速消失，白人享有的经济和教育资源依旧远高于黑人，获得了权利的黑人经常因发泄种族积怨而实施对白人的暴力，代表不同部族利益的党派之间存在着种种矛盾，南非要实现"彩虹之国"的梦想，还有一段很长的路要走。对于南非新政府成立之后的新的种族矛盾，戈迪默在《七月的人民》（1981）中已经有所预见，而库切则在《耻》（1999）中有更为深刻的思考，库切的思索触角还延伸到了建立新的南非民族属性的问题上去。

第二节　民族主义文学思潮的地缘特征

黑非洲地区封闭而自成一体的地理结构和独特的历史遭遇导致黑非洲的民族主义文学在具有东方民族主义文学的共同特征之外，还具有鲜明的地缘特征。

一　黑非洲民族主义文学是被殖民民族的文学，对抗性是其最为突出的一个特征

欧州的殖民者出于种族优越论的民族主义情绪，对黑非洲地区不仅进行了经济、政治的殖民，还试图在精神上对黑非洲人民进行奴化教育，进

---

① ［美］伦纳德·S.克莱因：《20世纪非洲文学》，李永彩译，北京语言学院出版社1991年版，第251页。

② 同上书，第269页。

③ 潘兴明、李忠：《南非》，四川人民出版社2000年版，第222页。

行文化的殖民。他们四处宣扬黑人愚蠢无知、原始野蛮，是天生的奴隶，"黑肤色意味着它是一个从未创造过任何文明的种族中的一员"，黑非洲地区在欧洲人到来前是一片"黑暗的大地"，没有历史和文明，是白人给非洲带来了文明，如果白人主子离开，黑非洲会迅速倒退回原始状态。这种妖魔化的宣传说到底是出自欧洲殖民者对陌生之地和对非洲权力的不稳固的恐惧，这种别有用心的种族主义的宣传以及殖民地的现实苦难激发起了黑非洲作家的民族主义思想，他们以文学作为对抗的武器和宣传的工具。他们从黑非洲的文化传统中挖掘可贵的资源，激发民族文化自豪感。他们表现黑非洲人民由于白人的"恩惠"而蒙受的苦难，谴责任何形式的暴力和剥削。他们热情地讴歌民族英雄，赞美英雄主义情怀。他们关心祖国和民族的命运，谴责民族分裂，主张民族团结。他们以文学为载体探索民族的出路，通过个人的觉醒来象征整个民族的觉醒。

　　黑非洲的民族主义作家表现出了一种强烈的政治使命感，他们强调文学的现实功用，文学直接表现出了对现实的参与和干预。恩古吉在他的众多文章中，坚持"所谓笔在它的领域中能发挥枪杆子的作用：一出戏可能具有一个手榴弹的爆炸力"，写作必须"选择营垒"①。阿契贝则公开声称："我的政策涉及超越种族和文化界限以达到人类普遍沟通，借以促进对于所有民族的尊重。"② 他认为，非洲文学应有益于非洲，非洲作家应该投身到当前的重大社会政治斗争中去。索因卡认为黑非洲艺术家的作用在于"记录他所在社会的经验与道德风尚，充当他所处时代的先见的代言人"③。戈迪默宣称自己的人生有两个角色，一个是作家的角色，另一个是为南非自由而奋斗的角色。她的文学创作关注社会政治现实，"由于提供了对这一历史进程的深刻洞察力，帮助了这一进程的发展"④。在这样一些创作思想指导下，黑非洲的民族主义文学的主导创作方法是现实主义，同时具有鲜明地方色彩的浪漫主义和启蒙主义也取得了较为突出的成就。

---

① ［美］博埃默：《殖民与后殖民文学》，盛宁译，牛津大学出版社 1998 年版，第 201 页。
② 任一鸣、瞿世镜：《英语后殖民文学研究》，上海译文出版社 2003 年版，第 11 页。
③ ［美］伦纳德·S. 克莱因：《20 世纪非洲文学》，李永彩译，北京语言学院出版社 1991 年版，第 182 页。
④ 瑞典学院：《诺贝尔文学奖受奖词》，载纳丁·戈迪默《我儿子的故事》，莫雅平译，译林出版社 1998 年版，第 261 页。

　　黑非洲民族主义文学的对抗性不仅表现在意识形态方面，还表现在文学的表达的努力上。这种创建民族文学属性的努力在 20 世纪初期就已经开始，早期的民族主义作家在对欧洲文学的借用和模仿中插入了黑非州的背景，三四十年代的"黑人性"文学将回忆过去作为一种对抗的方法，致力于一种阿契贝所说的"仪式的回归"和"补偿"，他们的诗歌中不仅充满黑非洲的独特意象，而且伴随着黑非洲传统的达姆鼓的节奏，这种构建民族性的努力虽然在很大程度上来自想象性的创造，但确实给黑非洲的文坛吹来了一股清新的民族文学的气息。赛义德曾经说过，"继一线反抗，即实际反抗外来入侵时期以后，出现了二线反抗，即意识形态反抗时期"①。在这一时期，前殖民地国家的主要任务由争自由的战斗变成了文化上的解殖民，即建立自己独立的文化属性的问题。这样，独立后的黑非洲国家的作家创建自己的文学表达方面的要求就更加迫切，努力也更为自觉，民族文学的身份认同成为这一时期的关键问题。非洲的书面文学传统是在欧洲书面文学的影响下形成的，这是一个不容否认的客观事实，黑非洲作家在接受这一事实的同时，努力证实在自己文化的基础上可以形成文学的民族表达。对此，阿契贝争论性地说道："非洲人民并不是从欧洲人那里第一次听说有'文化'这种东西的，非洲的社会并不是没有思想的，他经常具有一种深奥的、价值丰富而优美的哲学。"② 非洲的文学应当以非洲的文化为根基，但是在殖民时期和非殖民化后很长的一段时间里，由于本土作家在学校里所受到的教育基本上是殖民宗主国的，与本土作家相比，他们更熟悉的是欧洲的作家，他们所掌握的修辞体系在表现黑非洲的文化和风景时，总是具有一种异国情调，为了纠正文学与黑非洲现实生活的脱节，殖民地作家采取的策略是按照自己的认识角度去看待世界，他们坚持"我们自己为世界命名的权利"，阿契贝提出"我认为教育是我作为作家的任务之一，讲非洲的天气没有什么丢脸的，棕榈树也是入诗的好题材"③，为此，黑非洲的民族主义文学表现自己的山河风光和民族精神，表现非洲的激情和人民的反抗斗争及现实生活。也正因为如此，黑非洲的

---

① ［美］爱德华·W. 赛义德：《赛义德自选集》，谢少波、韩刚等译，中国社会科学出版社 1999 年版，第 267 页。

② ·［美］伦纳德·S. 克莱因：《20 世纪非洲文学》，李永彩译，北京语言学院出版社 1991 年版，第 5 页。

③ ［美］博埃默：《殖民与后殖民文学》，盛宁译，牛津大学出版社 1998 年版，第 207 页。

文学作品经常以缺少普遍性而受到西方评论家的贬低，阿契贝对此进行了尖锐的讽刺，"实际上，西方作者的作品总是自动地拥有普遍性。只有他者，才需经过艰苦的努力，为自己的作品赢得这顶桂冠。……仿佛普遍性藏匿在你脚下那条大路遥远的转弯处，只要你顺着欧洲或美国的方向走，只要远离自己的家乡，终有一天你会找到它"①。阿契贝对欧洲自我中心的价值标准的批评可谓一针见血。的确，文学普遍性通过将某种特定文化（在现代语境下，是指欧洲）的价值奉为真理，奉为文学或文本的永恒内涵，助长了强势话语的中心性，黑非洲国家对普遍性的批判无疑就是反文化霸权的努力。但是，既然欧洲的普遍性的文学标准不具有普世性的价值，那么黑非洲地域性的文学标准当然也不具备，普世性的文学标准是否存在？它又是以什么样的文学属性来进行表达？这些问题是黑非洲作家尚需进一步思索与解决的问题。

二　泛非性或泛黑人主义是黑非洲民族主义文学独特品格

在早期欧洲中心论者的话语里，种族和肤色是判定个人身份的首要标准，对于每一个黑非洲人来说，他们的首要身份是"黑人"。法侬对此指出过："在殖民者看来，黑人既不是安哥拉人，也不是尼日利亚人，他只说'黑鬼'。"②再加上黑非洲地区在20世纪之前，基本上还处于奉行部落酋长制的部族社会阶段，部族靠血缘关系来凝聚，现代意义上的民族和国家意识还非常淡薄，黑非洲的民族主义运动从一开始，"就不是以单个国家和民族的形式，而是以整个非洲大陆和全体黑人种族的形式兴起的。当时，非洲的民族主义表现为一种泛非形式的黑人意识或黑人主义，斗争的目标是将非洲大陆从欧洲殖民主义的统治压迫下解放出来，争取的是整个非洲大陆黑人种族的权利和地位"③。黑非洲各国在独立之后，依然面临着共同的文化解殖的问题，泛非意识依然是一种巨大的凝聚力量，以加纳总统恩克鲁玛为代表的一些政治领袖一直为建立统一的非洲而努力，2002年成立的非洲联盟在政治上体现了非洲国家以泛非性的意识形态对

---

① 希努亚·阿契贝：《殖民主义批评》，载罗刚、刘象愚《后殖民主义文化理论》，中国社会科学出版社1999年版，第301页。

② 弗朗兹·法侬：《论民族文化》，载罗刚、刘象愚《后殖民主义文化理论》，中国社会科学出版社1999年版，第279页。

③ 刘鸿武：《黑非洲文化研究》，华东师范大学出版社1996年版，第254页。

抗新的被边缘化的现实的政治策略。所以相应地，泛非性或泛黑人主义便成为黑非洲民族主文学的一个重要特征。

"黑人性"文学的作家们表达的民族文化的尊严实质上是作为一体的黑非洲文化的尊严，充满热情的诗人们将非洲称作自己的"祖国"、"母亲"，"炎热的太阳帝国"，他们宣称"美为黑色的，黑色为美的"，重视的是肤色的凝聚力，他们的诗歌整体来讲表现的是黑非洲的精神、节奏和创造性。黑人性文学从对过去的回忆中挖掘文化资源而无视现实的倾向受到以法侬为代表的民族主义者的批判，但他们诗歌中体现的非洲意识却被后来的作家或隐或显地继承了下来。独立以后，虽然民族主义作家们的民族和国家意识增强了，但他们从民族历史中寻找题材、赞美民族英雄的做法，他们立足于现实对民族出路问题的思索，同时也是具有全非性质的，作家们继续在寻找和描写种族的归属。因为正如图图奥拉在《棕榈酒醉鬼故事》中所说，"黑人和白人的鬼魂还在死亡之城中飘荡着"，共同的被新殖民主义剥削的命运使黑非洲作家继续那种源自非洲意识的团结，以弘扬和保留自己的非洲文化属性、塑造非洲的人格为己任。重视文学现实功用的阿契贝同时也是一个传统文化的忠实捍卫者，他自称是一个"祖先崇拜者"，认为小说家有一种责任和能力，"他们再也不会让非洲的过去呈现为'漫长的黑夜和野蛮'了，而是像其他地方一样，也'充满了人与人之间的交流——有矛盾，有悲剧，有友谊，也有礼仪'"[①]。阿契贝的同胞凯迈拉·莱伊则指出："我的小说，就是要显示我们文化的壮美与伟大。人们还没有意识到非洲有自己的文化。这种文化足以指示我们的历史以及文明的意义。我相信，这种观念会有力地推动非洲文学的发展。"[②]斯瓦希里语作家 T. S. Y. 森戈则更加明确地指出："我们生活在非洲这个特定的环境里，因此，依照这个实际情况决定我们的文学理论……这有助于我们今后自身的解放，从肉体上、精神上的桎梏中摆脱出来，同时有助于解决诸如饥饿、疾病、贫穷和愚昧等社会问题。"[③]索因卡"一直把黑非洲人民视为一个民族——这包括散居在世界其他地区的黑人——我一直

---

① ［美］博埃默：《殖民与后殖民文学》，盛宁译，牛津大学出版社 1998 年版，第 213 页。

② 希努亚·阿契贝：《殖民主义批评》，载罗刚、刘象愚《后殖民主义文化理论》，中国社会科学出版社 1999 年版，第 309 页。

③ 季羡林：《东方文学史》，吉林教育出版社 1995 年版，第 1581 页。

有这样的整体统一和归属的意识"①。他在长诗《奥冈，阿比比曼》中描述了尼日利亚的大神奥冈与另一位非洲之神萨卡的联盟，"我们的历史的结合，森林与草原合并。让山崖与雄狮在我的水泉中宴饮。哦，我兄弟的精魂当同族人的手掌抚住萨卡的肩膀，还有上面宽大的棕榈叶片，我的呼唤在你的山顶是否引起了回声？远徙而来的白人尽管你们攫住了我的王冠，但永远不会统治这块土地"。只有实现非洲的联合，才能抵御住异族的统治和殖民，这是索因卡，也是黑非洲民族主义作家们自始至终的共同的"泛非主义"思想。他们强调非洲意识对非洲文学发展的意义，并为建构一种非洲特性的文学理论而努力。在这些作家和理论家的言说里，非洲文化总是作为一个整体而存在，统一的非洲文学和文学理论的建构成为他们对抗欧洲文化霸权的一种策略。黑非洲的作家们习惯于以非洲作家的身份发言，典型的例子是索因卡在登上诺贝尔文学奖的领奖台时，这位黑人艺术家并没有像人们所期望的那样，为这一世界大奖首次授予一个黑人而感恩戴德，而是一开口就对辉煌的欧洲文化传统进行了痛斥，严厉谴责欧洲对于自己的黑人同胞的种族偏见。

三　混合性是黑非洲民族主义文学的第三个突出特征

客观地讲，由于人类有史以来，就一直存在着文化迁徙和文化之间的交流，从一定意义上说，根本就没有纯粹的文化，各种文化多多少少都带有混合性。近代人类历史上出现殖民形态之后，殖民者文化的强行渗入，增加了殖民地文化的混合特征。在当今这个全球化时代，先进的通信和交通工具又压缩了地球的空间，文化的互渗更是广泛而深入，混合性成为各种文化的一个共同具有的特征。只是由于黑非洲地区独特的历史遭遇，两种或多种文化的冲突与融合在这一地区表现得尤为突出。

黑非洲的民族主义文学首先在语言上体现了混声合唱的特点。英语、法语、葡萄牙语等文学获得了长足进展，斯瓦希里语文学、豪萨语文学、约鲁巴语文学、祖鲁语文学等土著语言文学也成就斐然。即使以欧洲语言为媒介进行创作的文学自身，在黑非洲作家手里也出现了种种变异，以英语文学为例，黑非洲作家在使用英语表现当地背景时，又糅合进了大量的

---

① 简·维尔金森：《与非洲作家谈话录》，转引自宋志明《沃勒·索因卡：后殖民主义文化与写作》，博士学位论文，北京师范大学，2000年，第46—47页。

当地语汇、未翻译的词语、属于地方的谚语，其含混不清甚至使文化外面的人只有借助"南非英语字典"之类的东西和注释的帮助才能明白，英语在黑非洲早已变得多元化。由于黑非洲地区的书面文学传统是在欧洲文学的影响下形成的，可以说黑非洲作家们从欧洲继承来了小说、诗歌、戏剧等体裁，拿来为自己所用，表现非洲人的生活和现实。在文学的表现内容上，我们可以清晰地看到黑非洲对于外来文化的态度经历了一个从冲突走向融合的过程。在文学的表现形式上，黑非洲的作家几乎无一可以逃脱欧洲文化的影响：初期的民族主义作家的创作体现出对宗主国文学既模仿又依附的特性；桑戈尔的诗歌充满鲜明的黑非洲的文化特色，但也明显可以看出法国诗歌，尤其是法国象征主义诗歌的影响；恩古吉的小说中总是隐藏着一种对弥和差异与冲突的渴望与追求，他对文化和神话的借鉴就像是一个大杂烩，"在向斯威夫特、康拉德、卡夫卡以及波加科夫（Bulgakov）借鉴以外，他又从所受殖民教育和所读过的《圣经》原型中捡来一些，略加改造而纳入肯尼亚的语境之中"①；索因卡提出以"神话整体主义"来对抗理性的、技术的、分裂思维的"欧洲中心主义"，他的作品中充满了善与恶、过去与现实、传统与历史的二元对立，通过这一系列的二元对立来突出非洲文化的优越地位，这一思维模式依旧沿袭了"欧洲认识论的基石"。他的文学表现手法吸收了黑非洲的舞蹈、音乐、假面舞和哑剧的因素，具有鲜明的地域特征，却同时又体现出所受欧美现代派，尤其是荒诞派戏剧的影响，诺贝尔文学奖评奖委员会因此称他的作品为"综合性文化传统的产物"。

结　　语

对当代民族主义而言，世界格局是以发达国家和不发达国家来划分的，这是最基本的民族身份，而贫困的黑非洲地区更有被划入"第四世界"的危险，在国际社会上提高民族身份、争取平等的对话权利是黑非洲地区现实和未来的政治生活的一个重要内容。可以预见，在未来很长一段时间里，积极参与非殖民化进程的黑非洲民族主义文学思潮仍将继续成为文学发展的一个重要组成部分。

---

① ［美］博埃默：《殖民与后殖民文学》，盛宁译，牛津大学出版社1998年版，第224页。

第二章 传统主义文学思潮

第一节 文化反抗与文化陷阱

近现代黑非洲社会，在西方现代工业文明的冲击下，普遍面临着非洲与欧洲、传统与现代、本土化与世界化的矛盾。先救亡还是先启蒙，也成为近现代黑非洲社会思想界的共同迷惘。面对西方文化的渗透与进逼，很多人情感上自然转向自己的传统文化寻求对抗的力量。众所周知，西方的殖民在文化的意义上，以象征性的话语取代为目的，就像姜飞所说，"从话语的角度来概括文化，文化即是主体在一定的时空内的话语总和。如此，文化的殖民，首先是话语的殖民。如此，摆脱梦魇需要从话语开始。"① 既然欧洲的殖民话语要压制非洲自己的声音，涂抹掉非洲自己的历史，那么对于一些非洲的知识分子而言，以自己的艺术创作呈现非洲自己的生活习俗、文化传统、哲学观念就会成为一个最自然、最直接的反应。面对"为什么非洲作家易于凝视着非洲，尤其是它的过去"的问题，柴易科·哈米杜·凯恩（Cheik Hamidou Kane）无奈地答道："这是因为我们曾经被征服和被殖民。非洲已经呈现给世人这样一个形象：它没有文化和历史，居住着劣等人种；因此，对非洲作家来说，第一个问题就是向西方世界和整个文明世界解释和翻译非洲。"② 因此，在文学应该向世界介绍传统非洲的使命感驱使下，传统主义美学就成为黑非洲探求自我文学属性的努力中的一个重要方向，很多本土作家身上都或隐或显地存在这种创作倾向。

黑非洲的传统主义创作既无固定纲领，也无统一组织，只是一些作家

---

① 姜飞：《跨文化传播的后殖民文化语境》，中国人民大学出版社 2005 年版，第 259 页。

② Phanuel Akubueze Egejuru, *Black Writers*: *White Audiences*: *a critical approach to African literature*, Hicksville and New York: Exposition Press, 1978, p. 135.

自觉不自觉地按照类似的创作原则进行创作，评论家迟第·阿姆达（Chi-di Amuta）在他的《非洲文学理论：实践批评的含意》中，将盛行于20世纪五六十年代的这种倾向称为非洲文学中的"传统主义"，并将之与非洲文学中的马克思主义、非洲文学中的辩证理论等相并列。在某种意义上，传统主义创作可视作民族主义文学的一个分支，黑非洲的民族主义文学的基本情怀是爱国主义或跨越国界的泛非主义，基本品格体现在表现内容上：对种族和民族命运的关注、对历史和现实社会问题的思考，在表现手法上是自由的。而黑非洲的传统主义创作则在秉持民族主义创作的情怀之外，以向传统借鉴资源、突出地域色彩为主要特征，既表现在内容上转向过去，也表现在艺术技巧上传统化、本土化的努力。

然而，黑非洲的文化传统是什么？如何使黑非洲文化传统成为建立黑非洲文学独立属性的力量？传统主义美学的持守者们对于这两个问题的认识却并不一致，并因此形成了传统主义美学的不同创作取向。有些作家努力将黑非洲的口述文学传统以讲故事的形式引进书面文学，其实质是用英语对传统文学进行转译，这方面的作家以图图奥拉为代表；有的作家认为传统指向过去的生活，因而在他们的创作中极力再现部落的故事，这类作家以阿玛迪（Elechi Amadi）为代表；有的作家则在沿袭第二种作家的创作策略之外，进行更有深度的探索，在对现实的勾画中极力融入地方志的元素之外，他们还尝试在作品的载体——英语中体现部族语言的节奏，这类作家以阿契贝为代表；有些作家创立传统主义美学的意识更为自觉，他们更多地从精神内核层面理解传统文化，着力探讨现代黑非洲文学的本土源头，并以传统文化之魂建立黑非洲的独属诗学，这类作家以索因卡为代表。

一

作为尼日利亚第一个获得国际声誉的作家，作为"讲故事的天才"和"现代非洲文学之父"，图图奥拉的名字在黑非洲英语文学界尽管充满争议，但却十分响亮。他是研究黑非洲文学，尤其是西非文学无法绕开的人物，按照阿契贝的说法，图图奥拉的创作"打开了现代西非英语写作的闸门"[1]，西非文学从此进入现代时期。

黑非洲的大部分地区在19世纪之前，均没有形成自己的文字，更没

---

① Chinua Achebe, *Home and Exile*, Oxford and New York: Oxford University Press, 2000, p. 44.

有书面文学传统，文化的传承主要依赖口口相传，因此，口传文化便成为黑非洲传统文化的一个主要特征。"格里奥"在黑非洲地区传统文化的收集、整理和传播方面发挥着重要作用。"格里奥"，即"黑非洲世代相传的诗人、口头文学家、艺术家和琴师的总称。他们以此为业，家族世袭。"①黑非洲书面文学传统的形成是西方殖民进程的一个副产品，最初的书面文学的载体是英语、法语等外来语言。如何使外来语言这个媒介与黑非洲的口传文化传统实现对接，图图奥拉的创作在当时具有极大的启示作用，图图奥拉的意义就在于他是最早使用英语这种外来语言来承载黑非洲口头文学并获得世界性影响的作家。

为图图奥拉带来世界影响的作品是一部故事书——《棕榈酒醉鬼故事》(1952)。该故事是一部寻人历险记。故事采用第一人称单数叙述视角，故事一开篇，就告诉我们：　"十岁的时候，我就成为了一个棕榈酒嗜饮者(Drinkard)。我这一辈子，除了喝棕榈酒之外，什么也不干。"②"我"的父亲作为镇上最富有的人，给我请来了一位很能干的榨棕榈酒的师傅。"我"十五岁的时候，榨酒师傅从树上掉下来摔死了，别人榨的酒都满足不了我的需求，我听说人死后，需要在死城待一段时间，再归天。因此，我踏上了寻找榨酒师傅的征程。一路上发生了许多稀奇古怪的事，遇到了很多凶险，大多靠着符咒的法力逢凶化吉。"我"答应一个镇长的要求，从一个"完美"男人（实为骷髅）那里解救出了一个姑娘，这个姑娘就成为了"我"的妻子。后来从"我"妻子的拇指中蹦出了一个男孩，这个怪婴食量巨大，力大无穷，无恶不作，在火堆里烧死变成半孩，依旧魔性不改，无时无刻不在折磨着父母，"我"和妻子利用观看歌舞的机会才将他摆脱。"我"们还到过"幽灵岛"、"天堂镇"、"白树"、"红镇"、"颠倒镇"等地方，历尽艰险，终于来到了"死城"，见到了"我"的榨酒师傅。但榨酒师傅却告诉我，人死了，就不能再回到人间。临走时，榨酒师傅送给了"我"一个魔蛋，能够满足"我"所有的需求。又经历了几番磨难，"我"和妻子回到家乡，家乡正在闹饥荒，"我"的魔蛋喂养了整个世界。后来魔蛋破裂，"我"带领着家乡的人举行了祈雨仪式，老天终于下雨了，天下再也没有饥荒。

---

①　俞灏东、杨秀琴、俞任远：《非洲文学作家作品散论》，宁夏人民出版社 2012 年版，第 190 页。

②　Amos Tutuola, *The Palm-wine Drinkard and His Dead Palm-wine Tapster in the Deads' Town*, London：Faber and Faber Ltd, 1952, p. 7.

　　该小说明显继承了西非口头文学的传统。这不仅仅在于小说中充满了非现实的妖魔鬼怪、魔法巫术，民间传说色彩浓郁，更在于作者采用讲故事的形式。小说采用第一人称叙述形式，叙事由一连串偶然事件连缀而成，每一段经历皆可独自成章，故事也可随时添加，无限延展。故事谈不上什么深刻的思想表达，也缺乏丰满的人物刻画和细腻的心理描写，趣味性是最大的诉求，这是西非大众化的口传文化的特征，充满着民间文学的气韵和活力，与20世纪发育成熟的世界长篇小说艺术这种书面文学形式相比，虽显得幼稚但自有其质朴之美。

　　虽然《棕榈酒醉鬼故事》与西非的口传文学传统关系密切，但它又与口传文学存在着根本的不同，那就是：它以英语为媒介书写了民间故事，以文字这种物质的形式代替了格里奥们的无形的记忆力。图图奥拉并没有接受过系统的学校教育和全面的语言训练，只接受过五年的学校教育，他的英语并不标准，用标准英语的标尺去看《棕榈酒醉鬼故事》，它不仅词汇量、句型极为有限，而且存在很多词汇、语法、标点等方面的问题。图图奥拉的英语单纯从英语语言的掌握程度来看，属于比较初级的英语，无法与世界英语文学大家相比，他的英语属于一般尼日利亚大众日常交流时使用的英语。

　　但是图图奥拉的过人之处在于他有意无意地将英语本土化，使外来的语言适应本土环境。中国学者颜志强在论文《图图奥拉——尼日利亚英语文学的先锋》中，细致分析了《棕榈酒醉鬼故事》中大量的英语变体。比如，"英语的母语使用者习惯多用代词，尼日利亚人不能完全接受，图图奥拉有时候用代词后加名词的折中办法来解决这个矛盾，比如 'Then she was following him (complete gentleman) to an unknown place.' （p. 19）；在表示'我想'这个意思时，爱用 'I thought within myself' （p. 9，11，13…）的说法；用反身代词复数代替 each other，比如 '…all the people of the Island were very kind and they loved themselves.' （p. 47）。偶然把形容词当动词用。我们知道 jealous 是个形容词，但是在 '… and still as I was a man I would jealous him more than that…' （p. 25）一句里，图图奥拉把它当动词用了。这是受约鲁巴语的影响。在这种语言里，不少形容词和动词可以互相转换"[①]。默莱拉·奥甘第泼（Molara Ogundipe）也指出："图图

---

　　① 颜志强：《图图奥拉——尼日利亚英语文学的先锋》，载《绵阳师范学院学报》2004年第1期。

奥拉的语言从约鲁巴雄辩术、文字游戏的普遍用法……和约鲁巴句法结构的发生率中得到了特有的指环……他已经简单、大胆或者可能是天真地将他的约鲁巴语言习惯和语言模式带入了英语文章。他基本上说的是约鲁巴语，但是使用的是英文单词……图图奥拉在掌控英语方面的笨拙也是导致他的作品经常获得的离奇有趣和新奇的意外效果的部分原因。"① 阿契贝也认为图图奥拉"已经将他在英语方面的明显不足转变为一种伟大力量的武器，这种力量恰如其分地服务于他的奇异世界的唤起"②。

综上所述，图图奥拉的创作对于黑非洲文学来说，最重大的意义在于能够使用本土化了的英语，有效地将黑非洲的口头文学传统转译给世界读者看，从而推动了黑非洲传统文化的传播，在当时的黑非洲传统文化被迫失声的语境下，图图奥拉的尝试就像一股新风，给人以启示，从这个意义上讲，图图奥拉被称为"最有非洲味儿的作家"。

二

正如博埃默所说，"说起殖民地的过去，欧洲人往往把他们占领之前说成是一片空白，没有任何事迹，没有任何成就，在这种情况下，重写历史就显得愈加地迫切。"③ 在殖民主义话语体系下，黑人被迫丧失了自己的文化身份，与传统文化的联系出现了断裂，为了弥合这个裂痕，一些黑非洲作家努力寻求与历史的联络，力争再现黑非洲自己的传统生活和哲学观念。更有一些作家把目光转向了自己的部族，描写部落故事和村寨习俗，在对部族生活风俗画式的描摹中，发掘整个群体的记忆库，在祖辈的身份归属中找到认同和对抗的力量。在这方面，以尼日利亚作家艾勒迟·阿玛迪堪为代表。

阿玛迪的创作受到阿契贝1958年创作的《瓦解》的启发，大多将背景放置于尼日利亚伊博族的村庄，立意于探讨人与神灵的关系，且大多充满悲剧氛围。他的第一部小说《王妃》（1966）讲述的是一个关于伊博族的年轻女性伊胡娥玛（Ihuoma）的故事。伊胡娥玛是一个美丽、温柔、

---

① Chinweizu, *The West and the Rest of Us*, New York: Vintage Books, 1975, p. 310.

② Ibid.

③ ［美］博埃默：《殖民与后殖民文学》，盛宁译，牛津大学出版社1998年版，第212页。

善良的女子，得到了全村人的喜爱和尊重。然而她的个人生活却非常不幸，先是丈夫去世，后来追求她的人［包括她厌憎的马杜姆（Madume）和她所喜欢的艾克乌默（Ekwueme）］也先后死于非命，不由得让人恐惧。祭司和巫医告诉村里的人，那是因为伊胡娥玛是海王的妃子，海王想独占伊胡娥玛，因此对他的情敌进行愤怒的报复。

阿玛迪的第二部小说，也是他最有影响的作品是 1969 年发表的《大淖》（The Great Ponds）。该小说描写的是在前殖民时期什乌鲁（Chiolo）和艾利考罗（Aliakoroz）这两个伊博村庄之间围绕瓦卡巴鱼塘（Wagaba pond）的占有权而展开的战争。介于两个村庄间的瓦卡巴鱼塘的归属一直是个引发纠纷的问题。30 年前，什乌鲁村的勇士战胜了艾利考罗村，什乌鲁村的人就获得了鱼塘的捕鱼权。现在，艾利考罗的村民要抢回对鱼塘的控制权。双方的冲突日趋激烈，从开始的偷捕与防卫到后来的夜袭与抢人，再到后来的全面战争。冲突不仅使两个村庄的人从此失去了安宁，陷入了战争的恐慌和大饥馑之中，而且也在威胁着宗族其他村庄的安宁。在其他村庄的干预下，双方举行了一个誓言仪式。什乌鲁村的勇士首领奥鲁巴（Olumba）代表村庄向神灵发下誓言，如果自己在六个月内死去，鱼塘归艾利考罗村所有，如果自己六个月内没有死去，鱼塘归什乌鲁村。于是，后来的六个月里，奥鲁巴面临着承担集体命运的责任压力、神灵干预的恐慌、对方利用巫术设置陷阱导致的病痛、弥漫整个宗族的瘟疫、艾利考罗村的第一勇士瓦戈（Wago）的刺杀等挑战，而在奥鲁巴终于撑过了六个月，什乌鲁村以为自己获得了胜利的那一刻，人们却发现瓦戈在瓦卡巴鱼塘里自杀身亡，而根据伊博人的信仰，"在有人自杀而死的鱼塘里捕鱼是一件令人憎恶的事"①，所以两个村庄都永远地失去了这个鱼塘。

阿玛迪的这些小说明显充满神秘主义气息，它们不以道德伦理等理性的价值尺度来对人物和事件进行评判，而是将一切归于人类无法把握的超验的神灵力量，人对超验力量的挑战无一不以惨败而告终。这些都说明作者本身就是一个神灵的信奉者，在他看来，信仰的世界就是前殖民时期伊博人的世界，他的小说就是要表现这样的一个传统世界。

这些小说还具有民俗展览馆的意义。在主干故事之中，阿玛迪穿插了大量的民俗描写，包括年长者对村里各种纠纷的调解与仲裁、村庄间的互

① Elechi Amadi, *The Great Ponds*, London: Heinemann Educational Books Ltd, 1969, p. 217.

访礼仪、婚丧嫁娶的习俗、音乐的制作、节日的竞技和歌舞表演、祭祀仪式、誓言仪式、巫医治病救人、巫术施法过程，甚至包括各种祭仪的具体步骤及所需祭品的清单等，在作品中都有详细的展现。这就使得阿玛迪的小说除了是个神灵的世界之外，还是一个风俗的世界，可以满足文化圈之外的读者了解黑非洲传统文化的需求，在这个意义上，阿玛迪的小说具有民族志的作用。

三

阿契贝在创作的早期，对文学之路的探索也走向了传统主义美学。尽管阿契贝对传统主义美学的探索要在阿玛迪之前，阿玛迪的创作是在阿契贝的启示之下开始的，但是阿契贝的创作却要比阿玛迪成熟得多，他从一开始就没有把自己简单定义为一个人类学家，而是民俗学家和承担着社会责任的小说家的结合体。他的创作一方面坚持书写非洲经验，尤其是他的种族——伊博族人——的生活，试图通过对历史的回顾来补偿殖民经历对本土文化带来的损害，寻回非洲的自我。另一方面，他的笔触又指向非洲现实的焦虑和对未来命运的思考，他对历史的回顾也总是放置在传统与现代、非洲与欧洲的冲突之中。他对非洲与欧洲的相遇的态度带有辩证思维的特点：他并没有简单地否定欧洲现代文明，也没有简单地将封闭的非洲传统等同于美好的非洲乌托邦，而是习惯于从非洲内部寻找当前非洲问题的原因。在一次访谈中，谈到西方殖民给非洲带来的影响时，他明确地说道："一定有收获——我的意思是让我们不要忘记曾经有过的收获。我不是那些愿意说非洲在殖民年代根本什么也没得到的人中的一个，我的意思是这种说法太荒谬了——我们获得了很多。但不幸的是，当两种文化相遇时，你可能会期望，如果我们是天使，我们会说，我们能够在另一种文化中选择最好的，同时保留我们的文化中最好的，这可太好了。但是这种情况不常发生。经常发生的是旧文化中那些最坏的因素被保留下来，新文化中最坏的因素又被添加了进去。所以如果由我来整理社会，我会为已经被事实证明的方式感到不愉快。但是我再次将这视为生活的方式。每个社会都不得不成长，每个社会都要从自己的教训中学习，因此我并不绝望。"①言下之意，阿契贝在警告同胞，不要在抵抗西方殖民带来的坏疽的同时，

---

① Dennis Duerden and Cosmo Pieterese, *African Writers Talking*, London：Heinemann，1972，p. 13.

把好东西也一并抛弃。

阿契贝对传统的理解虽然不像阿玛迪一样，主要指向了超验的神灵信仰，但是也充满了习俗、观念、生活方式等人类学描写。他早期的两部小说《瓦解》和《神箭》都把背景放置在 20 世纪初期，非洲文化和欧洲文化刚开始遭遇时刻的典型的伊博族的村庄里。为了证明在欧洲人来到非洲之前，非洲有自己的文化，阿契贝用大量的篇幅来描写、解释伊博人的风俗。比如在两部小说的多个地方，围绕柯拉果的食用仪式及其在社交礼仪方面的意义进行了大量描写；在一些段落里，阿契贝详细介绍伊博人的婚丧习俗，包括婚礼礼金的数额、新娘在丈夫的家庭成员面前的誓言、新婚当夜在十字路口的祭祀、第二次丧礼的举行及其意义等细节；为了介绍伊博传统社会的运行机制，在两部小说中，都有长者和有头衔的人召开的决定村中重要事件的大会场景的描写……有些时候，作者会暂时放下对主人公的命运的关注，让风俗成为主角。《瓦解》的第九章，差不多用整整一章来介绍主人公奥贡喀沃的女儿埃金玛的故事，借用她的故事，阿契贝详细地描述了一种民间信仰——奥格班几（Ogbanje，也译作琵琶鬼）现象，这个词在英语中没有对应的词，阿契贝将其描述为"是那种坏孩子，每次死了以后，总是又来投胎到母亲的子宫里重新出世"① （在约鲁巴文化中，称这类儿童为阿比库）。在小说中，作者还详细地描写了奥格班几儿童的行为特征和让他们不再一次次的死亡，留在这个世界的必需的仪式和方法；在《瓦解》的第十章，阿契贝则偏离主干情节之外，详细介绍村寨的一次公共典礼中祖宗的灵魂（由长者和有头衔的男子戴着面具装扮而成）如何调节一对夫妻之间的家庭纠纷，作者的目的明显是为了展示伊博村寨中纠纷的传统解决方式和祖宗的灵魂即祖先崇拜的意义。而《神箭》的第六章的主要篇幅则用来介绍丈夫接走因夫妻矛盾跑到娘家居住的妻子的习俗；《神箭》的第七章介绍了南瓜叶节的节庆仪式，第十七章则介绍了阿克乌节日和新祖先面具出现的神秘庆典……

阿契贝向传统的致敬还表现在他对非洲传统艺术，尤其是口传文化艺术形式有意识地继承之上，他努力地将他的故乡伊博人的表达形式融入英语之中。

当被问及"你与传统文学的联系是什么？你的主要灵感资源是什么"

---

① ［尼日利亚］钦努阿·阿契贝：《瓦解》，高宗禹译，作家出版社 1964 年版，第 69 页。

等问题时，阿契贝明确答道："我会说我的主要资源是包括口头文学在内的伊博文化。我常说伊博文化的最重要的样式是口头文化，它没有像谚语、逸事、故事等那样被保存下来，它是属于个人才华的东西。它是伊博文化的一个部分，也是我感到自己继承下来的遗产的一部分。"① 《瓦解》的开篇，读者听到的仿佛是个口头历史学家在向他的族人讲述部族故事：

> 在这九个村子里，甚至在这九个村子以外，奥贡喀沃都是很有名的。他的名声是靠他自己的真本事得来的。当他还是一个十八岁的小伙子时，就击败了猫子阿玛林兹，给他自己的村子带来了荣誉。阿玛林兹是个了不起的摔跤手，有七年之久，从乌姆奥菲亚到思拜诺，猫子阿玛林兹从来没有被打败过。因为他的背脊从没有触过地，所以才被叫作猫子。正是这样一个人，在一场战斗中给奥贡喀沃打倒了。老人们异口同声说，自从他们这个小城镇的创立者同荒野中的妖魔一连战了七天七夜以来，这场战斗算是最猛烈的了。②

而描写多年前奥贡喀沃赢得声望的那场摔跤比赛，明显是对行吟诗人吟诵英雄史诗的格调的模仿，迅疾营造出口述史诗的氛围：

> 鼓声咚咚，笛子呜呜，观众们都屏着气息。阿玛林兹是个机变百出的能手，奥贡喀沃也滑溜得像水里的鱼似的。他们的胳膊上、背脊上和大腿上的筋络浮现、肌肉暴凸，人们几乎听到它们绷紧得要开裂的声音。最后，奥贡喀沃击败了猫子。
> 这是很多年以前的事了，大约有二十年或二十多年了，在这段时间里，奥贡喀沃的声名就像丛林里的野火遇到燥风似的愈来愈盛。③

在《神箭》中，大祭司伊祖鲁为了击败他的对手，经常会借助讲故事的形式，他的讲述风格也颇具口头文学的神韵，例如："在非常遥远的过去，那时蜥蜴还寥若晨星，这六个村子——乌木阿查拉……——住着不

---

① Phanuel Akubueze Egejuru, *Black Writers: White Audiences: a critical approach to African literature*, Hicksville and New York: Exposition Press, 1978, p.101.

② ［尼日利亚］钦努阿·阿契贝：《瓦解》，高宗禹译，作家出版社1964年版，第3页。

③ 同上书，第3—4页。

同的氏族，每个村子都膜拜自己的神灵"①；"从前有一个伟大的摔跤手，他的脊背从没有触过地。他走遍各个村子，把所有的人都摔翻在地。然后他决心去神灵之地摔跤，他也要成为那里的冠军……②"

　　谚语、格言往往是各民族传统文化中生活智慧的宝库，对于黑非洲地区来说，谚语、格言的作用尤为凸显。研究非洲哲学的非洲学者 J. 姆比蒂指出，"不同非洲人的哲学体系尚未被整理、系统化，一些可以找到这种哲学体系的领域有：宗教、谚语、口头传说、有关社会的伦理道德"，"其中谚语值得特别予以注意，因为非洲哲学的主要内容可以在此找到"。也有学者这样评论："谚语是非洲哲学的真正表述。没有任何东西能比谚语更接近非洲的社会和思想。""谚语比非洲传统的任何方面更能反映非洲人智慧的本质。"③ 阿契贝在《瓦解》中也强调："在伊博族中，谈话的技巧是很被重视的，成语格言不啻是棕榈油，可以用它把所说的话消化下去。"④ 阿契贝在他描写黑非洲人传统生活的小说中，在人物间的对话和独白中，引入了大量谚语，如"我们的长者说过，太阳先照到站着的人，然后再照到跪在他们下面的人"（《瓦解》，p. 7）；"诚如长者所说，一个孩子只要把手洗干净，他就可以同皇帝一道吃饭"（《瓦解》，p. 8）；"癞蛤蟆白天乱蹦，不会没有理由"（《瓦解》，p. 19）；"可是伊博人有句格言说，一个人说'是'，他的守护神也就说'是'"（《瓦解》，p. 25）；"屋里有成年人时，是不能让拴在绳上正分娩的母山羊独自承受痛苦的"；"我们看见一只小鸟在路的中央跳舞时，自然知道它的鼓手就在附近的丛林里呢"（《神箭》，p. 53）；"人们需要在火炉边迎接来自寒冷的哈马顿风区的问候"（《神箭》，p. 141）；"把沾染了蚂蚁的柴捆带进自己的茅屋，就不要发牢骚说蜥蜴登门造访"（《神箭》，p. 164）；"蛇永远也没有我们用来形容它的棍子那么长"（《神箭》，p. 170）；"一个人的名字总是被那些想抓住野公牛又抓不到的人提到，肯定有它独特的对付公牛的本事"（《神箭》，p. 277）。有时候，他还会在短短一两段话中连续加入多个谚语，如"蜥蜴从高高的伊洛科树上跳到地下说，如果别人不称赞它，

---

　　① ［尼日利亚］钦努阿·阿契贝：《神箭》，陈笑黎、洪莘晖译，重庆出版社2011年版，第19—20页。

　　② 同上书，第35页。

　　③ 李保平：《传统与现代：非洲文化与政治变迁》，北京大学出版社2011年版，第40页。

　　④ ［尼日利亚］钦努阿·阿契贝：《瓦解》，高宗禹译，作家出版社1964年版，第7页。

它就自己称赞自己……有只鸟名叫伊纳基，它说，人们既然学会射而必中，它就学会久飞不息……正如我们父辈所说的，只要看外表，就可以认出它是一粒成熟的谷子"（《瓦解》，p.20）；"什么时候听说过，孩子被一块自己母亲放在手掌上的木薯烫伤了手的？谁会让自己的儿子拿着一块破陶瓷瓦片去邻居茅屋借火，再往他身上泼一盆水？谁又曾让自己的儿子摊开手掌去收坚果，再用斧子把树砍倒"（《神箭》，p.284）……通过这些谚语的使用，阿契贝成功地使读者感受到了伊博思想的博大精深。

除了谚语，阿契贝还在他的作品中插入了大量民谣、祭祀用语、祈祷用语、仪式用语、传统音乐、传统舞蹈等传统文化形式，这些因素的插入和主干故事融为一体，既有助于增强作品的表现力，又展示了黑非洲的传统文化，增强了小说的地方色彩。

阿契贝的传统主义美学还表现在他努力地在以英语为载体的小说中呈现伊博口语的语言节奏、语法结构和语言习惯。这些具有"伊博主义"特质的语言表达随处可见。比如，他不说"bury their fathers"（将他们的父亲埋葬），而是说"put their fathers into the earth"[1]（为他们的父亲送终）；他不说"as white as hailstone"（白如冰雹），而是说"shining white like the nut of the water of heaven"[2]（闪烁着白色的光辉，宛若来自天上的水核桃）；他不说"Don't interfere"（不要干涉），而是说"Don't put your mouth in this"[3]（不要把你的嘴伸进来）；他不说"His condition was critical"（他的情况很糟糕），而是说"He was at the mouth of death"[4]（他到了死亡之口）……当被访谈者问及为何在有能力使用标准的、官方的英语的情况下，却让作品中的角色以这种奇怪的方式讲话时，阿契贝从《神箭》中选取了伊祖鲁解释自己为什么送自己的儿子去基督教会学校的一段来进行说明。

"I want one of my sons to join these people and be my eye there, If there is nothing in it you will come back. But if there is something there you will bring home my share. The world is like a mask dancing. If you want to see it well you do not stand in one place. My spirit tells me that those who do not befriend the

---

① Chinua Achebe, *Arrow of God*, London: Heinemann, 1964, p.7.

② Ibid., p.236.

③ Ibid., p.255.

④ Ibid., p.202.

white man today will be saying 'had we known' tomorrow. "①

　　阿契贝用标准的、官方的英语重写了一下该部分。

　　"I am sending you as my representative among those people, just to be on the safe side in case the new religion develops. One has to move with the times or else one is left behind. I have a hunch that those who fail to come to terms with the white man may well regret their lack of foresight. "②

　　两种表达虽然表达的意思是一样的，但对比之下，前者叙述的简单化和说话的独特方式（如"be my eye there"、"My spirit tells me"等习惯表达）散发出的浓浓的非洲味道迥然有异于后者的欧洲表达风格。阿契贝通过这样的例证来告诉采访者和读者，他所致力于的，就是努力使用标准英语表达出伊博语的节奏。

　　为了表达出伊博语的节奏，阿契贝做了多方面的努力，在将伊博的谚语、习语等大量插入叙述中的同时，他还使用了大量来自黑非洲环境中为当地人所熟知的物象来描人状物。例如："奥贡喀沃的声名就像丛林里的野火遇到燥风似的愈来愈大"；"奥比埃里卡的院子里热闹得像个蚂蚁窝似的"（《瓦解》，p. 100）；"烧得像棕榈油似的大火"（《瓦解》，p. 135）；"你真像一只找窝的母鸡"（《神箭》，p. 85）；"我不知道你和他怎么突然变得像棕榈油和盐一样分不开呀"（《神箭》，p. 95）；"祭司很快就会像刚出炉的烧黏土一样健康地行走了"（《神箭》，p. 109）；"他追逐他的儿子，就像秃鹫追逐腐尸"（《神箭》，pp. 111—112）；"根本不需要什么神谕，就能一眼看出他不是做大祭司的那块料，就像只要看一眼玉米，就能知道它是不是熟了一样"（《神箭》，p. 158）；"他似乎变成了一只蹲伏的豹子"（《神箭》，p. 161）；"他像伊罗克树一样高大，他的皮肤像太阳一样白"（《神箭》，p. 190）；"那种沉默烧灼着人的内心，就像燃烧着的蓝色的、安静的、闪着剃刀刀刃般锐利光芒的棕榈壳一般"（《神箭》，p. 271）……

　　在他的描写非洲传统村寨生活的小说中，阿契贝使用的时间概念也打上了独特的地方烙印。在前殖民时期和殖民初期的黑非洲的村庄，没有钟表和日晷来计时，钟点的计算往往是靠"公鸡报晓"。在《瓦解》中，"播

---

　　①　Chinua Achebe, *Things Fall Apart*, London：Heinemann, 1962, p. 55.

　　②　Phanuel Akubueze Egejuru, *Black Writers：White Audiences：a critical approach to African literature*, Hicksville and New York：Exposition Press, 1978, p. 104.

种季节，奥贡喀沃每天在他的田地里干活，从鸡叫一直干到小鸡去歇窝"（《瓦解》，p. 13）；"每当月亮不来陪伴夜晚，而在鸡叫的时候才升起，也就变得同木炭一样黑"（《瓦解》，p. 85）；"雄鸡还没有报晓，乌姆奥菲亚还沉没在睡眠和寂静之中"（《瓦解》，p. 107）；"我们原来打算在鸡叫之前就从我家动身"（《瓦解》，p. 126）……星期的计算是由四个市集日组成的：埃克（Eke）、奥叶（Orie）、艾佛（Afo）和诺克沃（Nkwo），而市集周通常用来标注更长的时期，如"可是干旱继续了八个市集周之久"（《瓦解》，p. 22）、"伊克美弗纳病倒了三个市集周"（《瓦解》，p. 26）……在《神箭》的第九章中，通过伊祖鲁之口，阿契贝还专门讲述了四个市集日的故事，同时也使用这种方式来标注故事中的时间，例如："第二天公鸡打鸣时，阿库卡利亚和两个同伴出发去了奥克帕瑞"（《神箭》，p. 25）；"明天是艾佛日了"（《神箭》，p. 16）；"这天是埃克日，阿库卡利亚和他的同伴很快就遇上了邻里八村去赶集的妇女们"（《神箭》，p. 25）；"他派他们中的每个人在自己村中宣布南瓜叶节要在下一个诺克沃开始"（《神箭》，p. 81）；"下一个奥叶后的那周吧"（《神箭》，p. 95）；"有三个市集周，伊伯几乎起不了床"（《神箭》，p. 15）；"战争从一个艾佛日打到下一个"（《神箭》，p. 37）；"一天早上，从他被关押以来的第八个埃克日，他突然被告知可以回家了"（《神箭》，p. 220）……

阿契贝是一直倡导并坚持使用英语进行文学创作的黑非洲本土作家，但是他也一直致力于英语的本土化，寻找英语写作的文学表达非洲自我属性的方式。他的探索不仅仅停留在描写村社生活和对黑非洲的口头文化传统的继承之上，而是延伸进伊博口语的语言节奏、语法结构和语言习惯及其所承载的思想观念之中。研究者伊格居鲁评价道："阿契贝是能够用高品质的英语进行创作但依旧保持着母语结构的非洲作家中的一个完美范例。谈论衡量非洲写作的标准的杜纳德·斯图阿特也感到阿契贝是在当下使用英语进行创作的作家中最具有文学性的作家，这个文学性是从全方位和合适的意义上来理解的。因为他首先注意到了要给予他所写的内容以完整的意义。他的英语是熟练的，但也同时在所有内部的纹理里，具有最丰富的非洲色彩。"[1] 阿契贝在使英语这种外来语言非洲化方面的努力，表

---

[1] Phanuel Akubueze Egejuru, *Black Writers*：*White Audiences*：*a critical approach to African literature*, Hicksville and New York：Exposition Press, 1978, p. 103.

现出了极大的创造力，起到了很好的示范作用。阿契贝在使英语文学扎根于非洲土壤方面的贡献，至今在黑非洲社会无人能及。

四

尼日利亚作家沃勒·索因卡的艺术创作深受欧洲文学的影响，如同诺贝尔文学奖授奖词所说，"他熟悉西方文学，从希腊悲剧到贝克特和布莱希特。除戏剧外，他熟知杰出的欧洲文学"①。然而，索因卡却始终坚持寻找和建立黑非洲现代文学的本土根源。对他来说，这个本土根源更多地指向他的种族所属——约鲁巴文化。在诺贝尔文学奖的"受奖演说"的开篇，索因卡就在强调自己的文化归属："北欧与非洲世界——特别是与组成约鲁巴文化的那一部分，不可避免地要在瑞典这个交汇点上相逢。而我之所以能够成为这一象征性机遇的代表，完全是因为指导我创作的缪斯是奥贡——我们的创造和毁灭之神、诗歌和冶炼之神。"② 在自己荣誉的最高时刻，索因卡选择了向自己的民族文化致敬。

索因卡自己在《戏剧和革命性的思想》一文中，明确指出导致戏剧冲突的根源是"另外一种文化和价值的存在为挣脱某种形式的压制而斗争"③，即本土的弱势文化与殖民主义强势文化之间的冲突。他的很多作品把故事背景放置在非欧文化碰撞的大语境之中，而两种文化交锋的结果，往往是传统的非洲文化获胜，现代的欧洲文化失败。而非洲的传统文化，往往指向索因卡自己的种族所属——约鲁巴文化。在 1958 年创作的《沼泽地居民》中这种选择尚不清晰，主人公伊格韦祖从唯利是图、兄弟相残的城市回到农村，但等待他的是洪水肆虐导致的庄稼颗粒无收和蛇神祭司的盘剥，他走投无路，不得不重返充满罪恶的城市，但他把自愿跟随他的一个神秘的盲人留在了家乡进行耕种；这种徘徊从《狮子和宝石》（1959）开始就消失了。在《狮子和宝石》中，村庄里最美丽的姑娘希迪有两个求婚对象，她最终拒绝了接受过欧洲教育、满脑子舶来的未经消化的欧洲观念、说话浮夸迂腐但胆小懦弱的小学教师拉昆来，而选择了年逾

---

① ［尼日利亚］沃雷·索因卡：《狮子和宝石》，邵殿生等译，漓江出版社 1990 年版，第 445 页。

② 同上书，第 448 页。

③ 宋志明：《沃勒·索因卡：后殖民主义文化与写作》，博士学位论文，北京师范大学，2000 年，第 65 页。

六十、观念保守、妻妾成群、精明世故的老酋长；《死亡与国王的马夫》中的奥伦德多年之前被英国殖民官皮尔金送到英国学医，但当父亲自杀仪式受阻后，却代替父亲实现了自杀仪式，平息了部族的恐惧与混乱。对奥伦德来说，在欧洲的理性自我与约鲁巴的非理性自我的较量中，最终获胜的是后者；《强种》中的埃芒虽然为了逃避替罪羊的传统习俗和当强种（在年末将所有灾难和污秽带离村庄的人）的家族命运而离开家乡，但在异乡为了保护一个傻孩子还是心甘情愿地当了替罪羊并被折磨致死……

索因卡一直试图从文化根源上寻找、构建黑非洲文学的独立属性，他的这种探寻最终指向约鲁巴的神话。他的创作尤其是戏剧创作往往向传统文化寻求精神资源，具有神话思维的特点。索因卡在《第四舞台：通过奥冈神话直抵约鲁巴悲剧的根源》等论文中系统探讨了约鲁巴悲剧的根源，认为约鲁巴神话中兼具"创造之神，路的保护人，技术之神和艺术之神，探索者，猎人，战神，神圣誓言的监护者"[1] 多重身份的大神奥冈征服连接三个世界的"第四通道"的悲剧是最初的悲剧，具有原型意义，约鲁巴的悲剧应是对奥冈征服第四通道仪式的反复模仿，其本质是一种"仪式悲剧"。索因卡明显假定神话是宇宙原则的首要体现，是整体理解非洲世界的关键，因而文学要表现非洲世界，就要借助神话资源。[2] 从某种意义上讲，像《强种》中的埃芒、《死亡与国王的马夫》中的艾勒辛和奥伦德、《疯子和专家》中的疯子等为了他人和集体利益牺牲自己或为理想而将自己献祭的形象都是大神奥冈的现代变身。

索因卡戏剧作品的故事基础往往来自约鲁巴的神话、传说和风俗。在《沼泽地居民》中，是约鲁巴人独特的大蛇崇拜；在《强种》中，是新年前夜的替罪羊仪式；在《死亡与国王的马夫》中，是国王的马夫应在国王死后完成自杀仪式的习俗和打通第四通道获得宇宙和谐的信仰；《孔其的收获》则以约鲁巴王的节日为原型；而在《狮子和宝石》中，故事发展的合理性则有赖于约鲁巴族一夫多妻制的习俗；《森林之舞》是一个人、鬼、神、精灵同台的多元世界，这个世界建基于约鲁巴人的泛神信仰和四个世界同在的宇宙观。

---

① Wole Soyinka, *Art, Dialogue and Outrage*: *Essays on Literature and Culture*, London: Methuen, 1993, p. 38.

② 详见拙作《索因卡的"第四舞台"和"仪式悲剧"——以〈死亡与国王的马夫〉为例》，载《外国文学研究》2011 年第 3 期。

在以神话故事作为作品的主要情节框架之外，索因卡的探索又往纵深处发展，他试图从约鲁巴的玄学体系中寻找出现代文学的精神根基。因此反映约鲁巴人的世界观，构成了索因卡戏剧艺术表现的重要内容。约鲁巴人相信世界是多维的，它由死者的世界、生者的世界、未来的世界和连接三个世界的中间通道构成。这四个世界之间并不是泾渭分明，而是可以互通共时的。这样的时空观也催生出一种独特的循环历史观。按照索因卡的理解，宇宙就是在衰败、混乱、救赎、重获平衡之间的反复循环，因此才有了《死亡与国王的马夫》中那样全民等候、协助马夫自杀的剧情以及马夫因被殖民官逮捕无法履行自杀仪式导致的约鲁巴人末日来临的焦虑情绪；而在《森林之舞》中，索因卡借助现实中的人物与三百年前的人物的对应关系及历史中的罪恶以惊人的相似在现实中的重演来表达这种循环历史观，更借女幽灵之口，发出"三百年啦，什么变化也没有，一切照旧"①的感叹。现实是历史的轮回，构成《森林之舞》的核心思想；而在小说《阐释者》中贯穿始终的众神像是作品的一个重要意象。科拉用现实中的人物作为模特塑造众神像，也同样表达了一种现实是历史的延续，历史可以用来解释现实的循环历史观。然而索因卡的历史观明显存在悲观主义倾向。在他的笔下，现实往往是历史罪恶的重演，故事结局往往是敞开着的"道德两难"的无所适从，他通过对众多的大众苦难形象的描绘展现了一个事实："对那些在严酷的社会环境中只考虑如何才能生存下去的人们来说，公正并不是生活的第一要义，而只是一个不可企及的奢侈品。"②在《森林之舞》中，男、女两个幽灵三百年前的冤案到现在依旧没有能够得到判定，活人视之为历史包袱，剧中的"老人"——现代权力的象征——为此生气地说："他们怎么胆敢因生活中微不足道的痛苦而来烦扰活人呢？"③那个死于母腹的半人半鬼的胎儿在人、神、精灵的手中转来转去，最后还是回到了母亲的手中。女幽灵和孩子又被作为过去和现在的联系者的阿洛尼带走。这个象征未来的孩子未能走向未来，而是依

---

① 〔尼日利亚〕沃雷·索因卡：《狮子和宝石》，邵殿生等译，漓江出版社1990年版，第159页。

② 宋志明：《沃勒·索因卡：后殖民主义文化与写作》，博士学位论文，北京师范大学，2000年，第44页。

③ 〔尼日利亚〕沃雷·索因卡：《狮子和宝石》，邵殿生等译，漓江出版社1990年版，第167页。

然归于那永无休止的循环往复之中。而在《死亡与国王的马夫》中，虽然因奥伦德的自杀混乱得以平息，宇宙的均衡重新获得，但是剧末的戏剧情绪却不是欣喜与宁静，而是充满疲倦与悲哀。《疯子与专家》虽然貌似满纸荒唐言，但实际上却着重刻画了内战引起的人性沦丧，对暴力进行了无情的鞭挞，被称作"疯子"的老人是疯狂社会中的一抹理性与公正之光，然而最终，依旧被自己的儿子处死，读者从这样的结局中看不到任何的希望。关于索因卡悲观主义历史观的由来，既源自索因卡对现实的不满而滋生出的愤世嫉俗情绪，也源自因此导致的对人性的失望。研究者柯图·H. 卡特拉克（Ketu H. Katrak）分析道："作为构成索因卡悲剧特征一部分的历史观建立在人类古已有之的破坏性天性之上。破坏性天性在索因卡的剧本中被具体化为人类历史中战争和暴力的反复重现。他认为人类总体上说，不能从历史中获得教训。'就现在，所有的历史证据显示'他说，'在人类身上存在着某种愚蠢的、破坏性的东西，这种东西确实是基本的'。他继续说：'我查看了世界各种类型的冲突的原因，我绝不接受任何一个非战争不能解决问题的观点 …… 但我相信人类智力就是这样……'。"①

为了建立自己的民族戏剧，索因卡有意将大量黑非洲传统文化的艺术元素引进到他的戏剧创作中来，如音乐、舞蹈、哑剧、挽歌、戏中戏等，既极大地扩展了戏剧艺术的容量，又增强了作品的本土色彩。对于索因卡来说，这种传统文化的艺术元素不是装饰性的，而是构成戏剧的有机组成部分，构成戏剧的第二语言、第三语言。如《狮子和宝石》中的对话全部用自由体诗句写成，读起来朗朗上口，剧情进行中，还穿插了大量的载歌载舞的场面和以传统的哑剧形式表演的"戏中戏"；《森林之舞》的人物对白整体具有自由体诗的风格和音乐的韵律，第一幕中的阿格博列科与唱挽歌者的对话采用的是口头诗人吟唱的形式，第二幕中，祭祀神埃舒奥罗愤怒时狂乱的舞蹈以及相伴随的吟唱，结尾中的大聚会则呈现为森林之王、奥贡、埃舒奥罗、阿洛尼、黑暗神、河神、男幽灵、女幽灵、孩子、棕榈树精、大象精、宝石精、蚂蚁王、水合唱等天地人三界各种生灵的群声合唱；而在《死亡与国王的马夫》中，艾勒辛的舞蹈、他与唱赞歌的

———————
① Ketu H. Katrak, *Wole Soyinka and Modern Tragedy: A Study of Dramatic Theory and Practice*, New York: Greenwood Press, 1986, p. 132.

人的歌唱应答、由市场经商的妇女们组成的合唱歌队、伴随死亡仪式始终的鼓声和音乐，都成为悲剧情节的组成部分，推动剧情的发展，共同营造出一种仪式悲剧的戏剧氛围……经过索因卡的融会贯通，从作为现代剧作家索因卡的创作中，读者可以感受到约鲁巴传统艺术的活力与底蕴。

通过以上努力，"索因卡的作品表达了一个持续的和深深嵌入的由约鲁巴文化、神话、信仰和关联赋予意义的一块土地的意识"[1]。换句话说，索因卡为了突出文学的本土化特征，将之与欧洲文学相区别对抗，采取了重返传统文化资源的策略。在索因卡的笔下，神话和历史是一种互补关系，在某种程度上，"可以这样认为，索因卡关于神话的坚持不懈的思考是揭示非洲文化也是非洲历史的最初的基础的一种尝试"[2]。

五

关于黑非洲传统主义美学的意义与价值的评价，在黑非洲文学批评史上，是一个颇有争议的话题，基本上是臧否参半。

一些批评家认为，对于在后殖民语境下使用外来语言——英语作为媒介进行创作的黑非洲英语文学来说，如何摆脱欧洲文学的影响，构建自己的独立文学属性，形成自己的文学表达，是一个事关文化解殖民的重要问题。而传统主义美学创作将目光投向传统，书写非洲经验，描绘非洲人的生活、习俗，反映非洲人的宗教、哲学，致力于向世人呈现丰富多彩的真实非洲，恢复被欧洲霸权话语抹平了历史的非洲人对历史的需求，构建出了一套一眼就能看出的迥异于欧洲的本土表征系统，是对欧洲人到来之前，非洲没有自己的文化的一种回击，是一种文化反抗的策略。它还是一种返乡，通过使非洲传统重获生机，进而实现非洲文化复兴的历史使命。美国黑人学者亨利·路易斯·盖茨认为索因卡将约鲁巴的文化传统融入写作中去，是富有建设性的，他提出"如果我们不赞同索因卡对白人的挑战，戴上西方文学理论的面具，操讲西方文学理论的语言，那就意味着我们自相情愿地认可了新殖民主义的思想观念，把自己置于一种话语的师徒

---

① C. L. Innes, *The Cambridge Introduction to Postcolonial Literatures in English*, New York: Cambridge University Press, 2007, p. 79.

② Staanley Macebuh, "Poetics and the Mythic Imagination", 转引自 Obi Maduakor, *Wole Soyinka: An Introduction to His Writing*, New York and London: Garland Publishing, 1986, p. 320.

契约中"①。博埃默也提出"印度、非洲和加勒比的民族主义作家,着重想从他们不同的历史、种族和隐喻方式中,重新构筑起被殖民统治所破坏了的一种文化属性。这种需求是一种寻根、寻源、寻找最初的神话和祖先、寻找民族的先母先父:总之,这是一种恢复历史的需求"②。继而提出:"神祇、魔怪、半人半童、武士以及当地传说和口述史诗中的怪兽等,尽管教会和学校花大力气要消灭它们,却仍然有极大的解释能力。神话中的形象,……为不断追求自身重构的文化提供了一个丰富源泉。"③

还有一些学者认为,传统主义美学借助对传统的回顾,可以重塑非洲自我,重建非洲自信,具有教育功能。这种教育既指向非洲外部的读者,也指向非洲内部的读者。阿契贝就极为重视文学的教育作用,他指出:"作家不能逃离一定要做的再教育和复生的任务。实际上他应该坚定地走在前面……艺术是重要的,但是我头脑中的那种教育也同样重要。我认为这两者并不互相排斥。"④他所谓的教育既是纠正非—非读者关于非洲的歪曲想象,也是指对接受西方教育而对非洲文化产生疏离的非洲知识精英进行传统文化的再教育。"我使用教师一词……首先考虑的是教授的更深层的含义,我头脑里想的,我认为的小说家能教给人的东西是非常基本的某种东西,也就是说,小说要向读者揭示,……我们非洲人不是第一次从欧洲人那里听到文化的。"⑤对传统主义美学颇有微词的迟第·阿姆达也承认"传统主义美学不变的意义在于它将更多的关于非洲艺术传统、民族哲学、依然存在的美学价值系统的知识输入一个漠不关心的世界的贡献,同时在于用理解自身和被严重伤害过的种族在世界中的位置时更强大的自信来浸染那些无知的和被错误教育的非洲人"⑥。

对黑非洲传统主义美学创作的批评意见主要集中在三个方面:取悦于

① 亨利·路易斯·盖茨:《理论权威,(白人)权势,(黑人)批评:我一无所知》,载张京媛《后殖民理论与文化批评》,北京大学出版社1999年版,第203页。
② [美]博埃默:《殖民与后殖民文学》,盛宁译,牛津大学出版社1998年版,第212页。
③ 同上书,第216页。
④ Chinua Achebe, "The Novelist as a Teacher", in *Hopes and Impediments: Selected Essays*, New York: Anchor, 1965, p.42.
⑤ Dennis Duerden and Cosmo Pieterese ed., *African Writers Talking*, London: Heinemann, 1972, p.7.
⑥ Chidi Amuta, *The Theory of African Literature: Implications for Practical Criticism*, London and New Jersey: Zed Books Ltd, 1989, p.50.

欧洲读者的殖民心态、对现实的逃避主义和狭隘的种族中心主义。

伊格居鲁在《黑人作家：白人读者》中指出，欧洲的读者喜欢通过作品了解非洲，非洲作家就喜欢在作品中夸耀非洲都是好的，非洲是有尊严的，导致了非洲的作家们自觉地承担起了尽可能呈现一个充满地域色彩的非洲给外面的人看的历史使命。为此，他归纳出了具有提供给欧洲读者阅读的倾向的作品中常使用的一些表达策略："（a）插入和解释那些在地方读者看来理所当然的人类学材料；（b）解释非洲术语的术语表；（c）使用"我们的"或"我们"来指称非洲人；（d）使用这样一些句子，如"在非洲，女孩和妇女做……"①。在用大量篇幅对阿契贝的创作进行细致的文本解剖后，他指出："阿契贝在他的小说中填入了大量的人类学素材不是因为这些素材为主要情节注入了什么东西，而是因为它们使故事对欧洲读者来说，更加有趣味，也因为这些信息强调了欧洲与非洲的不同，就像中产阶级读者所希望的那样。"② 而"另一方面，非洲读者对跟随书中的主要故事，奥贡喀沃的命运，白人的到来，外来压力导致的社会的瓦解等更加有兴趣。对非洲读者来说，太多地嵌入无必要的人类学材料阻碍了故事的进程，与其说使得故事更加有趣，不如说使故事更加无聊"③。也就是说，在伊格居鲁看来，以阿契贝为代表的黑非洲作家创作中，嵌入的大量民俗学材料不是出自情节进展和文学性自身的需要，而是作者取悦于欧洲读者的文化猎奇心理的潜在欲望导致的结果。研究者迟第·阿姆达更是毫不客气地指出："使用传统主义美学作为非洲文学修辞上的解殖民的开端的排他的和决定性的指向，或作为文学的不可改变的价值系统的界定，不仅是保守的、束缚的，而且就自身来讲，是一种殖民的态度。"④

传统主义美学创作将目光投向过去，是追求过去与现在的时间上的延续性和民族文化血脉的相通性，但是在一些学者看来，为了追求非洲文化的同质性和纯粹性，传统主义美学把民族的过去充分地理想化和浪漫化了，其结果是将自己从复杂的现实中抽离出来，倒退回文化的最初源头，

① Phanuel Akubueze Egejuru：*Black Writers：White Audiences：a critical approach to African literature.* Hicksville, New York：Exposition Press, 1978, pp. 14 – 15.

② Ibid. , p. 156.

③ Ibid. , p. 157.

④ Chidi Amuta, *The Theory of African Literature：Implications for Practical Criticism*, London and New Jersey：Zed Books Ltd, 1989, p. 33.

他们提供的文化策略无助于现实问题的解决，其实质是对残酷现实的一种逃避主义文化反应，构建起来的文学世界也必然是一种虚幻的浪漫乌托邦。中国学者宋志明在他的博士论文《沃勒·索因卡：后殖民主义文化与写作》中，就称索因卡代表着"非洲新浪漫主义"倾向，是一种保守主义的态度，其"本质上是对社会现实的一种逃避。事实上，历史上一切具有浪漫主义特征的文化运动并不是真的对过去感兴趣，而是借过去来表达他们对令人沮丧的现实的情感"①。迟第·阿姆达也提出："在时空上静止的、未分化的非洲世界观的整体概念，是一个为了满足非洲中产阶级知识分子在面临来自被自己的祖先关于他人，尤其是非洲人，是天生的劣等人的想象所社会化的欧洲知识界的不停骚扰时，寻找意识形态避难所一个神话的、幻觉的概念。"② 恩古吉则在谈及索因卡的创作时，触及了对传统主义创作的建议："尽管索因卡在广度上展示了他的社会，但是他描绘的图景是静态的，因为他没有能够看到冲突和斗争的历史视角中的当下。站得远远的，来观察社会和它的弱点，对一个非洲艺术家来说，是不够的。他必须努力超越这一状态，来找出已经摧毁了的由殖民主义国家制定的传统权力地图的变革斗争的根源、原因和倾向。"③ 在这些学者看来，"现代非洲永远不会使他的祖先雕刻面具时的情感再生，他的'一点不比一度启迪了欧洲教堂'的灵感少的灵感永远地失去了"④。过去了的东西不可能复生，现代人对过去的构建只能是在想象之中，是在反抗的环境中想象过去，因而他们搭建起来的传统注定是虚幻的。再者，还有一些学者认为，非洲民众也从来没有丧失过自己的传统，因此也没有大张旗鼓地恢复传统以解殖民的需要。对此，简黑尼泽·雅赫（Janheinz Jahn）评价道："非洲大众的问题不是那些解殖民的问题，因为，让我们面对它，他们从未被殖民。他们的精神从未被殖民，从未被触碰！……解殖民对于那些受过海外教育的和官方委派的非洲人是需要的，那些在这个意义上未曾受过这种教育的人，和那些依旧保持着对传统的信仰的人，不需要解殖

---

① 宋志明：《沃勒·索因卡：后殖民主义文化与写作》，博士学位论文，北京师范大学，2000 年，第 22 页。

② Chidi Amuta, *The Theory of African Literature: Implications for Practical Criticism*, London and New Jersey: Zed Books Ltd, 1989, p. 40.

③ Obi Maduakor, *Wole Soyinka: An Introduction to His Writing*, New York and London: Garland Publishing, 1986, p. 319.

④ Chinweizu, *The West and the Rest of Us*, New York: Vintage Books, 1975, p. 300.

民，很简单，就是因为与他们自己的价值系统一致，他们一贯认为所有做事的欧洲方式都是错误的。"① 这些批评家的观点借助的思想武器主要是法侬的思想："那些决定要弘扬民族真实的艺术家却反过来面向过去，远离真正的现实。他们最终拥抱的实际上是废弃的思想，它的外壳或僵尸，一种已被束之高阁而且永远封存起来的知识。希望创造一种本真性艺术品的本土知识分子必须认识到，一个民族的真实之物首先是其现实。"②

以阿契贝、索因卡为代表的黑非洲传统主义美学创作往往聚焦于伊博、约鲁巴等部族的村寨，以故乡的生活、宗教、习俗、节庆、祭仪等构成传统的全景。对此，有些学者指出，传统主义美学借助向传统的归航摆脱欧洲中心主义的文化压迫，实际上他们的策略也使自己陷入了另一种文化中心主义——种族中心主义。在他们表现的文化意识里，有一种以自己部族的文化经验指代整个非洲甚至整个世界的文化经验的倾向，这实际上是一种改装了的普世主义。迟第·阿姆达将这种倾向分别表述为："1. 伪普遍主义者的理想主义，他们采取一个非洲文学的泛非主义观点，追求以普遍的世界文化的措辞来看待非洲文学。2. 一种狭隘的种族中心的特殊神宠论，这种观点从一个特定的种族文化中提取美学价值，将从那里得到的知识置于非洲文学艺术的教主的位置。"③ 在这方面，索因卡往往是被攻击的靶子。迟第·阿姆达观察到，索因卡致力于探索文学的民族文化源头，但他的笔下，"在作为人种志证据的约鲁巴中心和这本书的环太平洋地区指涉之间存在着某种不一致"④。即明显存在以约鲁巴人的观念取代整个人类的宇宙意识，索因卡因而陷入了约鲁巴种族中心主义。

总之，黑非洲传统主义创作的倾向并不一致，存在着诸多探索和努力，而关于对黑非洲传统主义美学的评价问题，更是一个见仁见智的问题，不同的态度取决于不同的文化立场。但在关于传统主义美学的争论中，双方存在一个共同的基本立场，即文学承载着教育民众的教化功能和改造现实的社会功能，而对于文学的文学性问题，双方都予以回避，而这

① Janheinz Jahn, "An Interview with the Editorial Board" for UFAHaMU, Vol. 4, No. 1, Spring 1973, p. 36.

② 弗朗兹·法侬：《论民族文化》，载巴特·穆尔－吉尔伯特等《后殖民批评》，杨乃乔、毛荣运、刘须明译，北京大学出版社 2001 年版，第 171—172 页。

③ Chidi Amuta, The Theory of African Literature: Implications for Practical Criticism, London and New Jersey: Zed Books Ltd, 1989, p. 41.

④ Ibid., p. 45.

恰恰是文学创作的最应有之义。

第二节　以《瓦解》为例看阿契贝的内部书写

　　尼日利亚作家阿契贝被公认为"非洲现代小说之父"和非洲最伟大的作家之一，在非洲现代文学史上，享有崇高的声望。总体上说，阿契贝的小说属于社会历史小说。在他看来，"艺术属于所有的人，具有一种社会的功能"[1]。他重视小说的教育作用，他把作家比作教师，但他所说的教育作用与我们日常理解的教师的传道授业功能并不完全相同，而是具有更深层的文化含义。他说："我使用教师一词……首先考虑的是传授的更深层的含义，我头脑里想的，我认为的小说家能教给人的东西是非常基本的某种东西，也就是说，小说要向读者揭示，……我们非洲人不是第一次从欧洲人那里听到文化的。"[2] 从内部向世界呈现非洲文化，建构真实的非洲形象，成为阿契贝最重要的创作目标，矛头明显指向欧洲的文化霸权意识。

　　实际上，与欧洲自我中心主义和文化帝国意识的抗争正是促使阿契贝选择作家这个职业的最初诱因。1948 年进入伊巴丹大学读书时，阿契贝原本的选择是医学专业，但这期间他读的一本小说——英国作家乔伊斯·卡利的《约翰逊先生》让他很快做出了弃医从文的决定。《约翰逊先生》是一本在欧洲流传甚广的关于非洲的小说，但这部小说对于非洲的书写充满偏见和刻意的歪曲。在开篇的人物描写中，这种偏颇态度就显示了出来。在作者笔下，非洲美女巴姆（Bamu）有着"浅色的皮肤，闪耀着牛奶巧克力的光芒……高高隆起的、紧凑的双乳，滚圆的、强壮的胳膊"[3]，对这位美女的评定明显出自欧洲男性白人的审美观和对女性的价值期待。而在这位被欧化了的美女眼里，黑人小伙子约翰逊（Johnson）则"像一个炉子一样黑，他差不多是一个纯种黑人，长着短鼻子和丰满的、柔软的嘴唇……对于他的短小的躯体来说，他的脖子、腿和胳膊都太细长了，细

---

① Karen L. Morell Ed, In Person, *Achebe, Awoonor, and Soyinka at the University of Washington*, Seattle：University of Washington, 1975, p. 9.

② Dennis Duerden and Cosmo Pieterese Ed. , *African Writers Talking*, London：Heinemann, 1972, p. 7.

③ Joyce Cary, *Mister Johnson*, Harmondsworth：Penguin, 1965, p. 13.

得像一个涂了色的兔子……", 在巴姆的眼里, 他是一个陌生人, "陌生人会带来战争、疾病和坏魔法。约翰逊不仅仅因为偶然相遇成为陌生人, 而且还因为他的肤色。"① 在书写非洲的外来者卡利的笔下, 作为纯种黑人形象代表的约翰逊被描述得像一个小丑和灾星。这种被外来者定型化了的黑人形象激起了阿契贝的愤慨和创作欲望, 他要通过自己的写作反击这种来自外部的肆意想象, 他要当一个内部的书写者, 从文化的内部传递非洲的文化信息, 讲述丰厚的文化底蕴的非洲自己的故事。这种目标既是他走向文学创作之路的诱因和动力, 也是他几乎所有作品中的叙述位置所在。对此, 研究者丹尼斯·沃尔德 (Dennis Walder) 指出: "压倒一切的因素是阿契贝的叙述者选择的角度来自内部: 我们被一种明显属于一个共同体的声音引领进这种共同体的传统和生活方式。"② 在从内部展现非洲人的生活方面, 奠定了阿契贝文学声望的处女作《瓦解》具有代表意义。

一 发现自己的故事

所谓内部书写, 首先是要让作品承载非洲人自己的生活, 呈现非洲的文化符号。对此, 阿契贝在 1967 年的一次访谈中明确说明: "使我感兴趣的是生活, 部分是我的生活, 部分是我周围人的生活。"③ 在 1973 年在华盛顿大学所做的《非洲和她的作家》的演讲中, 阿契贝又再次重申: "我认为作家的工作应该从他的立场, 从他的经验, 从他的关于世界的视野, 从他所站的位置, 从他所知道的东西出发去写。……而通常来说, 人所知道的是他周围发生的那些事情。"④ 像镜子般再现真实的生活, 是现实主义文学思潮的一个基本诉求, 在 20 世纪重提, 并无多大新意。但在非洲语境中, 书写生活却具有解决非洲内部 "灵魂危机" 的价值。阿契贝曾经提到他妻子班里的一个小男孩, 在练习写作时, 宁肯写冬季 (按欧洲的四季划分标准, 一年分为春夏秋冬四季, 而在南部非洲, 一年只分为旱季和雨季两季) 也不写关于南部非洲常见的天气现象——燥风 (harmat-

---

① Joyce Cary, *Mister Johnson*, Harmondsworth: Penguin, 1965, p. 13.

② Dennis Walder, *Post-colonial Literatures in English: History, Language, Theory*, Oxford: Blackwell, 1998, p. 10.

③ Dennis Duerden and Cosmo Pieterese Ed. , *African Writers Talking*, London: Heinemann, 1972, p. 15.

④ Karen L. Morell Ed, In Person, *Achebe, Awoonor, and Soyinka at the University of Washington*, Seattle: University of Washington, 1975, p. 21.

tan，代表着南部非洲旱季的归来），把自己熟悉的环境和生活视作不好的，不能进入文学领地，无疑是长期殖民教育致使文化自信丧失的结果。对此，阿契贝不由得发出感慨："作家有责任教给他的读者，写干燥的热风没有任何可耻的，不仅黄水仙花可以成为诗歌的合适主题，而且棕榈树等也都能够入诗。"①

对于属于伊博族的阿契贝来说，他最熟悉的自然是伊博人的乡村生活，就像他自己所说，"我所了解、学习到的关于伊博人的历史和文化，所有这些东西都来自在乡村的生活。我的故事实际上就是乡村的故事"②。所以在创作之初，阿契贝便将自己关注的目光放在了传统文化的汇聚之地——伊博的乡村——之上。1958 年创作的《瓦解》分为三个部分。贯穿全书的是主人公奥贡喀沃的悲剧人生。第一部分的内容可以归纳为"奥贡喀沃的成长"，着重讲述了 19 世纪殖民前时代奥贡喀沃的家乡乌姆奥菲亚的生活和习俗。阿契贝在细致地描述了伊博人的日常生活之外，还呈现了婚丧嫁娶、摔跤比赛、村社审判、新木薯庆祝会等丰富多彩的大型社会生活场景和关于祖先崇拜、琵琶鬼、"凶森林"、神圣的蛇等民间信仰以及多妻制、村社会议、（以勤劳、勇敢、财富和威望为基准的）等级制等社会结构模式。作为传统社会道德和价值观念的体现者和维护者，奥贡喀沃在他的家乡受到普遍认可，是令人钦佩的武士和德高望重的村落领袖。第二部分的内容可以归纳为"奥贡喀沃的流亡"。由于误杀族人，奥贡喀沃被迫流亡到母亲的故乡。短短几年间，时代已经发生了悄无声息但却巨大的变化，欧洲人开始来到非洲，很多非洲人变成了基督徒，其中也包括奥贡喀沃的长子恩沃依埃，这些变化让奥贡喀沃愤怒但很无奈。第三部分的内容可以归纳为"奥贡喀沃的回归和死亡"。带着重建秩序的决心和重塑声望的期待，奥贡喀沃回到了故乡。然而故乡已远不像他离开时的那样纯净，基督徒和传统伊博人的分裂已不可避免，奥贡喀沃因族人表现的软弱和犹豫而陷入绝望。在商量对白人的侮辱进行报复的村社会议上，奥贡喀沃杀死前来禁止他们集会的差役，然后选择了自杀。

对奥贡喀沃这个传统黑人形象的塑造，明显可见阿契贝指向卡利的对

---

① Dennis Duerden and Cosmo Pieterese Ed. , *African Writers Talking*, London: Heincmann, 1972, p. 8.

② Odinga, Sobukwe, "Chinua Achebe Interviewed", Black Renaissance/Renaissance noire , Vol. 6, No. 2, Spring 2005.

抗意识。与卡利笔下那个隐喻着灾难的小丑式的黑人形象截然不同，阿契贝笔下的奥贡喀沃是一个具有阳刚之美的悲剧英雄。"他长得魁梧结实，两道浓眉毛和宽宽的鼻梁使他显出一副严肃的面貌。……他走路的时候，脚后跟几乎不沾地面，仿佛脚底下装着弹簧，像是打算要把什么人扑倒似的。"① 身躯魁伟、外表严肃、精神强悍的奥贡喀沃的 "声名就像丛林里的野火遇到燥风似的愈来愈大"②。用丛林里的野火、燥风等典型的非洲意象来比喻非洲的英雄，显示出阿契贝把非洲物象引入文学世界的动机，他试图通过这样的描述告诉世界：非洲人生活其中的非洲文化有自己所指的意义框架，能够通过熟悉它的内部人士来进行表述。

　　奥贡喀沃和伊博人传统的乡村世界水乳交融。对于这种生活，阿契贝既没有像 "黑人性" 作家那样对非洲的一切高唱赞歌，也没有像欧洲作家那样对非洲社会进行神秘化或野蛮化处理。前者对非洲传统社会和价值观念的描写流于简单，后者又纯粹出于欧洲民族文化主义者别有用心的歪曲想象。对于阿契贝来说，生活就是生活，热气腾腾，有享受时刻也有痛苦时分，有热闹喧嚣也有平静孤寂。人们按照祖先遗传下来的生活习惯和价值观念行事，一切尽在一个有序的世界中铺排。随着时代的进展，在这个自成秩序的世界中也酝酿出众多的矛盾和危机。作为传统社会精神化身的英雄奥贡喀沃的结局是悲剧性的，导致他选择自杀的原因主要来自于他对自己一直捍卫的传统价值体系在自身危机与外来力量影响下即将逝去的绝望。奥贡喀沃个人的命运曲线和非洲传统社会在近现代的历史进程之间产生了直接的映射关系。

　　阿契贝笔下的奥贡喀沃有自己的精神气质、喜怒哀乐和生活向往，既有旺盛的生命力和英雄的情怀，也有暴躁、自负等人性的弱点，是一个丰满鲜活的生命。他的故事与民族命运交织在一起，异常丰厚，既令人崇敬，又令人叹惋，具有英雄史诗的格调。阿契贝以这个作为传统文化精神化身的奥贡喀沃为中心人物，串接起广阔的生活图景，反映了由古老部族社会向近现代社会转型时期非洲内部的骚动、不安和对抗。阿契贝的立足点是非洲人自己的感受，讲述的是非洲人自己的故事。就像有关研究者指出的，这部小说提供了 "一个从内部发现外来者的非同寻常的机会"，

---

① 　[尼日利亚] 钦努阿·阿契贝：《瓦解》，高宗禹译，作家出版社1964年版，第6页。
② 　同上书，第5—6页。

"读者可以随处进入阿契贝的伊博世界观，从本土视野去看过去和现在的非洲经验"①。

这样鲜活的非洲生活、非洲经验如果由外来者来叙述，又会是什么样呢？在作品的结尾，作者做出了意味深长的回答：那个自信自己的使命是"把文明带到非洲的各个地区"的白人行政官盘算着要把奥贡喀沃的故事写进他的书，"关于他，作者几乎可以写整整一章。也许不是一整章，但无论如何，总是相当长的一节。应该写的东西还有很多，作者必须舍得把细节割爱。他已经再三考虑过，这本书的书名将是：《下尼日尔地区原始氏族的平定》"②。可以想见，在行政长官的书里，奥贡喀沃的悲壮的故事经过选择和掩盖，会变成又一个文明征服野蛮的实证。《瓦解》最后的一笔既是对整个欧洲的非洲叙述的反讽，又面向非洲作家敲响了一记警钟：非洲人的故事一定要由非洲人自己从内部来书写，否则非洲的历史会面目全非。

二　瓦解从内部开始

作为一个内部的书写者，阿契贝在《瓦解》中不仅表现了非洲的物象、非洲人的生活和精神气韵，而且还对非洲传统文化的意义及其现实境遇进行了深度思考。从小说的题名上，就可以看出阿契贝将文化规律这个宏大范畴引进自己创作视野的动机。小说题目来自爱尔兰大诗人叶芝的《基督重临》中的著名诗句"一切都四散了，再也保不住中心"，叶芝的这首诗表现了20世纪西方传统文化瓦解、价值遗失而导致的混乱。阿契贝借用叶芝的诗句为自己的作品命名，是想暗示非洲传统文化正在经历着同样的命运，以唤起读者对非洲传统文化的意义、衰落原因和重生可能的思考。

就像阿契贝所说，"文化是非常醇厚强大的，因为在其中有某种东西可以让我们找到我们的起源。这些东西告诉我们存在一个更好的未来，我们无法对它们作出解释。"③ 然而任何文化又都永远处在发展之中。在发

---

① Snyder, Carey, "The Possibilities and Pitfalls of Ethnographic Readings: Narrative Complexity in Things Fall Apart", College Literature, Vol. 35, No. 2, Spring 2008.

② ［尼日利亚］钦努阿·阿契贝：《瓦解》，高宗禹译，作家出版社1964年版，第202页。

③ Odinga, Sobukwe, "Chinua Achebe Interviewed", Black Renaissance/Renaissance noire, Vol. 6, No. 2, Spring 2005.

展的某个阶段，如不做调整，传统文化自身就会积蓄出吞噬自身的力量，引发文化的危机。

《瓦解》呈现的伊博人的文化无疑丰富多彩，生机勃勃，然而同时也酝酿着消解的力量。乌姆奥菲亚的社会是典型的父权制社会，实行一夫多妻制。只要有钱，男人就可以随意娶亲；妻子只是丈夫的附属品，没有主体性的人格。当奥贡喀沃把伊克美弗纳交给第一个妻子看管时，妻子的一句询问就激起了奥贡喀沃的训斥："我怎样吩咐你，你就怎样做，女人……从什么时候起你成了乌姆奥菲亚人的一个长者啦？"① 即使是同样的辛勤劳动，也有等级的差别，女人种的庄稼是"可可、豆子和卡萨瓦之类。木薯，这是谷中之王，是男子汉的庄稼"②。男子参与氏族事务、获得头衔靠的是勤劳、勇敢、坚毅等男性力量，温和、犹豫、懒惰的男人不能获得头衔，他们有一个同女性一样的称呼"阿格巴拉"。在那个社会中，有许多种习俗和村社集体活动，需要成员们的团结协作精神，显示出强大的文化凝聚力，然而同时其间也隐藏着越来越强大的离心力量。双胞胎被视作有恶魔附体，害了肚子和四肢鼓胀的病人被认为是对地母的亵渎，他们都要被扔到"凶森林"里，贱民及其子孙后代都被视作不可接触的，没有自由人的权利……作为社会存在基本形态的父权制带来的压抑和作为凝聚力的习俗所蕴含的离心力量在逐渐地动摇着非洲部族社会的根基，怀疑、不安、混乱首先从内部开始。为了显示自己的坚强和对氏族律法的坚定执行，亲手杀死养子伊克美弗纳的行为既令奥贡喀沃自己痛苦，也招致了朋友们的不满，并最终驱使着他的长子从精神上游离了父亲及其所代表的氏族文化。在奥贡喀沃因误杀族人而被驱逐之后，他的好朋友、小说中的思考者奥比埃里卡陷入了沉思："为什么一个人无意之中犯了一次罪，就应该受到如此惨痛的处罚呢？他想了很久，却找不到答案。他的思想反而更加混乱了。他想起了他妻子生的双胞胎。他把他们扔掉了。他们犯了什么罪呢？"③ 即使是作为氏族精神化身和律法坚定执行者的奥贡喀沃，某些时刻也会对氏族的风俗进行触犯，对氏族的律法产生些许怀疑：他不顾别人劝诫在平安周殴打妻子，他因为不放心，尾随深夜带走女

---

① ［尼日利亚］钦努阿·阿契贝：《瓦解》，高宗禹译，作家出版社1964年版，第17页。

② 同上书，第24页。

③ 同上书，第123页。

儿的女祭司来到神庙……由于氏族内部的文化中已经积攒起了不满和怨恨的毒素，当欧洲人带来了宣扬上帝面前人人平等的基督教时，氏族里那些传统文化的怀疑论者、被排斥的贱民、遭受遗弃骨肉折磨的双胞胎的母亲们便纷纷加入了新的宗教。至此，就像奥比埃里卡所说，"现在他争取到了我们的兄弟们，我们的氏族就不能再像一个人似的行动了。他在那些使我们团结一致的东西上面割了一刀，我们已经瓦解了。"① 阿契贝通过《瓦解》的故事，表达出一个非洲作家对非洲社会转型这一历史临界点的思考：非洲传统文化的分崩离析首先来自内部的精神危机，外来文化的影响只不过是一个催化剂而已。

既然传统非洲文化已经分崩离析，那么重拾非洲传统文化、重述非洲历史又有什么意义呢？任何文化都是有传承性的，不可能一天生成，也不可能瞬间消失殆尽。文化永远处于动态变化之中，但是总有某些东西是整个民族精神的根基力量，连着过去，也蕴含着未来。通过对传统民族文化的了解，既可以解决文化身份认同的问题，又可以更好地理解民族的现在，并在此基础上正确地认识非洲的自我。对此，阿契贝有清醒而自觉的意识，在他看来，作为讲述非洲自己的故事的非洲作家，首先就要解决自己的文化位置的问题，而要做到这一点，就一定要分析"为什么我在这个地方？为什么这儿存在着两种宗教？我们为什么轻视我们祖先的宗教？这种轻视是怎样开始的？我的父母怎样参与其中？比如说难道他们就没有意识到他们正在有点背叛自己的人民的文化和宗教？在这种关系中存在着更复杂的东西吗？……作为作家，为了发现我的故事，这种分析变成了我不得不做的一个部分，因为上面所说的那些与发现我的故事（的任务）真实性相关"②。

三　有距离的观察者

对于阿契贝来说，伊博的乡村不仅是他生长的地方，而且也是他的精神故乡和最初的灵感源泉。然而对于伊博族的传统文化来说，阿契贝其实算不上一个真正的、纯粹的分子。正如他自己所说，"我在一个村庄里成

---

① ［尼日利亚］钦努阿·阿契贝：《瓦解》，高宗禹译，作家出版社 1964 年版，第 172 页。
② Odinga, Sobukwe, "Chinua Achebe Interviewed", Black Renaissance/Renaissance noire , Vol. 6, No. 2, Spring 2005.

长，在那儿古老的方式依旧鲜活，充满生机，因此我能够看见我们传统的遗迹在真实地运转。与此同时，我与它也有一定的距离，因为我的父亲是一个基督教的传教士，我们不完全是村庄'异教徒'生活的组成部分。"①阿契贝把自己这种生活和感受的位置称为"文化的十字路口"，尽管天生的位置使他无法做到与传统文化的完全合一和没有间隙地融入，但是那个距离也并不太遥远，近到足够他把握翔实的文化资料，进行细致的观察。因而这个"既不太近也不太远，它就在村庄里"的位置"非常富有成效"②，因为"这个距离不会导致分离，相反会使双方结合，这就像退后一点的位置对于一个明智的观察者为了从容地、充分地欣赏一幅油画所占的位置一样"③。离得太近，自己就是传统生活方式的一个组成部分，感受到的往往是一地的文化碎片，只有拉开一定距离，才会在理性审视下勾勒出清晰、完整的文化地图。

在《瓦解》中，叙述者明显对奥贡喀沃的命运充满同情，但与此同时，他也经常将自己的情感移开，对这一形象做出理性剖析。父亲的温和、软弱导致的失败像一枚毒刺刺入奥贡喀沃的心里，迫使他千方百计隐藏起人性中柔软的部分，走向极端时就会显得有些残暴。对此，阿契贝分析道："就他的本性来说，奥贡喀沃也许并不是一个残暴的人。可是他的整个生命为恐惧所支配，他恐惧失败，恐惧软弱。"④ 对于奥贡喀沃所代表和捍卫的伊博传统文化，作者在极力呈现其蓬勃活力的同时，也随时加入了某些质疑的声音和冷静的批判，伊克美弗纳之死、被迫抛弃双生子的母亲夜间的哭泣、因为患了鼓胀病活着就被扔到"凶森林"中的乌诺卡……不断地在小说中的人物和读者心中激起同情的涟漪，这种情绪弥散在整个文本之中，构成小说隐藏的理性批判声音。而在某些场景的描写中，则明显地出现文化的双声：伊博族传统文化视角之外，还存在着一个站在不远处观察的异端文化视角。在描写村庄的审判场景的第十章里，作者一方面用大量的笔墨细致呈现伊博文化中神秘的祖先崇拜，另一方面明

① Chinua Achebe, "The Role of the Writer in a New Nation", in G. D. Killam ed. , *African Writers on African Writing*, Evanston: Northwestern University Press, 1973, p. 18.

② Odinga, Sobukwe, "Chinua Achebe Interviewed", Black Renaissance/Renaissance noire , Vol. 6, No. 2, Spring 2005.

③ Chinua Achebe, *Morning Yet on Creation Day*, Garden City and New York: Anchor Press, 1975, p. 120.

④ ［尼日利亚］钦努阿·阿契贝：《瓦解》，高宗禹译，作家出版社 1964 年版，第 15 页。

确揭示，那些祖宗的灵魂其实不过是由奥贡喀沃等在氏族里有身份的男性戴着面具所扮演而已；按照伊博人的信仰，"凶森林"是黑暗之地，好人是不能去的，但白人们却在那儿欢天喜地地建起了教堂，而且人人安好；小说最后的奥贡喀沃之死更像是一个悖论。奥贡喀沃是由于深感伊博族传统文化的瓦解而以死亡去捍卫他的精神领地，是一种壮烈的文化殉道，但是他的自杀按照伊博族的习俗，却被视为"一种卑鄙的行为，是一种冒犯地母的罪行"①。死后连躯体都不能被他的同族人碰触。如此崇高与耻辱交织在一起的死亡，就奥贡喀沃个人来说，增加了其命运的悲剧性震撼力，就描写的伊博族文化来说，无疑会激起读者某种迷茫情绪，这种迷茫出自"有距离的观察者"阿契贝的理性思考。

　　作为在信奉基督教的家庭成长起来的尼日利亚人，作为伊博族传统文化内部的"有距离的观察者"，阿契贝对于外来的欧洲文化的态度也颇为复杂。一方面，阿契贝认为欧洲的奴隶贸易对非洲造成的影响是毁灭性的，"其后果到现在还依旧全方位地影响着我们。……看起来这块大陆上盛行的所有的困惑，所有的贫穷、疾病和成功的缺乏都不是偶然的。那是几个世纪的毁灭的结果"②。在《瓦解》中，作者通过在部族传统文化即将崩溃、殖民势力刚开始进入这一特定历史时刻奥贡喀沃个人的悲剧性感受，对强行侵入的欧洲文化给非洲社会造成的灾难性影响进行了深入的展示。另一方面，阿契贝认为欧洲文化的侵入给非洲带来的并非全是灾难，乌姆奥菲亚的部分村民之所以选择改信基督教，就是因为其普世理念能够解决传统文化造成的或传统文化不能回答的心灵困惑。即使那些不愿意抛弃本土信仰的村民，也并不像奥贡喀沃那样反对新的制度，因为，在他们看来，"固然，白人带来了一种疯狂的宗教，但是他也设立了一个商店，棕榈油和棕榈仁第一次变成了高价的商品，大量的钱财流进了乌姆奥菲亚"③。在阿契贝笔下，欧洲文化进入非洲引起的既有奥贡喀沃式的悲愤，也有精神解放、经济利益等带来的安慰与兴奋。应该说，阿契贝对于欧洲文化的影响采取的是一种理性的、辩证的、客观的态度。其实，关于殖民历史对非洲究竟意味着什么，确实是一个颇为复杂的历史命题。是一出非

---

① 〔尼日利亚〕钦努阿·阿契贝：《瓦解》，高宗禹译，作家出版社1964年版，第201页。

② Odinga, Sobukwe, "Chinua Achebe Interviewed", Black Renaissance/Renaissance noire, Vol. 6, No. 2, Spring 2005.

③ 〔尼日利亚〕钦努阿·阿契贝：《瓦解》，高宗禹译，作家出版社1964年版，第173页。

洲一体性历史发展进程强行被阻断的悲剧还是促使非洲加速进入现代化进程的喜剧？站在不同的立场上打量，就可能得到截然相反的结论。在阿契贝看来，排斥也好，欢迎也罢，变化就这样在非洲发生了。好与坏的简单评价不适用，关键是看非洲人如何对待这种变化和如何利用这种变化来塑造非洲的未来，关于这个话题，阿契贝在后来创作的《人民公仆》、《荒原蚁丘》等作品中进行了深入的探讨。

对于阿契贝来说，"有距离的观察者"的位置既是他把握文化整体性所必需的角度，又给予了他对历史、文化进行理性审视的空间，同时在他看来，这种内部的分裂导致的距离本身就是特定时刻非洲的真实生活，是非洲真实的历史，作为内部书写者，这样的叙述位置也是他表达自己真实经验的必然选择。

在一次访谈中，阿契贝把"好奇与怀疑主义"视为成就作家的两个重要因素，正是因为怀疑主义，欧洲作品中所呈现的与自己经验不符的关于非洲的定型化描写才会激发出他书写非洲自己故事的创作热情；正是因为好奇，才会给他那么多真实生活的经验积累。而他所处的文化交接地带又赋予他一种独特的思考位置和理性审视视野。在《瓦解》中，他既作为内部人在描述着"我们的"传统，"叙述它的发生、发展的历史，它的过去，它的现在，以及它的人民的渴望和命运"①，又作为与伊博传统文化有一定距离的观察者，对非洲传统文化命运的变迁进行着理性的思考。在建构现代非洲文学主体性方面，阿契贝的思考和实践具有启示意义。

第三节　索因卡的"第四舞台"和"仪式悲剧"
——以《死亡与国王的马夫》为例

虽然尼日利亚作家沃勒·索因卡的教育背景与欧洲文化有着千丝万缕的联系，但是他始终愿意从自己的民族文化传统中寻求精神资源。作为现当代黑非洲戏剧的开创者，"非洲的莎士比亚"，他一直致力于探求不同于西方悲剧传统、富有约鲁巴传统文化意识的悲剧，并形成了一系列论文，这些论文为理解索因卡悲剧创作提供了最直接和最有效的途径。《第

---

① 阿契贝：《殖民主义批评》，载罗刚、刘象愚《后殖民主义文化理论》，中国社会科学出版社1999年版，第300页。

四舞台：通过奥冈神话直抵约鲁巴悲剧的根源》是其中最有价值的一篇。在这篇论文里，索因卡用富于激情的文学语言阐释了"第四舞台"、"仪式悲剧"、"转换的深渊"等这些他的悲剧理论中的核心词汇，系统探讨了约鲁巴悲剧的根源。这些悲剧观念既是对他的悲剧创作实践的有力阐释，同时又是对其创作实践的理论指导。可以说，索因卡的《路》、《强种》、《酒神的女祭司》、《森林之舞》、《死亡和国王的马夫》等悲剧作品都可以从他的这篇论文中找到解锁的钥匙。尤其是《死亡和国王的马夫》这部剧本，更是对索因卡悲剧观念形象化阐释的范本。

一　尼采的影响和存在的悲剧

在《第四舞台》这篇论文中，索因卡一开始就从与尼采悲剧观的比照中引出自己的观点，尼采对索因卡的影响是显而易见的。可以说，在悲剧理论方面，尼采是索因卡的老师。

尼采认为："艺术的不断发展，与梦神阿波罗和酒神狄俄尼索斯这两种类型有关。"① 阿波罗作为光明之神，"是个性原则的尊严的神像"②，它的世界是梦幻的世界，充斥着和谐、恬静、道德、节制和理性；而酒神是否定甚至摧毁个性原则而归于神秘的宇宙统一本体的冲动，它的世界是"醉狂"的世界，充斥着变动、放纵、直觉、本能、狂喜和残酷。与日神精神和酒神精神相对应的是不同的艺术门类：在日神状态中，因为日神是美的外观的象征，在梦境中，支配艺术的是"爱美的冲动"，所以与日神精神相对应的是造型艺术和史诗；酒神状态是从性灵里升起的"狂喜的陶醉"，是激情的总喷发，在醉境中，艺术关照的不再是现象，而是现象背后的本体。与酒神相对应的艺术形式是音乐和抒情诗。悲剧作为抒情诗的最高发展形式，也是酒神精神的产物。

从本质上来讲，尼采对于人生的看法仍然是悲剧性的，他认为作为"朝生暮死的可怜虫，无常与忧患的儿子"③，人的一生注定饱尝必然要毁灭的恐惧。人的意志渴望留在这个世界，愿意通过艺术，让自己沉浸在日神的个性原则和美丽的幻想世界之中。然而人又同时深知这种个性原则的

---

① ［德］尼采：《悲剧的诞生》，缪朗山译，海南国际新闻出版中心1996年版，第2页。
② 同上书，第6页。
③ 同上书，第13页。

美丽与适度是建筑在幻觉之上的，人的存在与痛苦是不可分割的。在酒神的境界中，人在毁灭"自我"的同时，又可以推倒一切藩篱，在"世界大同的福音中"，与整个世界一起直抵存在的实质。在悲剧性情绪的高潮时刻，个性原则毁灭的痛苦与达到了宇宙本体的融合的最大快乐渗透在一起，这是一种痛苦与狂喜交织的具有形而上深度的悲剧性情绪。悲剧的最终目的不是亚里士多德所认为的通过宣泄从危险的激情中净化自己，而是要观众超越生存的恐惧，与存在的本体合为一体。很明显，尼采的悲剧是一种具有形而上意义的存在和生命的悲剧，其中浸润着对人的意志力的赞美。

受尼采的启发，索因卡提出，在约鲁巴神话里，存在着和尼采的日神、酒神相对应的大神。与尼采的日神形成对应关系的是奥巴塔拉（Obatala），他是约鲁巴的"创造之神……，宁静艺术的本体。奥巴塔拉塑造外形，但是生命的精神由俄杜马勒（Edumare）这个至高无上的神所操控。这样，奥巴塔拉的艺术从本质上来说，是造型的和形式的"①。而在约鲁巴神话中，与尼采的酒神有一定对应关系的是大神奥冈（Ogun），他是约鲁巴的"创造之神，路的保护人，技术之神和艺术之神，探索者，猎人，战神，神圣誓言的监护人"②。按照索因卡的解释，在约鲁巴的观念里，奥冈既是创造之神，又是毁灭之神（战神），一身兼具创造与毁灭的双重功能，另外，他还是用自己的强大意志力克服自我解体的痛苦触摸存在的本质、拯救世界的英雄。所以，索因卡认为奥冈和尼采的酒神有对应关系，但又有诸多不同，"最好把奥冈放在狄俄尼索斯、阿波罗和普罗米修斯三者合一的希腊的整体价值中去理解"③。但从总体上来看，索因卡认为，奥巴塔拉象征着创造的理性的、温和的一面，代表宁静的美学，而奥冈明显象征着创造的激情、痛苦、残酷、巨大的意志的一面。

作为艺术之神，索因卡认为，奥冈创造的第一种艺术形式就是悲剧，这是由他自身的特性所决定的，作为集创造和毁灭、惩罚与拯救这些二元对立因素于一身的神，他自身曾经经历过自我分裂的痛苦，而"只有自己经历过分裂的人，他的精神已经被考验，他的灵魂资源曾经被置于对个

---

① Wole Soyinka, *Art, Dialogue and Outrage: Essays on Literature and Culture*, London: Methuen, 1993, p. 38.

② Ibid. .

③ Ibid. , p. 28.

体的原则怀有最大敌意的力量的重压之下，只有这个人才能理解两种冲突之间的熔接，也只有他才会成为这种熔接的力量。作为结果产生的感觉力也是艺术家的感觉力，仅仅从他理解了，并且表现了这种毁灭和再创造的力量的原理的意义上来说，他就是一个深刻的艺术家"①。

奥冈的悲剧原型是对个体的独一无二性与宇宙存在的统一性、短暂性与永恒性、物质性与精神性等人类存在的悖论方面的探讨与表现，是具有形而上意义的存在的悲剧。这种悲剧不是历史的，它的目的是探讨生命的本源和存在的实质。在索因卡看来，这种悲剧意识直接源自约鲁巴的思维体系，因为"约鲁巴传统艺术不是思维的，而是本质的。木管乐器（在宗教艺术中）所传达的或音乐和行动所阐释的不是观念，而是内部存在的典范，是一种（在宇宙语境中）显露的各个现象和它们道德实质之间象征性的相互作用"②。而"剧院是一个舞台，我们知道的最早的舞台之一，在那里，人试图和他生存的宇宙现象达成协议"③。在这种颇富玄学色彩的悲剧中，人类超越了现象，与现象背后的存在实质相遇。简而言之，索因卡认为，奥冈的悲剧原型是具有形而上意义的存在的悲剧，是最初的悲剧，也是真正意义上的悲剧。

二　转换深渊和仪式悲剧

奥冈对于约鲁巴悲剧的意义，除了其创造性与毁灭性集于一身的悲剧性特性之外，还与他的路神功能及他与约鲁巴宇宙观的神秘关联密切相关。可以说，在约鲁巴人的思维里，奥冈是宇宙重获均衡与和谐的关键力量。

索因卡提出，在非洲哲学里，一般认为有三重世界："祖先的世界、生者的世界和未来的世界。较少被理解或被探索的是第四空间，黑暗的转换统一体空间，在那里发生着存在——理想的存在和物质性的存在——的内部转换。它是宇宙意志最终表达的所在之地。"④ 也就是说，第四空间、

---

① Wole Soyinka, *Art, Dialogue and Outrage: Essays on Literature and Culture*, London: Methuen, 1993, p. 32.

② Ibid., p. 28.

③ Wole Soyinka, *Myth, Literature and the African World*, Cambridge: Cambridge University, 1978, p. 40.

④ Ibid., p. 26.

转换的深渊是连接起三个世界，获得宇宙完整性与统一性的关键环节，第四空间的通道必须打通，三个世界间的桥梁必须架起，否则，宇宙将会失去秩序，人类将会陷入灾难。而这一通道的第一位挑战者和征服者，就是奥冈。"转换的深渊是持续性的象征。它允许存在的三个领域之间的自由往来，作为奥冈的小路，它建立起奥冈作为'路'神的卓越性。"① 因此，约鲁巴玄学体系"只能在这个奥冈大神，这个宇宙力量的创造性空间的探索者，他的恶魔似的对自我意志的考验通过转换深渊的小路之后，才能出现。只有当这样一种考验之后，和谐的约鲁巴世界才会产生"②。

约鲁巴人的悲剧意识来自个体不完整性的意识，这是一种割断的痛苦，这种"割断的痛苦"被译为哲学术语，就是自我从自我的分裂，自我从本体的分裂，本体从自身的分裂。对于约鲁巴人来说，"割断的最沉重的负担是个体与自我的分裂，而不是人失去神性"③。因为神性本来就是人的一个部分。为了超越自我分裂的痛苦，就需要重获神圣性，只有当人身上的人性和神身上的神圣性结合在一起时，才能形成一个"完整的人格，一个存在的统一体。在一个更大的语境中，这种人格促成了索因卡的'宇宙完整性'这个术语的出现"④。而重获宇宙完整性的场所就是在这个三重世界的交界地带，这个转换的黑暗深渊，"在转换的深渊之上架设一座桥梁不仅是奥冈的任务，也是他的特性。他第一个不得不去经历它，将他的个体形式再一次交给分裂的进程……被重新吸收进宇宙的唯一性……让自己完全浸没于其中，理解它的特性，然后通过意志的意动价值来挽救和重新整合自身……组织地球和宇宙的神秘的、技术的力量来建构一座桥梁，以供他的同伴们追随"⑤。

宗教是人类制止个体同自我的分裂、重获宇宙整体性的象征性努力。为了能超越自我分裂的痛苦，人就要不断通过宗教的仪式来重演奥冈对转

---

①　Obi Maduakor, *Wole Soyinka：An Introduction to His Writing*, New York and London：Garland Publishing, 1986, pp. 296 – 297.

②　Wole Soyinka, *Art, Dialogue and Outrage：Essays on Literature and Culture*, London：Methuen, 1993, p. 30.

③　Ibid. , p. 34.

④　Obi Maduakor, *Wole Soyinka：An Introduction to His Writing*, New York and London：Garland Publishing, 1986, p. 293.

⑤　Wole Soyinka, *Art, Dialogue and Outrage：Essays on Literature and Culture*, London：Methuen, 1993, p. 34.

换深渊的征服。尼采曾经这样论述希腊的舞台形象，"真实的酒神以各种姿态出现，化装为一个仿佛陷于个人意志之罗网中的战斗英雄"①。索因卡也同样认为，"约鲁巴神话就是分解经验的反复训练"②。约鲁巴传统戏剧中的悲剧意识就是主人公沿着转换深渊前进的类似进程的意识，约鲁巴悲剧的使命，就是人对奥冈通道仪式的反复模仿。而奥冈的小径，转换的深渊，就是第四舞台。这个第四舞台则是"原型的中心和悲剧精神的家园"③。也就是说，在索因卡看来，悲剧从本质上是一个仪式，一个通道的仪式，奥冈大神自己是悲剧的第一个演员，这种悲剧因此是根本的和最初的，也就是说，是具有原型意义的。简而言之，索因卡提倡的第四舞台上的悲剧实际上就是一种表现奥冈通道的"仪式悲剧"。

尼采曾经提出，真正意义上的希腊悲剧终结于以"唯知为美"的欧里庇得斯，是他最终将悲剧由神话引向现实。索因卡同样认为，"约鲁巴道德也在把悲剧神话从当代意识中排除出去中错误地发挥着作用"④。具有原型意义的存在悲剧的衰亡意味着约鲁巴精神价值的丧失，当人离神越来越远时，人离存在的终极价值和也会越来越远。"这个深渊必须由献给那些守卫着这个深渊的宇宙力量的牺牲、仪式、抚慰的祭典所消弱。"⑤而作为艺术家，就应该通过自己的艺术作品，让这种存在悲剧在戏剧舞台上不断重演，借助对奥冈经历的模仿来唤起人们的宇宙意识，帮助人们拯救分裂了的自我，接近宇宙的统一性，从而实现艺术的精神救赎。

那么，如何才能在当代戏剧舞台上通过戏剧动作来表现奥冈的小径呢？对此，索因卡提出："在生存的决斗场上，当一个人被剥去赘生物，当灾难和冲突（戏剧的素材）压碎、夺去他的自我意识和权利时，在当下现实中，他就站在了这个深渊的精神边缘，……就在这样一个时刻，转换的记忆发生了，提示他进入了类似于通过转换深渊的紧张进程。"⑥ 索因卡的研究者奥比·马杜阿克（Obi Maduakor）也提出："当'转唤'这个单词，和'深渊'这个单词结合在一起使用时，对索因卡来说，它通常是作为在重压时

---

①　［德］尼采：《悲剧的诞生》，缪朗山译，海南国际新闻出版中心 1996 年版，第 50 页。

②　Wole Soyinka, *Art, Dialogue and Outrage: Essays on Literature and Culture*, London: Methuen, 1993, p. 33.

③　Ibid. , p. 32.

④　Ibid. , p. 36.

⑤　Ibid. , p. 29.

⑥　Ibid. , p. 32.

刻，吞噬掉每个人的绝望的空虚的隐喻，这是一种当人和神隔离时，精神空虚和宇宙抵制所产生的情感。悲剧意识就源自这些情感。"①

当我们以索因卡的悲剧观念去解读《死亡与国王的马夫》时，就会发现这是一部典型的发生在"第四舞台"上的"仪式悲剧"。目前，研究界最常见的是从异质文化冲突这个角度去解读这部剧本，索因卡本人对此视角坚决反对。他在这个剧本的作者说明中明确申明："这种体裁的死亡主题一旦被创造性地使用，就很容易得到'文化冲突'的套话，这是一个有成见的标签，……它预先假定了一个前提：在本土文化真实的土壤中，外来文化和本土文化在每一个假定情境中潜在的平等。"② 在索因卡看来，这种预先的假定思维恰恰落入了西方的二元对立话语模式，在本土文化土壤之中追求与外来文化的平等实质上是以潜在的不平等话语的存在为前提的。

国王去世，他的马夫艾勒辛要在一个月以后举行一个自杀仪式追随国王而去。自杀之前，艾勒辛爱上了一位姑娘，市场的女商贩们为艾勒辛举行了隆重的婚礼。艾勒辛的死亡仪式受到了不理解这一习俗的英国地区行政长官皮尔金的干预，为了挽救艾勒辛，皮尔金强行将艾勒辛从仪式现场带走，拘禁起来。最后代替艾勒辛完成这一死亡仪式的，是他的长子奥伦德。这部悲剧虽然取材于1946年发生在约鲁巴古城奥尤市的真实历史事件，但是它并不以揭示历史真相和政治关系为己任，正如索因卡所说，在这个剧本中，"殖民因素是一个枝节，仅仅是一个起促进作用的枝节。这个剧本中的冲突从基本上说是形而上学的，这种形而上学包含在艾勒辛和约鲁巴思维这些人类中介物之中。约鲁巴思维的世界是：生者的世界，死者的世界和未来的世界，以及将所有这些世界连接在一起的神秘通道：转换。只有通过来自转换深渊的音乐的召唤，才能充分认识《死亡与国王的马夫》"③。这个剧本中，索因卡让死去的国王代表死者的世界，艾勒辛的新娘代表生者的世界，艾勒辛和她结合之后，有可能孕育出的胎儿代表着未来的世界，而艾勒辛自己，则是第四空间，转换深渊的征服者，他要在国王之前，打通连接着三个世界的通道，让国王平安通过这个通道，只有这样，宇宙的力量才会重建和谐，生命的延续才会保持，国王的子民才

① Obi Maduakor, *Wole Soyinka: An Introduction to His Writing*, New York and London: Garland Publishing, 1986, p.274.

② Wole Soyinka, *Death and the King's Horseman*, London: Methuen, 1982.

③ Iibd..

会得救。

正如大神奥冈，这个转换深渊的第一个征服者的行为是为了人类的福祉一样，艾勒辛的自杀也是为了他的同胞的集体利益，所以他的自杀行为本身就有一种普罗米修斯式的悲剧的崇高。所以，即将举行自杀仪式的他，获得了他的同胞们的无限尊敬，其实他看中的姑娘，早已经和市场领袖伊亚劳嘉的儿子缔结婚约，但是正像伊亚劳嘉所说，"我们必须注意那些站在巨大转换门口的人的要求。而且，想到这儿，这种想法让人思想震颤。这种结合的果实是罕见的。它将既不是这个世界的，也不是隔壁世界的，也不是我们后面的世界的。好像是祖先世界与未来世界的无始无终将精神联合在一起，共同紧握住通道难以捉摸的存在……"自杀仪式中的任何环节在约鲁巴人的意识中，都有和宇宙的统一性和整体性、存在终极的神秘关联。这个剧本的中心情节就是沿着艾勒辛的自杀仪式和约鲁巴人的玄学体系的关系的理解而展开。

三　深渊边缘的意志和催生悲剧性情绪的傲慢

连接三个世界的神秘通道的打通，将会使自我解体的人类和宇宙的整体性合一，实现精神上的超越和宇宙的和谐，这是"转换深渊"中的仪式悲剧最终呈现给人们的玄学认识。但是在征服这个第四空间的过程中，大神奥冈和每一个在转换仪式悲剧中担负与奥冈对应的使命的人类个体，都首先要经受个体分解、消亡的恐惧和痛苦。在转换深渊中，能让英雄们克服这种恐惧和痛苦，纵身跃入宇宙虚空，融入宇宙的"太一"之中去的是意志。在索因卡看来，意志是转换深渊中的悲剧英雄们最宝贵的财富，音乐是这种意志的唯一表达方式，它能够使意志和行动合为一体，将英雄从完全的消亡中解救出来。所以索因卡在《第四舞台》中多次提及在仪式悲剧中的音乐的独特功能："如果我们同意，在欧洲的意义上，音乐是意志的'直接的摹本或直接的表达'，因为没有什么东西能将人（活着的，逝去的，未来的）从这个深渊的自我丧失中拯救回来，只有巨大的意志的决心能够做到。这个意志仪式的召唤、反映和表达是一种陌生的、奇怪的声音，我们把这种声音叫作音乐。"[1] 而"在约鲁巴传统戏剧

---

[1]　Wole Soyinka, *Art, Dialogue and Outrage：Essays on Literature and Culture*, London：Methuen, 1993, p. 32.

中，悲剧是割断的痛苦，是本体从自我的分裂。它的音乐是当人在虚空中挣扎，直闯渴望的深渊和宇宙抛弃时，人的盲目灵魂罹难时的狂呼。悲剧音乐是来自那个虚空的回响，参加庆典的人在真正的来自深渊中的原型想象中说话、唱歌和跳舞，因为它就是这个世界的语言"①。

《死亡和国王的马夫》中即将踏上"奥冈的小径"的艾勒辛，对自己强大的意志力非常自信，对自己的使命也有明确的意识，他称自己为"非我鸟"，坚信自己一定能够征服转换的深渊。他对一直伴随他走向仪式通道的唱赞歌的人说道："我生下来是为了离开这个世界。一个漫游者从来不知道蜂巢。蚁冢不会离开它的根基。我们看不见世界寂静的巨大子宫——没有人能注视他母亲的子宫——然而谁会说它不在那儿呢？盘绕在世界中心的是无穷无尽的线，这根线将我们所有人连接到巨大的原点。如果我迷了路，这根追踪的线会将我带到原点那里。"戏剧开场时的艾勒辛富有活力，他的精神是愉悦的，他的动作、语言、舞蹈和歌唱都充满感染人的力量。在整个自杀仪式举行的过程中，艾勒辛一直处于众人的包围之中，这些人都是具有象征意义的：唱赞歌的人既是自杀仪式的引导者，又是死去了的国王的代言人，不断地向艾勒辛发出召唤；而市场上的妇女们则起着合唱队的作用，代表着约鲁巴集体的意识。在鼓声显示艾勒辛上路的时刻到来时，在唱赞歌的人的引导下，在合唱队的挽歌中，艾勒辛跳起了转换深渊的舞蹈。通过和唱赞歌的人的歌唱应答形式，艾勒辛向他的同胞们报告转换深渊边缘的幻相，传递神的意愿，他们之间的对答和对唱相当于宗教记忆中的礼拜仪式。对此种表现手法，索因卡在《第四舞台》中有明确的说明："在走向永恒孤独的路程中，悲剧仪式的演员，首先是作为不可抗拒的神的传声筒，说出象征着转换深渊的幻相，他作为合唱队意志的代表阐释这个可怕力量，他自己沉浸在这一力量的本体之中。"②在仪式悲剧的高潮时刻，即悲剧英雄完成自杀仪式的那一时刻，没有任何语言能够表达这个哲学的终极和英雄们的强烈意志，只有音乐。所以在《死亡与国王的马夫》中，到了这一临界时刻，艾勒辛在类似催眠的恍惚中，完全没有了这个世界的意识，听不到唱赞歌的人的召唤，沉浸在转换

---

① Wole Soyinka, *Art, Dialogue and Outrage: Essays on Literature and Culture*, London: Methuen, 1993, p. 30.

② Ibid., p. 28.

的记忆之中。与此同时，合唱队的挽歌却"越来越响，越来越强"。总而言之，在《死亡与国王的马夫》中的自杀仪式中，音乐和与之相伴随的歌舞是非常重要的戏剧组成部分，所有的演员都被音乐和歌舞连接在一起，转换深渊的幻相、英雄和集体的意志被以音乐的形式在象征的层面上表达了出来。单从形式这个意义上来讲，《死亡与国王的马夫》也是一出索因卡理想中的"仪式悲剧"。

尼采认为："作为被解体之神，酒神具有二重性格，残酷野蛮的恶魔和温柔良善的君主。"[1] 索因卡也强调，奥冈也具有两重性。作为第一个打通通向存在本体的神秘通道，为了世界的福祉经历了巨大的苦难的神，他的行为引起的悲剧崇高感类似古希腊的文化英雄普罗米修斯，然而奥冈同时还是毁灭之神，同创造性一样，毁灭也是奥冈的天性。在奥冈走向"转换的深渊"的小径上，还伴随着毁灭性的暴力。尼采认为个性化是灾祸的主因，他把个性化导致的傲慢视作每一个悲剧神话所必需的因素，索因卡同样也把傲慢看作存在悲剧的悲剧性情绪的催化剂，甚至是一个兴奋剂。

那么，傲慢在奥冈神话原型中到底是如何表现的呢？索因卡提出，因为奥冈敢于探索宇宙的本体，他用自己的意志、知识、创造力为三个世界间建立起了桥梁，"神和人一起送给他一个王冠，作为对他的众神领袖的回报和认可"，于是，在他身上出现了"一个超出于约鲁巴经验中任何相应部分的完全而深刻的傲慢和过分自信"，"（同创造性）相同的恶魔的能量被唤醒了，……敌人和被拯救者一同被击倒，直到奥冈独自留了下来，成为人的分裂的自我中心的唯一幸存者"[2]。

在《死亡与国王的马夫》这出仪式悲剧中，在与奥冈相对应的人间英雄艾勒辛身上，同样具有奥冈一样的傲慢，这种傲慢最终引发暴力，把戏剧的悲剧性情绪推到了极点。在约鲁巴传统社会中，国王的马夫、"转换深渊"的征服者的职位是世袭的，所以艾勒辛的使命是注定的，在他的人世生活中，他一直被他的同胞们视作精神上的领袖和世界的拯救者而备受爱戴，用艾勒辛的话来说就是，"在我做国王的马夫的一生中，每一棵树上最甜美的果实都是属于我的……"长期享有的特权使他变得傲慢

---

① ［德］尼采：《悲剧的诞生》，缪朗山译，海南国际新闻出版中心1996年版，第50页。

② Wole Soyinka, *Art*, *Dialogue and Outrage*: *Essays on Literature and Culture*, London: Methuen, 1993, p. 36.

自大，他认为世界上一切最好的东西只要他想要，都应该属于他。在举行自杀仪式之前，他看中了伊亚劳嘉没过门的儿媳妇，伊亚劳嘉略一迟疑，艾勒辛便因感到被冒犯而大发脾气。傲慢也使艾勒辛错误地估计了形势和自己的力量，他不顾伊亚劳嘉的警告，坚信自己意志的力量，坚信在自杀仪式前和女孩的结合不会让生的欲望拖住自己投入转换深渊的脚步。但是，事实证明他错了，在举行仪式的过程中，新娘的美好增加了他对尘世的迷恋，他离开这个世界的脚步变得沉重，因而延迟了自杀的时间，使得白人地区行政长官有机会将他逮捕和关押。在囚禁中，他对他的新娘说："你是生者送给他们派往祖先的土地上去的使者的最后礼物，可能是你的温暖和青春带给了我对这个世界的新的洞悉，使我在深渊这边的脚步变得沉重。因为我坦白地告诉你，女儿，我的软弱不仅来自粗暴地进入自杀现场的那个白人所做的令人憎恶的事，在我那被尘世所抓住的腿上也有渴望的重压。"也正因此，索因卡一再强调在这部戏中，殖民势力的干预只是一个偶然因素，悲剧的形成主要来自即将征服转换深渊的英雄自身的动摇和软弱。

在约鲁巴人的文化意识中，自杀仪式的中止带给约鲁巴世界的是毁灭性的灾难：国王要在没有马夫打通通道的情况下上路，三个世界的连接将中断，宇宙秩序将会陷入混乱，世界将会永陷纷争，生命也将无法延续。扭转僵局、使宇宙重获平衡的，是艾勒辛的长子奥伦德，几年前他被皮尔金送到英国学习医学，这次回来的目的原本是为父亲送葬。作为长子，他是既定的下一任国王的马夫。在目睹父亲的耻辱之后，为了挽救他的同胞，为了捍卫家庭的荣誉，他代替父亲完成了自杀仪式。当艾勒辛看到奥伦德的尸体后，艾勒辛用捆住身体的锁链将自己勒死了，这种死亡充满了暴力色彩，这是对傲慢的惩罚。

因为毁灭、暴力与惩罚这些因素的存在，索因卡认为，奥冈的悲剧原型是一种特别的激情，模仿这一悲剧的仪式悲剧最终的美学效果是"一个恶魔似的能量的驱除。没有欢欣鼓舞，没有净化的终结，……仅有一个……世界的疲倦，一种对神的退场所唱的赞歌，一种深刻的悲哀"①。也就是说，在索因卡看来，约鲁巴传统文化意识中的"仪式悲剧"的美

---

①　Wole Soyinka, *Art, Dialogue and Outrage*: *Essays on Literature and Culture*, London: Methuen, 1993, p. 36.

学效果不同于亚里士多德所提出的"净化"说，即让观众通过看戏，将自己的恐惧、怜悯等情感释放出来，让自己的心灵得到净化，而是通过群众对仪式的集体参与过程，共同触摸存在的本质，与万物合为一体。这一点与尼采的论述相近，不同于尼采的是：尼采认为悲剧的最终效果是包含着毁灭之喜悦的生成之永恒喜悦，索因卡则认为，因为这个过程伴随着暴力和个性化的毁灭，所以"仪式悲剧"最终留给人们的往往是狂喜后的疲倦和虽然与存在合一，但存在最终仍不可为理性所把握的深刻的悲哀。《死亡与国王的马夫》的结尾，是艾勒辛和奥伦德的死亡，全剧在哀歌声中落下帷幕。

在《死亡与国王的马夫》中，危局最终是以相当暴力的形式解决的，这符合奥冈的神话原型。但值得注意的是，最终作为牺牲，完成自杀仪式的不是大家期待的艾勒辛，而是奥伦德。在这一点上，《死亡与国王的马夫》这个剧本和索因卡在《第四舞台》中对于仪式悲剧的界定有所偏离。毫无疑问，索因卡认为仪式悲剧中的英雄为了集体的利益，将个人的所有欲望乃至生命抛弃，是转换深渊的存在悲剧所必需的牺牲。但是，从《死亡与国王的马夫》这个剧本来看，索因卡对绝对摒弃个人欲望，完全牺牲自我，融入集体利益之中的价值观，多少存有一些怀疑。虽然艾勒辛告诉他的新娘，在白人干预之前，他的腿已经因为对尘世的留恋而变得沉重，但这之后，他还说"我一定已经摆脱了它，我的脚步已经开始振奋"，真正使他成为他的信仰的背叛者的，正如他对伊亚劳嘉所说的是思想上的亵渎，是因为他想到"在陌生者的干预中可能有神的手"。在恍惚状态中，艾勒辛似乎看到了神对个体欲望的承认，才延迟了他进入神秘通道的脚步。虽然艾勒辛意识到了自己犯下了罪行，并因而受到了惩罚，但是这个人物并没有引起观众和读者的任何恶感，索因卡对艾勒辛的同情和理解是明显的，这在一定程度上反映了希望在非洲意识中寻找文化资源，但又从小受到基督教世界观影响的索因卡的困惑。

综上所述，索因卡在《第四舞台》这篇论文中，既师承尼采，又极富创见性地对约鲁巴传统悲剧的原型、实质、美学效果、在现代戏剧舞台上如何表现这一悲剧原型及对约鲁巴玄学体系的意义等方面做了细致而深入的阐释，是一篇非常系统地介绍约鲁巴悲剧意识和索因卡悲剧观念的论文。而《死亡与国王的马夫》则是索因卡严格按照在《第四舞台》中提出的悲剧观念创作的剧本，索因卡成功地做到了理论与实践的互相印证。

索因卡对约鲁巴悲剧意识的探索是富有深度的，他没有仅仅停留在显示与炫耀约鲁巴的本土文化传统，而是从约鲁巴的玄学体系中去寻找约鲁巴悲剧意识的根源，他所提出的"第四舞台"和"仪式悲剧"等概念，虽然没能对宗教仪式和悲剧进行明确的区分，但却无疑是富有创见性的，因而大大丰富了世界悲剧理论，有力拓展了悲剧的表现领域。

第三章　现实主义文学思潮

第一节　历史理性与人文理性

欧洲的现实主义创作原则可谓源远流长，其理论源头可追溯到古希腊的亚里士多德。亚里士多德在《诗学》中曾经提出三种模仿现实的方式："既然诗人和画家或其他形象的制作者一样，是个摹仿者，他都必须从如下三者中选取摹仿对象：（一）过去或当今的事，（二）传说或设想中的事，（三）应该是这样或那样的事。"① 亚里士多德提出的第一种方式，即按照本然原则对现实进行映现，是对现实主义创作原则最初的理论阐释和精确描述。具有现实主义特征的文学作品自古有之，但到了19世纪中后期，在工业化导致的城市文明的兴起、自然科学的成长引发的科学精神的高涨、黑格尔的辩证法和孔德的实证哲学提供的新的思维方式的多方面影响之下，以真实、客观为基本诉求的现实主义作为一股弥漫全欧的文学潮流，登上文坛霸主地位。19世纪的现实主义文学有着强烈的批判锋芒，作家们大多有社会道义担当的自觉意识，他们自命为社会病症的解剖者，通过创作罗列现象，分析症候，提供救世良方。他们批判社会的思想武器大多是人文理性，他们同情弱小者，痛恨暴力与不公正，他们的作品中往往充盈着悲天悯人的道德情怀和社会理想的昭示。20世纪，现实主义的真实观虽然不断受到质疑和挑战，但依旧是文学中的一股主要潮流，散发着强韧的生命力。20世纪的现实主义，除了在继承19世纪现实主义的基础上，融入了现代主义的一些艺术技巧之外，随着无产阶级成为独立的政治力量登上世界历史舞台，还出现了一个新的变种——革命现实主义。在苏联时期，革命现实主义则继而发展成为社会主义现实主义，强调文艺应

---

① ［希腊］亚里士多德：《诗学》，陈中梅译注，商务印书馆2003年版，第177页。

为社会主义建设服务，是革命浪漫主义和现实主义的结合，呈现的艺术真实高于现实的真实。虽然不同时期、不同地域、不同作家的现实主义有不同的面向，但总体上来看，我们可"把它（现实主义）定义为一种建立在人文理性和历史理性基础上的、强调尊重客观的、更多写实的创作态度的创作方法"①。

一

黑非洲地区的英语文学成熟于 20 世纪五六十年代，也就是东非与西非一些前殖民地国家纷纷取得政治独立的年代，政治和社会的改革引起了文学的繁荣。国家的兴亡、制度的选择、文化的存续成为 20 世纪中后期黑非洲地区的诸多国家普遍面临的社会课题，大多数黑非洲地区的主流作家把目光投向迫切的社会问题，力争发挥文学的社会功能，让文学成为改造社会的力量，现实主义因而也就成为 20 世纪中后期黑非洲文学的主流。在阿契贝看来，"艺术属于所有的人，具有一种社会的功能"②。"在白人统治结束之后，非洲在 20 世纪的后半个世纪中应该完成的最重要的事看起来是独立民族国家的兴起。我相信非洲文学将追随这种模式。"③ 在有如此迫切的社会政治问题的非洲语境下，阿契贝坚信"写作是一种非常政治的行为。任何形式的写作，任何小说，尤其是我们的状况下，都会变成一种非常政治的行动"④。戈迪默则将揭示个人生活和社会生活中隐藏的真相视为作家的使命，她认为，"存在那么多难以置信的隐藏的层次，这是南非生活的一部分，我认为我越来越意识到在我和他人、我和自我的关系中的这种隐藏……我们说的和做的，总是仅仅是我们所要表达的意思的一半，但是在南非，比一半还要少"⑤。加纳女作家埃杜（Ama Ata Ai-doo）也明确提出，文学应为非洲的自由、非洲的命运服务，"当然，我

---

① 唐欣：《现实主义再检讨》，载《甘肃理论学刊》2000 年第 5 期。

② Karen L. Morell Ed, *In Person*：*Achebe*，*Awoonor*，*and Soyinka at the University of Washington*，Seattle：University of Washington，1975，p. 9.

③ Chinua Achebe, *Morning Yet on Creation Day*，Garden City and New York：Anchor Press，1975，p. 56.

④ Karen L. Morell Ed, *In Person*：*Achebe*，*Awoonor*，*and Soyinka at the University of Washington*，Seattle：University of Washington，1975，p. 30.

⑤ Andrew Vogel Ettin, *Betrayals of the Body Politic*：*The Literary Commitments of Nadine Gordimer*，Charlottesville and London：University Press of Virginia，1993，p. 101.

希望非洲是自由的，强大的，有组织的，有建设性的等。这是我作为作家的基本责任。这是作为我的想象力的基础的和一以贯之的部分。我一直在我的创作中寻找它的不同维度，不同解释。"① 肯尼亚作家恩古吉则认为，文学应为非洲人的反帝斗争服务，他在谈及非洲文学应使用自己的民族语言进行创作的同时，还指出："但是，如果文学不表现使自己富有创造性的力量从外部控制中解放出来的人民的反帝斗争的内容的话，使用我们的语言进行写作自身……不会带来非洲文化复兴。"② 南非作家拉·古玛则这样界定作家的角色："在我看来，引领共同体的道德、观念和目标是自觉的作家的任务。这个共同体可能很小，大小依赖于他自己的展望；这个共同体可能是国家，也可能是整个宇宙。这完全依赖于作家意识接受事物的程度，这些事物不仅影响个人，而且影响所有人民。"③ 学者布恩汀（Brian Bunting）则在研究拉·古玛的时候指出，"在南非，提倡'为艺术而艺术'是困难的。生活以一种不容忽视的坚持来提出问题，在世界上极少数的国家里，人民，包括所有的种族和阶级，大多被冠之以'政治'称号的事件深深支配。种族主义的教条弥漫于生活的各个角落，不管你是天主教徒，商人，工人，牧师，运动员，还是艺术家，都无法逃离种族主义的后果。如果艺术到底有一些意义的话，它必须反映国家的困扰，这种困扰消耗了，有时是腐蚀了南非人民的灵魂"④。文学必须反映国家的困扰，服务于创作政治、经济、文化自由的非洲环境的历史使命，因此，在这些作家看来，文学创作变成了一种社会实践，是改变现实、创造未来的社会介入模式，因此，他们习惯于将自己设想为教师、先知、引领者、活动家等角色，甚至有些作家在现实生活中，本身就是社会活动家，文学是他们宣传自己政治理想的阵地。

　　非洲的现实主义文学明显是在欧洲现实主义文学的影响之下形成的，但在不同的文化语境之下，黑非洲的现实主义文学在对欧洲现实主义文学

① C. L. Innes, *The Cambridge Introduction to Postcolonial Literatures in English*, New York: Cambridge University Press, 2007, p.48.

② Ngugi wa Thiong'o, *Decolonising the Mind: The Politics of Language in African Literature*, London: James Currey, 1986, p.106.

③ Abrahams, Cecil, ed., *The Writings of Alex La Guma: Memories of Home*, New Jersey: African World Press, 1991, p.20.

④ Brian Bunting, *Foreword to And a Threefold Cord written by Alex La Guma*, Berlin: Seven Seas Book, 1964, p.9.

进行借鉴的基础上，形成了自己独属的文学品格。在历史理性和人文理性这两个现实主义文学的基本维度之间，黑非洲英语文学中的现实主义明显向历史理性倾斜。殖民给非洲带来的苦难及非洲人的抗争、非洲历史文化的失落与重寻、外来文化与内部文化的冲撞、社会道路的选择、内部的混乱、当下政治的黑暗等，构成了黑非洲 20 世纪中期现实主义文学最重要的主题。这些主题都属于历史进程中的外在事件和客观情势的映现及判断，关注的是集体命运，重视的是种族之间、民族之间、文化之间、阶级之间、性别之间的对立与纷争，意识形态色彩浓重。某种程度上，黑非洲的 20 世纪文学与近现代中国文学的焦虑类似，非洲兴亡、国家兴亡成为压在黑非洲文学头上的一个包袱，黑非洲文学主要表达出的是一种泛非精神、忧族精神和忧国精神，由于面临紧迫的政治、经济、文化上的解殖任务，作家们大多重视历史深度的开掘，而暂时搁置个人的生命体验和存在意义的叩问等人文理性的表达。对此状况，库切敏锐地指出"南非文学是一个被奴役的文学……，它是一种不充分的人类的文学，被权力和权力的暴力不自然地扭曲和预先占据了，因而不能从对立、控制、征服的基本关系转化为位于这些之上的巨大而丰富的人类世界。它就是那种你预期的在监狱中写作的文学。"① "监狱中写作的文学"这一说法概括出了南非文学，也是整个黑非洲文学中由于过于紧迫的国家兴亡的文学使命所导致的文学发展中不自然的地方，即指向个体的人文维度的缺失。到了 20 世纪末，这种状况有所变化，尼日利亚的艾克文西、费米·奥索费桑、祖鲁·索福拉等人将目光投向城市社会和城市居民的经验，而戈迪默、埃默挈塔等人开始更多关注自我体验、存在的意义等个体灵魂的审视。非洲英语文学开始向人文理性的这一现实主义维度拓展。如戈迪默的《我儿子的故事》中思考了革命伦理与家庭伦理的冲突，或者说革命生活对家庭生活的破坏，《无人伴随我》则对自我进行哲学探讨，《新生》除了表达存在主义哲学式的生存体验之外，开始关注生态危机等当下国际性话题。埃默挈塔则在《沟渠》（In the Ditch，1972）、《二等公民》（Second-Class Citizen，1975）、《新娘价值》（The Bride Price，1976）、《母性的快乐》（The Joys of Motherhood，1979）等自传性作品中，从女性的视角和性政治的立场出发，关注黑非洲现代社会

---

① J. M. Coetzee, *Doubling the Point: Essays and Interviews*, New York: Harvard University Press, 1992, p. 98.

的女性问题，描写黑非洲女性所面对的贫穷、性别歧视等压迫，肯定女性通过受教育改变命运的途径……

二

现实主义文学潮流声势浩大，创作倾向鲜明，但却并非只有一种现实主义，学界一向存在有多少个现实主义作家，就有多少种现实主义的说法，因而现实主义又被称作"无边的现实主义"。就黑非洲英语文学来说，在真实、客观这个总体创作原则之下，存在着两种主要的现实主义倾向：批判现实主义和革命现实主义。

批判现实主义作家的基本立场大多是个人的良知和对生命本身的尊重。他们虽然强调文学的教育民众和服务社会的功能，但他们并不代表任何特定的政治阵营，而是遵循自己心灵的声音，从人性角度对社会和时代进行臧否。他们认为文学的价值就在于真实和真诚，他们批判不公、揭示社会弊病的出发点很简单，就是社会本身是有病的，压抑扭曲了人性，他们只不过作为"书记官"把它记录下来。就像戈迪默所说，"我的小说反对种族隔离，并不是因为我个人对种族隔离制度的憎恶，而是因为作为我的创作素材的社会揭示了自身……如果你忠实地书写南非的生活，种族隔离就在严厉批评自身"①。政治在戈迪默的创作中占据中心意象，但戈迪默不是站在哪种特定的阶层利益上说话，而是"个人化地对待政治"，这种个人化就是遵从自己良心的声音，个人良心，体现在作家身上，即对个体生命的尊重、自由表达权利的捍卫。与此同理，戈迪默虽然在创作中体现了某种女权思想，但她却拒绝接受为自己贴上女权主义的标签，只承认自己碰巧是个女性作家而已。南非作家库切的作品虽然因其与现实社会问题的脱节而受到包括戈迪默在内的黑非洲文化主流的批评，但实际上，库切的文化立场与戈迪默并无二致，都是从作家个体的良知出发，拒绝做任何共同体的附属，任何政治势力、社会势力的代言人，也不遵从任何文学的主流话语，极力捍卫文学的表达自由，库切特别推崇米兰·昆德拉的名言："今天，当政治变成了一种信仰时，我把小说视作无神论的最后形

---

① Stephen Clingman, *The Novels of Nadine Gordimer*：*History from the Inside*，London：Bloomsbury，1993，p. 12.

式。"① 他以文学实践切实地呼应了这一号召，向一切来自政治权威的压迫挑战。研究者海德也指出"在面对一定的逆境时，不论是审查制度和政治控制，还是迫使知识分子遵守的文学观念的压力，他都能创造一个可选择的表达的空间，这种选择是人性的，他不诉诸普遍性，而是宣称独立、不遵守和改变"②。总之，对戈迪默、库切等人来说，创作的动力来自良知——个体心灵体验，而不是任何外来权威的强迫和告知。

就像弗里沃·瓦克所认为的那样，现代非洲文学的起源是历史的。对他来说，20世纪50年代末和60年代的"政治和社会改革"引发了非洲小说的繁荣。在一个特定的历史意义中探讨人类状况成为大多数黑非洲现实主义作家的共识，他们在创作中大多坚持特定的历史视野，在小说中呈现历史话语，在对历史的回顾和前瞻中把握历史规律，预测历史走向，显现自己的民族意识、国家意识和非洲意识。谈及创作中文学话语与历史话语的密切关系，戈迪默算得上最突出的作家之一，但在她看来，小说家对历史的呈现不同于历史学家，历史进程在文学作品中被表现为创作个体的主体经验，也就是说，小说对历史的呈现是私人化的，小说呈现的因而"不是历史的世界，而是一个特定世界的意识"③。为了证明自己，她援引了俄国文学的一个例子："如果你想读到1812年莫斯科大撤退的事实，你可以去读史书；如果你想知道这是一场什么样的战争，特定时期和背景里的人怎样以个人的立场来对待这场战争，那么你就必须去读《战争与和平》。"④。对戈迪默来说，小说最重要的不是呈现一个真实的历史，而是呈现一个"内部的历史"，文学中对历史的呈现不是出于某种历史意识和政治意识，而是恰恰相反，"无意识地反映在故事里的社会态度的变化既表现了社会中的人们——就是说历史——也表现了我对历史的理解；在我的创作中，我按照我的社会而书写，在我的理解态度中，所有的历史都按

① J. M. Coetzee, *Doubling the Point: Essays and Interviews*, New York: Harvard University Press, 1992, p. 66.

② Dominid Head, *J. M. Coetzee*, Cambridge: Cambridge University Press, 1997, p. 161.

③ Stephen Clingman, *The Novels of Nadine Gordimer: History from the Inside*, London: Bloomsbury, 1993, p. 2.

④ Nadine Gordimer, *The Black Interpreters-Notes on African Writing*, Johannesburg: Spro-Cas/Ravan, 1973, p. 7.

照我而行动"①。学者斯蒂芬·克林曼（Stephen Clingman）因此指出，"当社会变革影响到个人时，讨论社会变革是戈迪默小说中的主要方式，在这种方式中，戈迪默发展出了一种历史的意识"②。简而言之，同对待政治的态度一样，戈迪默也主张个人化地对待历史，对历史的书写动力依旧出自个人的心灵需求和人性焦虑。

　　库切的创作实际上极其复杂，很难以哪种流派来框定他的写作。他的创作后现代主义气质突出，但是他的《耻》、《铁器时代》，甚至是《迈克尔·K 的生活和时代》又具有鲜明的现实主义特征。虽然库切的小说中有鲜明的历史维度，但库切却反对将小说等同于历史，在 1987 年发表的《今天的小说》这篇论文中，库切关于文学话语与历史话语的关系的思考得以更清晰的表述："在像现在这样有强烈的意识形态压力的时代里，小说和历史在这样的一个空间中共存，就像在同一片牧地上的两头牛，都各自考虑自己的事情，因此都被挤得几乎什么都没有了。对我来说，小说仅有两个选择：做补充物或对抗体。"③在作为历史话语的补充物和对抗体的两种文学话语之中，库切明确地选择了后者，其实质也是在反对写作被任何历史话语权威所控制，坚持发出出自个体良知的自由之声，捍卫文学的独立性，也出自库切在南非独特的文化处境和道德忧虑。作为南非白人移民的后代，库切并没有直接参加白人对黑人的压迫，他们一家也处于南非白人社会中的边缘，但是在他看来，"南非的白人在各种不同的程度上，积极地或消极地，参与了反对非洲的大胆的、计划周密的犯罪。……他们有道德的权威能够从那个标签中撤出身来，还需要很长的一段时间"④。与生俱来的历史位置使白人们无法让自己与祖先酿造的历史罪恶彻底摆脱干系，因为从出生的那一刻起，他们就已经牵连进历史的暴力之中。库切认为，对暴力视而不见，或不采取任何行动制止，或没能有效地制止，或享受种族歧视暴力为白人创造的优越的政治身份和丰厚的物质财富，这些都同直接参与暴力实施并没有什么本质的区别，南非所有的白人都应该对

---

　　① Stephen Clingman, *The Novels of Nadine Gordimer*: *History from the Inside*, London: Bloomsbury, 1993, p. 13.

　　② Ibid. , p. 171.

　　③ J. M. Coetzee, "The Novel Today", Upstream6, Vol. 6, No. 1, Summer 1988.

　　④ J. M. Coetzee, *Doubling the Point*: *Essays and Interviews*, New York: Harvard University Press, 1992, pp. 342 – 343.

历史的罪恶负责。所以，库切说："一个南非白人的身份是令人难以忍受的。不是因为犯罪的负担……而是因为意识的负担。"① 因为有这种意识的负担，耻辱感、罪恶的共谋感构成《铁器时代》、《等待野蛮人》、《耻》等作品的鲜明印记。就像《铁器时代》中身患癌症的柯伦太太所说："我得了癌症，因为累计了太多羞耻，我一生都在忍受这些耻辱。这就是癌症的起因：由于自我厌恶，身体变出恶疾，开始大啖自己。"② 生活在种族隔离时代里，被牵连进去的耻辱使得柯伦太太感到"这是什么时代，做个好人竟然还是不够的！"③ 这种与宗教相关、但又源于历史的原罪意识及其所引发的道德自我反省中，闪现着列夫·托尔斯泰、陀思妥耶夫斯基等 19 世纪欧洲现实主义大师们的身影。

总之，成就突出的黑非洲批判现实主义作家的基本立场是人文主义的立场，即对生命的尊重、对人性的执着、对来自个体心灵体验的责任的担当，在这个基本立场上，阿契贝、戈迪默、阿兰·佩顿、布里坦贝奇、阿尔马赫、埃默挈塔、某些时候的库切等作家是欧洲的 19 世纪现实主义传统的直接继承人，他们的反殖民话语的努力往往依靠的是欧洲的人文主义叙述，只不过书写的内容来自非洲语境的当下关切。

在非洲的现实主义作家中，以恩古吉、拉·古玛、理查德·里夫等为代表的一些作家的创作受到马克思主义美学的影响，具有革命现实主义文学的特征。鲜明的政治倾向性和意识形态色彩构成他们作品的决定性因素。他们强调种族、阶级的尖锐对立关系，暴露殖民主义、部落主义等影响黑非洲社会发展的毒瘤造成的非洲人的苦难，呼吁变革；他们面向非洲现实，虽然非洲人的苦难和非洲人的斗争这些主题是由某个或某几个主人公来承载，但是作者的聚焦点不是性格研究，也不是小个体在大时代的生存体验，而是指向集体命运、集体经验和集体意识；他们坚持现实主义的典型化原则及马克思主义的辩证思维，往往把主人公放在一系列社会斗争的事件中，呈现人物意识的成长；他们的作品，"都有不同的意识形态原则，用 Irving Howe 的术语来说，它们总是处于'一种内部斗争的状态，

---

① J. M. Coetzee, *Doubling the Point*: *Essays and Interviews*, New York: Harvard University Press, 1992, p. 112.

② ［南非］柯慈:《铁器时代》，汪芸译，台北：台北天下远见出版股份有限公司 2001 年版，第 215 页。

③ 同上书，第 246 页。

总是处于变成除了自身，还是其他事情的边缘'"①。也就是说，在这类作家的创作中，政治诉求是第一位的，这些作家明确地将文学的创造性活动视作社会实践，视作鼓励变革意识、促动社会进步的介入手段。

革命现实主义作家侧重的意识形态层面又不尽一致。就恩古吉而言，文学最本质的功能是现实斗争的武器，他的语言利器既指向欧洲的帝国主义，也指向肯尼亚的现实政治。在他看来，"今日非洲的根本对抗是在帝国主义、资本主义与民族解放和社会主义之间的对抗，在这两者之间，是与国际垄断资本紧密相连的少数富人阶级和人民大众之间的对抗"②。他的创作既强调文化对抗，又强调阶级对立。他立场鲜明地选择了受压迫的非洲文化和包括工人、农民在内的大众群体。

而积极投身于南非反种族隔离斗争的南非共产党党员拉·古玛的关注重心则是种族的对立与对抗。他的小说大多把背景放置在他出生成长的地方——开普敦的第六街区（开普敦城郊的贫民窟），他书写种族隔离时期发生在那里的故事，揭露种族隔离政策的非人化成为他的作品的基本主题。贫困、失业、驱逐、拘捕、监禁、射杀等苦难是他勾画的生活图景的中心意象，在他看来，种族隔离政策不仅使有色人种被当作动物一样看待，而且使白人异化为非人。《暗夜行路》（A Walk in the Night）中的白人警官拉尔特（Raalt）仇恨有色人种，"按照我的意愿的话，就让霍屯督人互相残戮吧。我想打光这支枪里的子弹然后回家"③。他毫无怜悯地射伤没有任何抵抗的少年韦列博宇（Willieboy），又不及时送诊，导致少年血尽而死，种族仇恨使得拉尔特这样的种族主义者变成了嗜血魔头，种族对立也使得贫穷的南非白人在生活的夹缝中呻吟，生活在这样的世界里，就像醉酒的道夫提叔叔（Uncle Doughty）在吟诵完莎士比亚的《哈姆莱特》中幽灵的台词之后所说，"那就是我们，我们，我的孩子，我们是些幽灵，注定要在暗夜行走"④。在拉·古玛的小说世界里，弥漫着浓雾、薄雾、烟雾等各种各样的雾，雾的意象使拉·古玛的小说充满晦暗的气氛，象征着种族

①　Simon Gikandi, *Reading the African Novel*, London: James Currey, 1987, p. 114.

②　Chidi Amuta, *The Theory of African Literature: Implications for Practical Criticism*, London and New Jersey: Zed Books Ltd, 1989, p. 98.

③　Alex La Guma, *A Walk in the Night*, Nairobi: Heinemann Kenya Ltd, 1967, p. 39.

④　Ibid. , p. 28.

隔离世界道德的阴暗和人性的堕落。但是就拉·古玛来说，对苦难的大量描写并没有使他陷入虚无主义，而是恰恰相反，往往引向对受压迫者反抗意识的激发，通过苦难，他告诉人们：生活不应该是这样，有色人种应该站起来为自己的生活抗争。在《季末之雾》（In the Fog of the Season's End）中，主人公——工人运动的组织者、自由斗士毕乌克斯（Beukes）在公园里和一个偶遇的在白人家里当女仆的黑人姑娘聊天，姑娘安于黑人永远应该是白人奴仆的命运，并且认为这一状况无法改变，毕乌克斯愤激地说：

> "作为仆人，我们都足够好。因为我们是黑人，他们认为我们只能做好为他们换尿布的事情。"
>
> 她犹豫着，不知回答的是否合适，"那是生活，难道不是吗？"
>
> 不是，她能够感觉得到，因为他说，"生活？为什么我们的生活应该是这样？我们像他们一样好，也像他们一样坏。"
>
> "是，我认为是这样，但是我们的人又能够做什么呢？"
>
> 笑意弥漫在褐色的眼睛里。这双眼睛的眼眶发红，尽管他的语调中有痛苦，但却不是因为愤怒，而是因为缺少睡眠。他用修长的棕色手指摸索着下巴上一夜之间生出的胡茬。"人们可以做一些事情，"他的声音很活跃，"我不是说一个人明天或明年就可以改变生活。但是即使你今天得不到你想要的，不久的将来你一定能得到，这是一个自尊和尊严的问题。你跟随我吗？"①

尽管姑娘因为担心陷入麻烦而没有跟随毕乌克斯，但毕乌克斯的话与他对改变了的未来的笃定还是搅动了姑娘的意识，姑娘陷入了沉思，并下意识地阅读起毕乌克斯留下的报纸来。尽管在获得民主、自由的公正社会的过程中充满着监禁、流血、死亡的威胁，但拉·古玛的小说的基调往往是乐观的，充满着理想必将实现的乐观主义信念：在《季末之雾》的结尾，作者借毕乌克斯的思考对未来进行了展望："清晨，毕乌克斯站在街边，不禁想到，他们已经以受苦受难的人民的名义投入战斗。敌人自己创造的那些，将变成斗争的基础，我们现在看到的，仅是对下流政权的愤恨

---

① Alex La Guma, *In the Fog of the Season's End*, London: Heinemann, 1972, p. 11.

的冰山之一角……那些坚持敌意和羞辱的人们必须准备着。让他们努力准备，快些准备——他们不会等待太长时间。"① 而在《三股绳》（And a Threefold Cord）中，故事的主体是围绕查理·保尔斯（Charlie Pauls）一家的命运，展现开普敦郊区有色人种聚居地区——棚户区的苦难生活图景，但通过人物意识的觉醒，作者试图传达给读者这样一个信息："人们不能独自抵抗世界，他们开始走到一起。"② 深受种族歧视之苦的有色人种一起去抗争，变革即将来临。

总之，革命现实主义作家们的基本立场是政治立场，他们鲜明地站在对立冲突的一方，将文学视作社会批判、揭示真相、激发意识、鼓动革命的一种武器，因此，他们的文学具有更大的功利性，在表达政治诉求上更加直接，与时代也更为贴近。但这也决定了这种文学的意义必定要与特定的时间、地点相关联。

综上所述，黑非洲的现实主义文学是在吸收、借鉴欧洲现实主义的基础上形成的，但反过来又使之成为反抗外部殖民、内部殖民的一种有效武器。虽然在20世纪的欧洲，现实主义创作及其真实观不断受到挑战与颠覆，但在20世纪下半叶的黑非洲的独特文化语境之下，现实主义创作及其真实观深受作家青睐，并催生出一大批优秀作品。

第二节　直面非洲的焦虑
——阿契贝的本土表述

作为当代非洲最具影响力的作家之一，作为尼日利亚的本土作家，阿契贝一直坚持一个方向，即通过自己的创作寻找非洲的本土表达。同索因卡、戈迪默一样，他也是一位持之以恒地对尼日利亚、非洲和世界的政治、经济、社会等问题发言的公共知识分子，是一位勇于挑战西方普遍主义文化权威，不懈寻找非洲自己的言说体系的文化斗士。在他看来，文学不应退避于象牙塔，而应面向现实，承担起艺术的"社会功能"。"（承担义务）是作家存在的基础。他献身于他的世界观，他献身于他所理解的

---

① Alex La Guma, *In the Fog of the Season's End*, London：Heinemann, 1972, pp. 180 – 181.

② Brian Bunting, "*Foreword to And a Threefold Cord written by Alex La Guma*", Berlin：Seven Seas Book, 1964, p. 15.

世界真相，包括小说的真相……他们献身的是比你去过的教堂，归属的种族，所说的语言更伟大的，具有极其伟大价值的某种东西。"① 由于有这种强烈的责任意识，阿契贝的创作始终立足于他所熟悉的生活，为他的祖国和人民而写作，阿契贝使用本土化了的英语为读者提供了一部部反映非洲社会的现实主义杰作，出色地承担起了文学家面向现实的责任。

一　寻找自我属性

随着后现代主义、后殖民、新历史主义、女权主义等文化批评思潮在全球的散播，和曾经被排斥在边缘地带的少数族文学和亚非拉英语文学的兴起，文化身份问题也成为学者和作家们关注讨论的热点话题。

身份的英文"identity"也可译为"认同"，查尔斯·泰勒（Charles Taylor）认为，"认同问题经常同时被人们用这样的句子表达：我是谁？但在回答这个问题时一定不能只是给出名字和家系。如何回答这个问题，意味着一种对我们来说是最为重要的东西的理解。知道我是谁就是了解我立于何处。我的认同是由承诺（commitment）和自我确认（identification）所规定的，这些承诺和自我确认提供了一种框架和视界，在这种框架和视界之中我能够在各种情景中尝试决定什么是善的，或有价值的，或应当做的，或者我支持和反对的。换言之，它是这样一种视界，在其中，我能够采取一种立场"②。身份问题的核心是自我形象问题，自我形象的定位决定着发言立场和价值判断标准。一个作家用文字发言，说了什么固然重要，但为谁言说和从何种角度去言说却在所说内容的意义框架中起着关键作用。对此，阿契贝有着清醒的认识，他认为，"作为一个作家，你要处理你被给予的那些材料，你也可以试着去处理那些没有给你的材料，但是我认为你要解决的首要问题是你在哪儿？为什么我在这个地方？为什么这儿存在着两种宗教……"③。很明显，阿契贝将写作看作是一种自我界定，通过一番寻找，阿契贝将自我形象定位于说英语的、信仰基督教的尼日利

---

① Jane Wilkinson Ed, *Talking with African Writers：Interviews by Jane Wilkinson*, London：James Currey Ltd. , 1992, p. 48.

② 陶东风：《全球化、后殖民批评与文化认同》，载王宁、薛晓源《全球化与后殖民批评》，中央编译出版社1998年版，第203页。

③ Odinga, Sobukwe, "Chinua Achebe Interviewed", *Black Renaissance/Renaissance noire* , Vol. 6, No. 2, Spring 2005.

亚伊博族人，有了这样一种自我定位，阿契贝的创作便有了清晰的方向，他要为他的国家尼日利亚，为他的民族伊博人言说。阿契贝有着鲜明的现实主义立场，在他看来，"一个作家的事业是从他的立场，从他的经验，从他的关于世界的视野，从他所站的位置，从他所知道的东西去写。只要他忠实地去这样做，人们就能从他的言说中体会到足够的人与人之间、文化与文化之间的相同。……我认为人们应该书写他知道的事情。而通常来说，人所知道的是他周围发生的那些事情"①。因此我们也就可以理解，为什么在美国讲学和居住了很多年后，他拒绝写任何一本关于美国的书。他的解释是"事实上，在美国住了一些年并不是写作一本关于它的小说的唯一原因。……我的理由是美国有足够多的小说家去为它书写，而为尼日利亚书写的人太少了"②。

　　阿契贝的自我定位并不是从一开始就那么清晰，而是经历了一段困惑时期。就像他后来回忆的那样，"那些因我们赋予其教育的名头而使其显得尊贵无比的我的教育中，只有外国方面的影响。对我们来说，字词不是关于伊博的事物的；它是关于遥远的地方和在那儿生活的人们的"③。在这种殖民教育体系之下，阿契贝曾经习而不察地将大学课堂上教师讲授的文学知识视为理所当然。直到英国教师引荐的乔伊斯·卡利的以表现非洲形象为主旨的小说《约翰逊先生》在课堂上引起了他的同学们的普遍抗议，阿契贝对文学的看法才发生了转变。令他感到震惊的不仅仅是作品中那个被扭曲了的非洲人形象，而且是背后存在的"作为一种控制叙述的绝对力量存在的某种东西"④，即西方的特权意识。于是，阿契贝"渐渐明白，尽管小说无疑是虚构的，但它也可能是正确的或错误的，不是指一件新闻事件的正确还是错误，而是关于小说的公正无私"⑤。这种认识激起了阿契贝对西方文化沙文主义的对抗意识和解构欲望。阿契贝的众多评论文章都是这种意识和欲望的结晶。在《殖民主义批评》中，阿契贝将犀利的批评指向西方的普遍主义，他认为普世的文明还没有出现，人们应

① Karen L. Morell Ed, *In Person*: *Achebe, Awoonor, and Soyinka at the University of Washington*, Seattle: University of Washington , 1975, p. 21.
② Chinua Achebe, *Home and Exile*, Oxford and New York: Oxford University Press, 2000, p. 96.
③ Ibid. , p. 23.
④ Ibid. , p. 24.
⑤ Ibid. , p. 33.

当在文化的对话中，"让每个人发挥他们的才能，为世界文化的盛大节日奉献礼物。只有这样，人类才会拥有更加丰富、更加多样化的文化精品"①。在《非洲的一种形象：论康拉德〈黑暗的心灵〉中的种族主义》中，阿契贝力图将《黑暗的中心》②推出英国文学经典之外，在他看来，说非洲没有历史，"是由于西方人心中的一种愿望，也可以说是一种需求，即把非洲看成是欧洲的陪衬物，一个遥远而又似曾相识的对立面，在它的映衬下，欧洲优点才能显现出来"③。而康拉德的《黑暗的中心》就是这方面的一个突出代表，因此，在阿契贝看来，"康拉德是个彻头彻尾的种族主义者"。阿契贝的这些掷地有声的评论文章深受后殖民理论家的重视，已然成为后殖民文化批评的重要文献。说到底，阿契贝对西方文化和文学的解构的最终目的，还是要除去西方文化所赋予非洲形象的不公正、不客观的层面，为重塑客观的非洲形象除去认识上的障碍，并进而为非洲作家的自我界定开辟空间。当然，客观的非洲形象和自我形象还应该诞生于切实的文学创作之中，因此，在创作上，阿契贝始终以重塑非洲的自我属性、寻找本土的自我表达为指向。

二　仪式的回归与补偿

众所周知，殖民历史给近现代非洲带来了巨大的政治、经济、文化震荡，惨无人道的奴隶贸易更让这段历史成为非洲人普遍不愿回忆的集体伤痛。然而在阿契贝看来，当代非洲所有的问题都来源于那段历史产生的焦虑，"我知道我们的问题的根源，焦虑。非洲在世界上曾经有过这样一种命运，'非洲的'这个形容词依旧能够使人回忆起关于拒绝的可怕的恐惧。那么，切断我们与这个家园……的联系，超乎其上，成为一个宇宙之人会更好些。实际上，我理解这种焦虑。但是在我看来，逃离自己，对于解决这种焦虑来说，是远远不够的方式。如果作家选择这种逃离主义，那

　　① 阿契贝：《殖民主义批评》，载罗刚、刘象愚《后殖民主义文化理论》，中国社会科学出版社 1999 年版，第 311 页。
　　② 《黑暗的心灵》和《黑暗的中心》是对康拉德的小说 *In the Heart of Darkness* 的不同译法。
　　③ 齐努瓦·阿切比：《非洲的一种形象：论康拉德〈黑暗的心灵〉中的种族主义》，载巴特·穆尔－吉尔伯特《后殖民批评》，杨乃乔、毛荣运、刘须明译，北京大学出版社 2001 年版，第 182 页。

么谁会来迎接这种挑战？"① 阿契贝清醒地意识到，要想寻回非洲的自我属性，首先就要直面历史，表达属于非洲人自己的历史经验，因为"直到狮子产生自己的历史学家之前，打猎的故事只会赞美猎人"②。为了解决非洲的焦虑，阿契贝有意识地朝向民族历史，在这方面，以伊博人独立前的生活为题材的"尼日利亚四部曲"中的《瓦解》（1958）和《神箭》（1964）具有代表意义。

《瓦解》和《神箭》都把故事的背景放在欧洲的殖民势力刚开始进入尼日利亚时的伊博乡村，在讲述村落领袖奥贡喀沃和首席祭司伊泽乌鲁在这个特殊时刻的个人的悲剧性遭遇和感受的同时，两部小说都对伊博传统社会的婚丧嫁娶、节日仪式、体育竞技、音乐舞蹈、面具制造、村社聚会、社会结构、社交礼仪、饮食习惯、人际关系、价值观念等方面进行了细致的描绘，给读者提供了一个与建立在想象性远观之上的欧洲文本中的非洲形象截然不同的客观、生动的非洲村社生活的真实图景。在这方面，两部小说的确具有民俗学的价值，是一种来自内部的近距离报道。对于被笼统地抹杀和掩盖的殖民前非洲历史来说，重返历史现场，再现历史中的生活场景，也是建构非洲自我属性的一个重要组成部分。

然而，阿契贝不仅仅是一位风俗学家，他还是一位社会学家。他不仅要对风俗进行细致的描绘，更要在这个由大量的生活、文化信息搭建起的历史现场里，通过个人的命运遭际反映社会的风云变迁。将小说的背景放置在欧洲势力进入非洲之初这样一个文化转型时期，就为小说预设了一个最重要的主题：本土文化与外来文化的冲撞以及对非洲社会的影响。

奥贡喀沃和伊泽乌鲁都是传统文化的代表和捍卫者。奥贡喀沃始终坚守传统文化的价值，抵制外来的欧洲文化，在做出了诸多悲壮的努力之后，他发现在那个"一切都四散了"的时代里，人心再也聚集不起来，因此最终以自杀殉了非洲的传统文化。与奥贡喀沃相比，在对外来文化的态度上，伊泽乌鲁看起来要温和许多，为了在侵入的欧洲文化中有"自己的眼睛和耳朵"，他甚至将自己的一个儿子送去基督教会。但他依旧是一个文化民族主义者，他一丝不苟地执行着祭司的职责，捍卫着乌鲁神赋予他的某种神性的尊严。

① Karen L. Morell Ed, *In Person: Achebe, Awoonor, and Soyinka at the University of Washington*, Seattle: University of Washington, 1975, p. 21.
② Chinua Achebe, *Home and Exile*, Oxford and New York: Oxford University Press, 2000, p. 72.

因为殖民政府派来召唤他的使者态度傲慢，他拒绝前去"政府山"面见行政长官因而被关押，他也没有感恩戴德地接受殖民政府授予他的乌姆阿罗地区的首长身份，除了尊严受辱之外，还因为"伊泽乌鲁不会是乌鲁之外的任何人的首领"。最终，由于他的固执，他被他的人民所抛弃。

奥贡喀沃和伊泽乌鲁的故事无疑都是悲剧，悲剧的原因除了作为文化符号，他们身上承载着本身已经千疮百孔的非洲传统价值在外来欧洲文化冲击下加速其分崩离析过程的历史命运之外，还有其自身的原因。在奥贡喀沃，是因为其性格中的暴躁，而这暴躁的深层原因，则是由他软弱的父亲屈辱的一生导致的对软弱的深度恐惧；在伊泽乌鲁，则是他的傲慢和野心。监禁生活结束后，因为在监禁期间他的声望降低，也因为他的人民没有采取什么措施阻止自己的祭司受辱，所以他的愤怒指向了他的人民，他拒绝宣布丰收日的日期，导致他的神和他的人民对他的抛弃而陷入孤独之中。就像小说结尾所说，"只有乌姆阿罗和他的领导者看到了最后的结果。对他们来说，问题很简单。他们的神已经和他们站在一起反对神的那个刚愎自用的、野心勃勃的祭司，这样就维护了祖先的智慧——不管一个人多么重要，都不能比他的人民更重要；没有任何一个人赢得过反对他的氏族的审判"[1]。因为"神话和仪式不是永恒的，而是个人和社团需要的显现，它们是我称作的文化的象征"[2]。神是由社团按照自己的需要制造出来的，作为一个创造物，神不能用来反对自己的人民。

在两部小说中，文化冲突的最主要的战场是在宗教领域，即伊博传统的神灵信仰和祖先崇拜与西方基督教的角力。在这两部小说中，关于这个话题，有一些相似的情节安排和意象设置。奥贡喀沃和伊泽乌鲁都有一个儿子改信了基督教，不同之处是：奥贡喀沃的长子恩沃依埃因为父亲杀死养子的行为而从精神上背弃了他的父亲和他所代表的传统；而伊泽乌鲁则是为了了解外来文化，主动将自己的儿子奥杜克（Oduche）送去教会学校。在两篇小说中都出现了蛇的意象及其引发的骚乱：在伊博文化中，蛇是神圣的动物，仁慈的化身，人们视之为"我们的父亲"，为了人民的安康必须加以保护，杀死神蛇更是一种令人惊悚的罪恶；而在基督教文化中，蛇是诱惑、邪恶、失去恩宠的体现，"蛇除了是欺骗我们的第一位母亲的那

---

① Chinua Achebe, *Arrow of God*, . London: Heinemann, 1964, p. 287.

② Simon Gikand, *Reading the African Novel*, London: James Currey, 1987, p. 151.

条蛇，邪恶的化身之外，什么都不是。如果你不敢杀死蛇，那么你就算不上基督徒。"① 作为一个在不同文化里有不同含义的文化象征符号，谁的阐释被采信就意味着谁的话语具有主导权，因此，蛇的象征意义的争夺在两部小说中就成了一个重要的文化冲突事件，两次事件最后均不了了之。在两部小说中，都设置了具有文化冲突意义的高潮事件。在《瓦解》中，高潮事件是在祭拜地母的仪式上，一个伊博人掀下了一个祖宗的灵魂的面具（在伊博人的信仰中，掀开祖宗的灵魂的面具就等于杀死一个祖宗的灵魂），愤怒中的伊博人烧掉了基督教堂。而在《神箭》中，高潮事件则是伊泽乌鲁拒绝宣布丰收节的日期而导致族人面临饥饿的恐慌。两个事件的结局都显示了在两种文化的冲突中，基督教文化的日渐强势。在火烧基督教堂之后，六个村社领袖被捕受辱，在讨论如何复仇的村社会议上，更多的人表现出的是妥协退让。而在伊泽乌鲁固执地执行着神意而惩罚他的族人的同时，基督教会却乘虚而入，宣布基督教可以保护人们免受乌鲁愤怒的伤害，很多害怕木薯会烂在地里的伊博人纷纷加入了基督教会。

　　在《瓦解》和《神箭》中，改信的儿子、蛇的意象、火烧教堂和丰收日事件等的设计都指向了一个问题：基督教文化是如何一步步侵入非洲落地生根，并逐渐成为强势文化的。除了这些意象、事件背后反映的人们心理的变化，阿契贝还着意强调了在这场文化的较量中，物质经济因素的重要作用。在悲剧英雄奥贡喀沃以死亡之舞捍卫古老传统的同时，却"有许多男人和女人对这种新的制度并不像奥贡喀沃那样抱有强烈的反感。固然，白人带来了一种疯狂的宗教，但是他也设立了一个商店，棕榈油和棕榈仁儿第一次成了高价的商品，大量的钱财流进了乌姆奥菲亚"②。经济利益成为人们接受新的政府、新的宗教并导致伊博传统社会瓦解的更为深层的原因。在《神箭》中，当人们问及地区行政长官的仆人瓦布俄泽（Nwabueze）为何要在白人家当仆人时，他毫不遮掩地回答，是为了"白人的钱"，他的目标很远大，绝不仅仅局限于当一个仆人，而是"只要我积攒起一些钱，我就开始做点烟草贸易……"③ 最终进入有钱人的阶层。在瓦布俄泽清晰的个人未来规划中，可以看出，新的经济模式已经在

---

① Chinua Achebe, *Arrow of God*, . London：Heinemann, 1964, p. 57.

② 钦努阿·阿·阿契贝：《瓦解》，高宗禹译，作家出版社1964年版，第173页。

③ Chinua Achebe, *Arrow of God*, . London：Heinemann, 1964, p. 61.

伊博社会形成并被接受下来。实际上，在小说中，由于实行不同的经济模式，村社之间的分裂已经出现，与乌姆阿罗原本就有宿怨的奥科波里（Okperi）就因接受了白人政府及其经济模式而受到殖民政府的支持。表面上看起来，伊泽乌鲁最后的失败是因为他与整个村社的对抗，更为深层的原因还是经济因素，就像研究者西蒙·吉甘地（Simon Gikandi）指出来的，"神的根基和它作为神的正当性的理由，不仅在于社团和不可知世界建立某种实在关系的欲望，也与物质兴趣（在这个个案里，是木薯）相连"①。因而最终，"在阿契贝小说里发生的神话之战里，要赢的神是那个比另一个会提供更多的物质和精神目标的神"②，即基督教的神。

学者大卫·卡罗尔曾经指出："阿契贝用出色的技巧，将小说家和人类学家的角色结合起来，综合出了一种新型的小说。这是他的天分的本质所在之处。"③ 在《瓦解》和《神箭》中，阿契贝利用人类学家的广博、小说家的想象再现了文化转型时期以异质文化冲撞为重要代码的政治经济图景。在传达两种文化的冲撞时，阿契贝并没有做出一个简单的对错与好坏的判断，而是尽可能辩证、客观地呈现两种历史力量的交锋与生活在其中的人们的命运遭际，尽可能以非洲的内部视角还原历史原貌，推翻欧洲文本中对非洲历史架空的假设，并进而通过寻回历史，重获一个主体性的身份。对于后殖民写作中的历史题材兴盛的现象，博埃默曾经提出，"对于一个历史被毁灭了的民族来说，一则关于过去的故事，即使它的全部或一部分是虚构的，也能起到一种补偿过去的作用"④。而阿契贝在谈到《瓦解》的创作时，更是对自己这种补偿性的创作目的有清晰的描述："这部小说是用我的过去、一种仪式的回归和一个慷慨的儿子的致敬来进行赎罪的一个行动。"⑤ 阿契贝所要赎回的，就是那个属于非洲自己的历史。

三　直面非洲现实

现实是历史的延伸，或者说现实是历史的当下部分，回忆历史的目的

---

① Simon Gikandi, *Reading the African Novel*, London: James Currey, 1987, p. 164.

② Ibid. , p. 154.

③ Carroll, David, *Chinua Achebe*, London: Macmillan Press Ltd, 1980, p. 183.

④ ［美］博埃默:《殖民与后殖民文学》，盛宁译，纽约：牛津大学出版社1998年版，第216页。

⑤ Dennis Walder, *Post-colonial Literatures in English: History, Language, Theory*, Oxford: Blackwell, 1998, p. 7.

是为了更好地理解现实，因为现实是众多历史因素聚合的结果。对历史与现实的这种关系，阿契贝曾经说过："我们认识到在过去的确曾经发生过一些事情，而在评价我们的状况和互相评价时，我们要考虑这些过去发生过的事情。我们真正的需要是从必须发生的这种变化中得到促进，但是我们不能以忽略或拒绝我们的历史的方式来影响这种变化。对我来说，非常明显，我们需要彼此。"① 阿契贝不仅要通过回忆创造非洲自己的历史学家，以寻回非洲的自我属性，更要直面当下的焦虑和社会危机，呈现乱象，揭示病源，思考出路。具体来讲，就是思考尼日利亚独立后的社会现实。独立后的尼日利亚，就像阿契贝所说，"尽管掠夺的痕迹依旧处处都在，但引起我的狂呼的剥夺已经在退却"②。社会的核心矛盾已经由内外冲突转化为内部矛盾，因此阿契贝的几部以独立后尼日利亚现实生活为题材的小说均以尼日利亚社会的内部矛盾与纷争作为表现对象。

摆脱殖民压迫、独立后的尼日利亚并非按照人们的理想走向发展的康庄大道，历史的发展逻辑往往更为复杂。由于尼日利亚并不是社会经济、政治、文化和民族一体化所致的结果，而是殖民势力为便于统治，人为组合的产物，脆弱的国家结构和松散的国民纽带致使独立后的尼日利亚面临政权更换频繁、部族冲突不断、经济政策失当等诸多问题。对此种状况，生活于现实中的阿契贝毫不隐讳，他坦言："尼日利亚不是一个伟大的国家，它是世界上最无秩序的国家之一。它是阳光下最腐败的、最麻木不仁的、最无效率的地方之一，它是生活消费最高的国家之一，也是钱具有最小价值的地方。它是肮脏的、冷漠的、喧闹的、好炫耀的、不诚实的、庸俗的。一句话，它是地球上最不愉快的地方之一。"③ 阿契贝眼中的现实如此灰暗，对它的现实主义书写也势必以谴责和控诉为底色。

阿契贝认为，腐败是威胁尼日利亚机体健康的一个巨大毒瘤，在他看来，"尼日利亚的腐败已经超过了警戒线，进入了一个致命的阶段；如果我们继续假装腐败只是一个小毛病，尼日利亚将会死去……尼日利亚人腐

---

① Odinga, Sobukwe, "Chinua Achebe Interviewed", Black Renaissance/Renaissance noire, Vol. 6, No. 2, Spring 2005.

② Chinua Achebe, *Home and Exile*, Oxford and New York: Oxford University Press, 2000, p. 103.

③ Chinua Achebe, *The Trouble with Nigeria*, City Layout: Fourth Dimension Publishing Co. Ltd., 1983, p. 11.

败是因为他们今天生活在其下的体制使腐败容易并有利可图"①。创作于1960年的《动荡》的创作目的就直指尼日利亚的腐败问题。《动荡》虽然把背景放在尼日利亚独立前的20世纪50年代，但那时的英国人已经预备撤出尼日利亚，尼日利亚人已经可以在政府里得到较高职位，腐败问题的严重性已经开始显现。小说以一桩受贿案的庭审开始，一开篇就抛出了一个问题：小说主人公奥比·奥康沃为什么受贿？奥比·奥康沃学成归国后在学术委员会谋得一个公务员身份，他原本怀揣单纯的报效祖国的理想，但是归国途中和归国后的经历处处印证着他的白人老板格林先生所说的话"所有的非洲人都受贿"。日常生活和交际中人们常说的话题也是受贿，腐败已经浸透到社会的各个层面，成为一种普遍的社会风气。社会的染缸和个体的欲望迅速地将他的纯洁淹没，以至沦为失去自我的受贿罪犯。奥康沃的堕落是一个按照典型环境中典型性格塑造出的人物典型，通过他的故事，阿契贝为尼日利亚敲响了一记警钟。

在欧洲殖民势力进入非洲之前，非洲尚处于部族社会，在没有准备的情况下，非洲被外来的强力推向了所谓现代化的进程，欧洲殖民势力撤出后，非洲将采用什么样的模式发展，成为独立后的非洲各国普遍面临的问题。回到殖民前的村社阶段的非洲，是一种"开历史倒车"的行为，固然不可取，但是全部照搬西方的民主制，也存在着"水土不服"的问题。《人民公仆》（1966）以犀利的笔锋揭示出尼日利亚所谓的民主政治只不过是一系列的政治阴谋。南迦部长表面上看起来平易近人、热情真诚，但实质上自私虚伪、道德败坏。作为政客，表面上口口声声一切为了人民，但实质上都是为了自己升官发财铺路。在人民党与平民党的竞选中，通过贿赂收买、威胁利诱、辱骂殴打等手段，这样的一个道德上的恶棍最终赢得地区竞选，但随即因分赃不均，引发暴徒和军队的暴乱，人民党政权被推翻。《人民公仆》以讽刺的笔调呈现了尼日利亚的政治现实，并成功预见到了因部族冲突加剧导致的内战"比拉夫战争"（1967—1970）的发生，因此被视作非洲的政治寓言。

在评论集《尼日利亚的不幸》中，针对尼日利亚的现实，阿契贝分析道："尼日利亚的不幸很简单，也很明确，就是领导能力的失败。……尼日

① Chinua Achebe, *The Trouble with Nigeria*, City Layout: Fourth Dimension Publishing Co. Ltd., 1983, p. 47.

利亚的不幸是它的领导人不愿或没有能力证明自己能够担起责任。"①《荒原蚁丘》(1987)故事发生的地点虽然放置在了一个叫卡根的虚构的国度,但明显是用隐喻的形式对尼日利亚政治现实的审视,批判的矛头直指最高执政者。故事主要围绕曾经共同在英国留学的三个好友萨姆、伊肯、克里斯展开。军人萨姆在被推上总统职位之前,也不乏其聪明坦率、多情魅惑之处,但一旦政权稍微稳定,独裁者的野心一抬头,萨姆的人性便开始发生变异,因为阿巴松地区没有明确表示服从他的统治,他就拒绝接见因发生罕见旱灾而来请求政府帮助的该地区代表团,并将代表团成员逮捕;《国家公报》的主编伊肯不肯出卖自己的良知,向权力低头,坚持真理,对国家乱象的点评鞭辟入里,因而在萨姆的授意下被暗杀;新闻部长克里斯在反对独裁上虽然有过徘徊,但最终不肯逢迎萨姆的野心和政治阴谋,因而成为被通缉的对象,在逃亡的途中被杀害;而萨姆自己的倒行逆施也导致了一场政变的发生,他常做的"人民厌弃他了"的噩梦最终变成了现实。

在阿契贝的小说世界里,尼日利亚腐败肮脏,危机四伏,他的作品就像鞭子一样狠狠抽打着尼日利亚的现实,里面夹带着愤怒的情绪,但这并不意味着阿契贝就厌弃自己的国家,因为对他来说,"尼日利亚是上帝以他的无限智慧为我选择的出生之地。因此我不考虑我有任何权利去寻找一个世界上更舒适的角落安身,在这个角落其他人的智慧和劳动已经将其整理出来。我的历史知识足够使我认识到文明不会从天上掉下来;文明总是人类的艰辛工作和汗水付出的结果,是在勇敢、开明的领导人的带领下对秩序和公正长期寻找的结果"②。阿契贝不会放弃这片问题重重的土地,作为一个公共知识分子,他一直把这些问题视作尼日利亚和非洲社会成长的必需阶段,在尼日利亚和非洲没有实现秩序和公正之前,他始终坚信鞭子能够发挥出某种拯救的力量。从某种程度上讲,那个揭露南伽真面目的奥迪里、敢于向权力说真话的伊肯和克里斯这些自由斗士,构成阿契贝小说的一抹抹亮色,这些形象既寄予着作家的社会期望,也是作家的一种自况。

阿契贝的小说明显存在着一个突出的政治视角。对此,阿契贝毫不掩饰地予以承认:"我相信写作是一种非常政治的行为。任何形式的写作,

---

① Chinua Achebe, *The Trouble with Nigeria*, City Layout：Fourth Dimension Publishing Co. Ltd.,1983, p. 1.

② Ibid., p. 11.

任何小说，尤其是在我们的状况下，都会变成一种非常政治的行动。"①
既然政治现实是尼日利亚现实的重要组成部分，那么在作品中呈现这种政治现实就是对现实的尊重。突出政治视角很容易被贴上目的在于宣传与教育的政治小说的标签，那么阿契贝的小说是政治小说吗？回答是否定的。的确，阿契贝明确强调小说的社会教育功能，但他同时也强调，"不管怎么说，我并不认为教师是开处方的那种，一个好的教师从来不开处方，他诱发引导。教育是将本来就有的东西诱发出来、引导出来，帮助学生去发现，去探索"②。他的小说也的确罕见直接的政治宣传，而是立意于让艺术形象自身来说话。如果说前期作品中情节主要围绕主人公展开而忽略了或缩减了其他人物的在场，导致叙述层次略显简单，那么到了《神箭》和《荒原蚁丘》这些后期作品，作者驾驭题材的能力明显加强：《神箭》的叙述从伊博人和白人执政官两个向度平行展开，既有伊博族内部的冲突，也伴随着白人殖民官员对非洲社会认识的变化，有家庭内部的错综复杂的人际关系，更有四通八达的社会关系网络，在人物的争论中，作者并没有做高高在上的裁判者，而是让多种声音共同存在；《荒原蚁丘》中除了呈现民主与独裁的斗争之外，还探讨了日常生活中人性的邪恶问题、精英与大众的关系问题、女性的地位与权利问题等，涉及话题层次丰富，出场人物众多，俨然具有史诗式小说的格调。作为小说家，阿契贝的小说艺术日趋成熟，堪称叙述方面的典范。因此可以这样说，阿契贝能够以卓越的才能驾驭颇为政治化的现实生活内容，在他的创作中，频频闪现着列夫·托尔斯泰、巴尔扎克等19世纪欧洲现实主义大师们的身影。

　　综上所述，阿契贝将写作视作自我界定。为了纠正欧洲文本中被扭曲了的作为客体的非洲形象，为了与欧洲意识中的文化偏见形成对抗，阿契贝努力担起非洲历史学家的任务，通过对过去的回忆直面非洲的焦虑，找回非洲的自我属性。回顾历史是为了更好地理解现实，在对现实的关照中，阿契贝的视野是广阔的，笔调是冷峻犀利的。虽然在文本中如何解决社会问题往往并没有提供最终答案，但问题的敞开已足以使阿契贝的小说超越文学自身，具有了巨大的现实意义。说到底，回忆历史也好，直面现

　　① 　Karen L. Morell Ed, *In Person: Achebe, Awoonor, and Soyinka at the University of Washington*, Seattle: University of Washington , 1975, p. 30.

　　② 　Jane Wilkinson Ed, *Talking with African Writers: Interviews by Jane Wilkinson*, London: James Currey Ltd. , 1992, p. 47.

实也罢，都是寻求非洲本土表述的努力。对于阿契贝等本土作家寻求本土表述的努力的价值，博埃默总结道："由于他们明显使用了本土表达，这不仅维护了传统的叙述方式，而且表达了一种集体交流性，暗示了一种民族的内在凝聚力。"①

第三节　戈迪默的现实主义小说艺术

纳丁·戈迪默，南非白人女作家、政论家和社会活动家。生活在种族隔离及后种族隔离这样一个特殊的年代，戈迪默以自己的笔做武器，真实地记录了历史的进程，探索了种族隔离制度下人与人之间变形的关系及特定历史语境下私人生活、个体欲望、存在的困惑与权利问题的复杂纠葛。她的作品充满批判精神，蕴含丰富，艺术技巧娴熟。1991 年，诺贝尔文学奖被授予戈迪默，评选委员会的颁奖理由是"她的文学作品由于提供了对这一历史进程的深刻洞察力，帮助了这一进程的发展"。

一　忠实地书写南非，关心人的解放

1949 年，戈迪默的第一部短篇小说集《面对面》问世。1952 年，她出版了另一部短篇小说集《毒蛇的温柔声音》，开始引起欧美文艺界的关注。在戈迪默 1953 年出版的第一部长篇小说《说谎的日子》里，首次表达了作者对种族隔离制度的严肃审视与批判。《说谎的日子》得到文艺界的普遍认可，标志着戈迪默的创作走向成熟，戈迪默从此走上专业作家之路。

毫无疑问，戈迪默是一位现实主义作家。真实，是戈迪默的艺术追求，她曾经说过："我曾说过我所写或所说的任何事实都不会比我的虚构小说真实。"但她对现实主义的理解在长达 50 多年的创作历程中，不断地发生变化。

80 年代之前，戈迪默试图通过写作直接嵌入世界和历史，这一时期她大多数作品中的中心形象是南非的历史和现实，与政治的关联直接而密切。她反对种族歧视，同情被压迫的黑人的遭遇，谴责实行种族隔离政策的政府，赞美那些为实现种族平等而斗争的白人和黑人英雄。对于早期创

---

①　[美] 博埃默：《殖民与后殖民文学》，盛宁译，纽约：牛津大学出版社 1998 年版，第 205 页。

作的这种倾向，戈迪默认为："在南非，社会就是政治的环境，也就是说，人们可以这样说：政治就是南非的形象"①，你要忠实地书写南非，政治就一定会进入你的创作。

这个阶段戈迪默创作的长篇小说主要有《陌生人的世界》（1956）、《恋爱时节》（1963）、《已故的资产阶级世界》（1966）、《尊贵的客人》（1971）、《自然资源保护论者》（1974）、《伯格的女儿》（1979）等。

《陌生人的世界》通过一个英国人的眼光来观察种族隔离时期的南非社会，并通过他的眼睛描摹出了两个具有天壤之别的世界：一个是奢华、富有、自私、与世隔绝的白人世界，另一个是贫穷、简陋、不幸的黑人棚户区。两个世界界限分明，形成互不了解的"陌生人的世界"。由于小说巨大的真实性，在南非遭禁达十年之久。《已故的资产阶级世界》通过聪明、正直、敏锐又带点神经质的白人麦克斯的自杀揭示出南非的种族隔离制度不仅构成对人性的摧残，而且把人与人之间的关系扭曲，把好人逼入绝境。《尊贵的客人》关注的是新独立的非洲国家赞比亚的政治斗争。这部作品"结构严谨，简洁含蓄，文体高雅"，成功地表达了一个新独立的非洲国家各种纷繁复杂的事件，探讨了权力的腐蚀性问题。《自然资源保护论者》一方面表达了南非白人特权和白人政权的不合时宜这一严肃主题，另一方面显示了戈迪默高超的叙述技巧，该作品具有复杂的叙事结构和象征体系，在艺术上颇见功力，荣获当年的布克奖。《伯格的女儿》通过女主人公罗莎·伯格的成长过程，生动地展现了南非反种族隔离战争的艰苦卓绝及戈迪默对南非白人文化身份的思考。罗莎·伯格的父母都是白人革命者，罗莎从小就见证、参与了父母为之奋斗的事业，父亲死于狱中之后，罗莎隐姓埋名流亡欧洲，她原本可以在欧洲享受自由和快乐，但是她意识到自己的命运是属于南非的，最终她决定返回南非，用她的理疗技术救治索韦托事件中的伤员，最后未经审判而被投进监狱。这部面向现实的史诗式长篇小说借鉴了现代主义的艺术方法，它没有过多描绘惊心动魄的斗争场面，而是将主要情节放在女主人公的内心世界展开。作品的语言类似散文诗，清新隽永，具有艺术感染力。

80 年代，是南非大变革的前夜。臭名昭著的南非种族隔离制度越来

---

① Stephen Clingman, *The Novels of Nadine Gordimer：History from the inside*，England：Bloomsbury，1986，p. 10.

越引起全世界的关注和抵制，南非国内的反种族歧视斗争也愈演愈烈。在这样风起云涌的时代氛围下，敏锐的戈迪默开始超前地思考新政权建立后可能会出现的社会问题，反映在创作中，这时期的主要作品都表达了戈迪默对未来的某种忧虑，显示出"预言现实主义"的艺术倾向。

《七月的人民》（1981）将背景放置于南非全面内战后新旧政权交替的真空时期，这是一个想象的时空。作品以葛兰西《狱中笔记》中的一段话作为开篇引语："旧的正在死亡而新的还未能诞生；在这个空位期，产生了大量病态的征兆。"《七月的人民》就通过身份逆转后的白人斯迈尔斯夫妇一家的遭遇去剖析种种"病态的征兆"。内战爆发的混乱中，白人工程师斯迈尔斯一家由黑人男仆"七月"带领着逃亡到"七月"的家乡——一个黑人部落。斯迈尔斯夫妇发现自己不仅失去了原来舒适生活所需要的一切物质条件，而且生存依赖于"七月"的照顾和恩惠的处境使他们和"七月"的身份出现了颠覆，原先的特权者成了"七月的人民"，而先前的仆人则渐渐表现出了主人的姿态。对此身份巨变，斯迈尔斯由开始试图保住自己的白人特权身份转为无奈地承认黑人才是这块土地的主人。而莫琳则因不能接受身份逆转后政治权、文化权、物权的转移而丢下丈夫、儿女选择了逃离，只身奔向不可知的未来。作者把后种族隔离时代融合的希望寄托在斯迈尔斯的三个孩子身上。作为新的一代，他们身上较少成见和历史的重负，很快就适应了现实，适应了黑人们的文化，和黑人孩子们和睦相处。作者借用这样一个建基于现实的想象的未来对南非社会作出颇具远见的预言：种族隔离历史的遗产导致南非社会在未来很长一段时期里充满病态的征兆，种族仇恨导致的对立和冲突比比皆是，一个黑人中心主义的政权同白人中心主义的政权一样问题多多。

1987年，戈迪默出版的长篇小说《大自然的运动》也是这时期的重要收获。主人公是一位叫海丽拉的白人女性。在她的第一个丈夫——一位南非国民大会领导人被暗杀后，她又嫁给了黑人总统罗埃尔将军，并成功地帮助丈夫从事政治斗争。在新的南非共和国的开国大典中，海丽拉作为贵宾，与她的丈夫——非洲统一组织主席罗埃尔总统并肩而立，接受黑人群众的欢呼。"她是白人妇女，但今天穿着非洲礼服"。这样的结尾强调了南非白人抛弃欧洲文化，对南非文化的认同。小说把罗埃尔将军描绘成一个社会主义者，在他的国家里实行混合经济，油田、矿产和银行收归国有，土地重新分配，人民生活普遍富裕，国家政权稳固。这实际上是戈迪默为未来的南非政治发展勾勒出的一幅蓝图。在叙述上，作品采用了流浪汉小说的叙述模式，同时又是一部将个人史与民族史交织在一起的史诗式作品。

进入 20 世纪 90 年代之后，戈迪默的创作更趋复杂化，在传统现实主义创作手法的基础之上，她更多地借鉴西方现代主义的表现技巧，更加追求对心灵世界的挖掘和艺术形式的革新。在创作主题上，开始注重主题的多层次性和人性的普遍性，甚至表现出与以往表现的激进政治化生活进行对话的意图。

《我儿子的故事》（1990）是这时期戈迪默在长篇小说方面的重要收获。在这篇小说中，黑人、白人革命者的反种族歧视的斗争与爱情、婚姻、家庭关系、女性成长等主题交相渗透，蕴含丰富。

《无人伴随我》（1994）主要围绕女主人公维拉·斯塔克——一位资深的白人律师展开。作品通过她的社会活动和她与家人、朋友的关系，一方面展示了南非历史转型时期这一特定地域、特定时间纷繁复杂、充满偶然性的社会生活和种族隔离历史对人与人之间关系的破坏所导致的信仰危机，另一方面又对人的自我进行了颇具哲学意味的探讨。在戈迪默看来，人是复杂的，有许多不同的自我版本，这些版本只会因处境的变化而改变，但永远不会消失。每个人的自我都是独立的，"每个人的结局都是朝着自我的独自行走"，无人伴随。

晚年的戈迪默在思索存在的状态与意义时，明显受到了存在主义哲学的影响。这种影响在她 2005 年发表的长篇小说《新生》中表现得更为明显。在这部小说中，种族、肤色及其相关社会问题已经基本消失，作者思考的主要是当代社会具有全人类意义的生存问题。小说中存在着两条叙述线索，一条是围绕着 35 岁的生态学家保罗战胜癌症重获新生的过程展开，作者关注的重心不是保罗克服病患的斗争，而是养病期间的保罗对人生和存在的重新思考。保罗在重新审视自己和周围人的关系时，感受到了某种荒诞。他是一位力主保护生态资源的专家，但他的妻子，作为一家国际广告公司的高管，却在为那些破坏生态的客户们大做广告；他不遗余力地保护生态环境，但又因此导致了另一种生态灾难，并阻碍了经济发展。另外一条叙述线索围绕着保罗的父母阿德里安和琳赛的家庭关系展开。阿德里安和琳赛都是有良知的白人知识分子，他们在生活中坚持自由选择，敢于追求自我，并尊重对方的选择。但是最终的结果是在原本应该相依为命的老年，因第三者的出现，导致夫妻关系终结，这样的情节编排明显是对存在主义"自由选择"、"他人即地狱"等观念的印证。

　　戈迪默是个勤奋的作家，在长达六十多年的创作生涯中，她给世界文学留下了一大笔宝贵的精神财富。戈迪默的大半生，除了去欧美一些国家游历、讲学之外，自始至终生活在南非。在她看来，南非是她的祖国，虽然它有很多问题，但对自己来说，它是无法摆脱的故乡。她愿意生活在转型期的南非历史之中，做一个内部的观察者和书写者，通过文学形象去解释自己国家历史的意义。作为一个葛兰西所说的有机知识分子，她不仅在作品中表现出强烈的政治热情和人文关怀，而且在生活中积极干预社会生活，显示了可贵的勇气。她"所关心的是人的解放，无论其性别或肤色如何"[①]，对人的解放的关怀构成她创作的核心动力。正是因为她这种博大的胸怀，人们尊称她为"南非的良心"和"南非文学之母"。

二　《我儿子的故事》中的公共生活与私人空间

　　《我儿子的故事》是戈迪默在1990年出版的一部长篇小说，是她获得诺贝尔文学奖的重要作品之一。小说情节围绕主人公索尼的家庭悲剧展开。热情尽职的小学教师索尼被现实所迫，成为一个反种族隔离活动家，原本幸福安宁的家庭生活被他全身心投入的政治生活所搅乱。在一次入狱后，他结识了一位为某人权组织工作的白人女子汉娜，基于共同的政治斗争理想所形成的相互需要，出狱以后的索尼和汉娜成为情人。家人之间的猜疑、怨恨从此开始，索尼失去了儿子威尔的爱，女儿贝比也因不堪忍受家里心照不宣的沉闷氛围和严酷的社会现实而试图自杀，未遂后偷越国境参加了自由战斗队。妻子艾拉也投身于反种族隔离斗争，并因此被捕入狱，此后被迫离开南非。尽管成了在政治上的志同道合者，但索尼与妻子的隔膜却永远难以消除。

　　小说在戈迪默一贯坚持的反种族歧视这一政治化主题之外，更多地表现政治生活对私人生活的复杂影响。它既展现了种族隔离时期黑人生活的困窘和普遍的政治热情，又表现了政治现实与个体欲望的纠缠、公共生活对私人空间的侵犯等问题。

　　首先，《我儿子的故事》展现了种族隔离时期黑人生活的困窘和普遍

---

　　① 玛格丽特·沃尔特斯：《我关心的是人的解放》（戈迪默访谈录），东子译，载戈迪默《我儿子的故事》，莫雅平译，译林出版社1998年版，第290页。

的政治热情。在南非的种族隔离社会中，黑人无权进城里的电影院、公共图书馆，不能与白人同进一所学校，同坐一条板凳，同进一个厕所。黑人们白天在城里为白人服务，晚上就要全部回到郊区充满了"垃圾堆图腾"的黑人聚居区。"黑人们在社会中所扮演的角色，无非是叫卖土豆、洋葱，修筑栅栏，挖掘沟渠，或者是在比小学教师家更富有的那些家庭中洗晾衣服而已。"在这样的环境里，为了作为人的权利，为了得到最起码的尊重，黑人们纷纷起来抗争。索尼一家的选择在黑人中具有代表意义。索尼参加了黑人的政治组织并成为该组织的重要成员，贝比很小的时候就是青年红十字会的成员，威尔还曾经是狂热的童子军，一向温柔贤淑的艾拉也终于离开了家庭，进入反抗大军行列。种族隔离政策的非人性不仅在黑人中激起了反抗的热情，而且也招致了白人进步人士的抵制，在集会中黑人和白人站在了一起，白人也参与了黑人争取平等权利的斗争。汉娜就是因为政治的吸引，成为索尼的情人，因为"南非在那个地区是一种把人们聚合到一起的向心力，不仅仅由于经济需要，而且还由于政治斗争的诱惑与魅力。"

其次，《我儿子的故事》中表现了政治现实与个体欲望的纠缠、公共生活对私人空间的侵犯等问题。男主人公索尼在政治热情和家庭责任之间，选择了前者，甚至他的性爱生活也为政治热情所左右，在他看来，妻子艾拉代表家庭和母性，情人汉娜代表观念的自由。政治的热情使他迫切地感到"需要汉娜"。他沉迷于与情人的相处，因为"汉娜的情感是他和她所共有的那个献身的世界的情感，是经过险恶的环境锤炼的情感，它使人能胜任在家庭事务中不会遇到的各种局势"。在索尼这里，本能的欲望和政治参与的热情糅合为一。在索尼的意识里，汉娜是与政治同一的，女儿的出走在艾拉那里，让索尼感到的是悲哀，而到了汉娜那里，则"变成了一件值得骄傲和激动的事"。其原因就在于，从家庭的角度考虑，投身革命就意味着危险和牺牲，所以这是一种损失，而从政治的角度考虑，投身革命事业意味着个人革命意识的觉醒和革命力量的加强，是一种收获。索尼的政治热情滋生的外遇使他的家庭日渐解体。对于家庭的解体，索尼自己分析道，"婚姻需以固定的地方、固定的生活方式为依托"，"婚姻意味着某些社会结构，而我们现在正在为摧毁现有的那些结构而忙碌，我们不得不这样，这是我们这个时代的任务"。家庭的成员纷纷投入反种族歧视的政治事业，在历史进程中这是一出喜剧，但作为社会结构解构进程的牺牲品，家庭的解体对个人来说，无疑是一出悲剧。

三 戈迪默的女性意识

作为世界文学史上第七位女性诺贝尔文学奖得主，作为一个当代女性作家，戈迪默和女权主义的关系就成了一个绕不开的话题。

尽管众多研究者把戈迪默列入女性主义作家行列，但戈迪默本人对女性主义的看法是极为模糊暧昧的：一方面，她多次公开表示"我并非女权主义作家，根本就不沾边儿"；另一方面，她又承认，"我是一个女人，我所写的东西显然受到我是一个女人这一事实的影响"①。一方面，戈迪默的大多数最好的小说都是以女性为主人公，她塑造了大量独立自尊、活跃于政治舞台、有着很大能量的女性；另一方面，在她的诺贝尔奖受奖演说中，她所引用和赞扬的 30 多位作家，分别来自非洲、欧洲和南美，但无一例外全部是男性，而且她的小说中的叙述者大多是无性别的第三人称叙述者或者是男性第一人称叙述者。一方面，她说"就我对女性主义的态度而言……我总是对这样的事实感到愤慨：即职业女性不能拥有同男性一样的工作条件和报酬……"另一方面，戈迪默认为人们不应仅从一个纯粹的性别的角度去看待这一事实，"我把它看作整个人权的一部分，在各种各样的社会里对政府不满的群体"②。也就是说，她把女性受到的歧视视为整个社会人权解放事业的一部分，这一事业，具体到南非，则是指反种族隔离运动。

戈迪默对于女性主义矛盾态度的形成有着非常复杂的原因。其中最为关键的一点，就是戈迪默对女性主义的某些误识。在她看来，女权主义运动及女性解放运动是需要一定的时间、地点等条件的。"在我看来，在世界上的其他一些地方，女性主义并不是无关的，但在现在的南非，它是一种奢侈品。"③ 因为，"尽管性别上的不同，白种男人与白种女人之间比白种女人与黑种女人之间有更多的共同点。同样的，黑种男人与黑种女人之间比黑种男人与白种男人之间有更多的共同点。肤色的基础削弱了姐妹情

---

① 玛格丽特·沃尔特斯：《我关心的是人的解放》（戈迪默访谈录），东子译，载戈迪默《我儿子的故事》，莫雅平译，译林出版社 1993 年版，第 290 页。

② Andrew Vogel Ettin, *Betrals of the Body Politic*: *the Literary Commitments of Nadine Gordimer*, Charlottesville and London：University Press of Virginia , 1993, p.20.

③ Iibd. .

谊和兄弟情谊，这可以归结为对包括两种性别在内的黑人整体的偏见和压迫的问题上来。……和对种族的忠诚相比，对自身性别的忠诚是次要的。这就是在我看来，为什么妇女解放运动在当前的南非是一出滑稽戏剧的原因。"① 戈迪默对女性主义的这一认识是非常实际的，众所周知，直至1994 年，南非人民一直生活在种族隔离政策的黑暗现实之中，解除种族隔离确实是南非人民很长时期以来所面临的最迫切的问题。正是在这一现实情况之下，戈迪默认为在一个种族隔离的文化环境里，女性主义是不能超越种族分裂问题的。表面上看来，她的这种认识是有一定道理的，然而深入探究，就会发现存在着很多局限：戈迪默忽略了女性主义运动自身对传统社会结构的强大颠覆力量和对意识中心的消解作用。作为一个白人女性作家，戈迪默似乎也没有充分认识到女权主义观念有利于充分理解种族隔离政策对南非黑人妇女的可怕影响，尽管她对受到少数白人压迫的大多数黑人充满同情，始终在为废除种族隔离政策而战，但归根结底，她是站在中产阶级的白人女性知识分子精英的角度来理解女性主义和社会解放事业的。她从自身经验的角度出发，来理解女性主义对南非黑人妇女的意义和价值。然而就她自身而言，女性这一性别不是一种限制和压迫，而是一种解放。"对我而言，""我实际上从未因是女性而吃苦头"，"所以我认为如果我将我的经验描述为所有女性的真实情况，将会被视为一种傲慢。"②

　　尽管戈迪默拒不接受女性主义作家的头衔，她对女性主义的态度也存在着许多问题，但作为一个女性作家，戈迪默的作品中不可避免地体现出强烈的女性意识，这种意识是独具特色的，有时是浪漫化的，有时甚至颇具女权观念色彩。

　　女性作家与政治，是女权主义者经常关注的一个问题。以传统的男权观点来看，政治是女性之外的一个领域，女性作家无力也不愿涉足，属于她们的领地是私人生活场景，这当然是对女性的"他者"身份特征的又一种限定，对于这一点，戈迪默的反应是明确的："我并不认为就是否应当变得更有政治意识这一点而言，女性作家与男性作家有什么区别，因为

①　Dominic Head, *Nadine Gordimer*, New York ： Cambridge University Press, 1994. p. 19.

②　Andrew Vogel Ettin, *Betrals of the Body Politic*：*the Literary Commitments of Nadine Gordimer*, Charlottesville and London ： University Press of Virginia ，1993, p. 22.

他们在一个社会里都是人。"①　"政治的影响渗透到人们生活的最具有私人色彩的领域，如果你是一个诚实的作家，政治就会进入你的写作，我希望我是这样的一个作家"②。尽管戈迪默来自犹太裔的白人移民家庭，戈迪默的创作却始终以南非现实为背景，关注黑人遭受的不公正待遇，以揭露南非种族隔离政策的非人性为使命，通过自己的写作嵌入世界和历史，将真实的南非展现在世界面前。真实，是戈迪默的艺术追求，她说过"我曾说过我所写或所说的任何事实都不会比我的虚构小说真实"③。而在南非，最大的真实就是种族之间的压迫和歧视，以展现真实为己任的戈迪默势必会执着于这一敏感的政治话题，大胆地进入公共生活领域。一位女性作家以她的创作显示了过人的政治勇气和力量，这本身就足以让女权主义者们引为女性解放自身的范例。

关注政治，并不意味着在戈迪默的作品中，政治性压过文学性，用她自己的话来讲，"我不写关于种族隔离的事，我写的是碰巧生活在这种体制之下的人们身上发生的事情"④。也就是说，她关注的是个人与现实世界的关系，然而，在体现这种关系时，她又特别擅长将公共生活领域私人化，从男性和女性之间的关系出发去描写，在将公共生活领域和私人生活领域相结合这一点上，戈迪默的做法是值得借鉴的。

南非黑暗的社会现实教给戈迪默，在她的时代里，政治责任比家庭纽带与个人具有更密切的关系，因而也更为重要。在《我儿子的故事》里，男主人公索尼在政治热情和家庭责任之间，选择了前者，甚至他的性爱生活也为政治热情所左右，在他看来，妻子艾拉代表家庭和母性，情人汉娜代表观念的自由，尽管他曾经是一个好丈夫、好父亲，但当他入狱后，他的妻子艾拉只能和他谈论家常，不能通过一些隐语来为他提供一些信息，这使他感到，"在家里亲密地待在一起的时候，艾拉和他之间的那种沉默是那么自然和惬意，而此刻他们之间的沉默却是一种真正的沉默，不传递

---

① 玛格丽特·沃尔特斯：《我关心的是人的解放》（戈迪默访谈录），东子译，载戈迪默《我儿子的故事》，莫雅平译，译林出版社1993年版，第289页。

② Martine Waston Brownley, *Deferrals of Domain : Contemporary Women Novelists and the State*, London ：Macmilian Press Ltd, 2000, p. 29.

③ 戈迪默：《授奖演说·写作与存在》，傅浩译，载戈迪默《我儿子的故事》，莫雅平译，译林出版社1998年版，第268—269页。

④ Martine Waston Brownley, *Deferrals of Domain : Contemporary Women Novelists and the State*, London ：Macmilian Press Ltd, 2000, p. 30.

任何信息"。与此相反，来自人权组织的汉娜却会巧妙地用暗号向他传递很多信息，使他感受到了另一种极富活力的沉默，而她写给他的鼓励的信的结尾，相信出狱后他会"欣然迎接战斗"，这句话虽然引自他人，而且也曾经写给很多人，却使他迅速坠入了情网，迫切地感到"需要汉娜"，此后，索尼便与他的家庭日渐隔离，几次重大的家庭变故如女儿自杀、妻子被捕等，他都不在场。他沉迷于与情人的相处，因为在汉娜那里，"性快乐和政治热情是合一的"，"汉娜的情感是他和她所共有的那个献身的世界的情感，是经过险恶的环境锤炼的情感，它使人能胜任在家庭事务中不会遇到的各种局势"。与此同时，他越来越疏远妻子，只是为了履行义务或隐藏心中的愧疚才去接触妻子。在这里，性与政治融合为一，但戈迪默强调的并不是米勒特所倡导的争取女性权利的"性政治"，而是对性的政治理解，将性的欲望和政治参与的热情糅合为一。索尼的政治热情滋生的外遇使他的家庭日渐解体，先是女儿参加了国外的武装解放组织，后是妻子因为参加反种族主义的恐怖活动而受到法庭的审判，最终离开国内，一家人四分五裂，而汉娜也由于工作的变动而离开了索尼，对于家庭的解体，索尼自己分析道，"婚姻需以固定的地方、固定的生活方式为依托"，"婚姻意味着某些社会结构，而我们现在正在为摧毁现有的那些结构而忙碌，我们不得不这样，这是我们这个时代的任务"。"原子家庭"（nuclear family）至今仍是包括欧洲人在内的大多数人的人生理想，作为社会结构解构进程的牺牲品，家庭的解体无疑是一种社会悲剧，然而，正是由于"原子家庭"的解体才使得妇女参加进了历史的进程，由历史的被动承受者转变为历史的主动创造者。站在女权主义的立场上看，家庭"将女性与私人生活的方面结合起来，家庭生活榨干了她们的时间和能量，因此，公共生活领域被排除出了她们的选择"①。从女性解放的这一个角度来考虑，家庭的解体又似乎是一出喜剧。

真实地再现生活，应该说，戈迪默继承了欧洲的现实主义传统，这也是她之所以将自己与众多的现实主义大师相认同的原因。与此同时，她也开辟了女性文学的疆域，大胆地涉足政治这一公共生活领域，但她并未将自己归入女性文学传统拓疆者的行列，因为她认为，"任何写作者，念念

---

　　①　Martine Waston Brownley, *Deferrals of Domain*：*Contemporary Women Novelists and the State*, London：Macmilian Press Ltd, 2000, p.137.

不忘自己的性别，都是致命的"①。在这一原则指导下，她不仅能够熟练地触探多重掩盖之下的黑人妇女的心理和情感，而且能够对索尼这位男性哪怕是最隐秘的性爱心理做精神分析式的剖析，在考察人的隐秘心理时，她似乎拥有了能同时进入男女两性心灵世界的本领。但"双性同体"毕竟只是一种理想的写作状态，在实际操作中很难实现，作家很难不受自己的性别身份的影响，戈迪默也同样不能避免，在她的创作中，经常不自觉地显示出强烈的女性意识，尤其是她笔下的女性形象，从女权主义的角度来考察，往往非常耐人寻味。

在《我儿子的故事》中，戈迪默主要塑造了三个女性形象。索尼的性的和政治观念的恋人汉娜、好交际又精力十足的女儿贝比、具有"永恒的女性气质"的妻子艾拉，她们全部投入到了反种族主义运动中去。汉娜最后受到联合国人权组织的重用，而看来柔弱的艾拉和贝比则令人惊奇地参加了武装组织和地下活动，她们所从事的活动，比作为著名的政治活动家的情人、丈夫和父亲索尼所从事的任何活动都要重要、危险和激烈，作为一个献身于自由、平等和解放事业的女性群体，她们毫无保留，也无个人利害的计较，与此相对照，男性活动家们往往更多地考虑自己在集团中的地位和作用，甚至经常陷入阴谋和对策的分析之中，在观念上，戈迪默对投身于政治事业中的女性这一群体的品质和力量是充分肯定和赞美的。

在三个女性形象中，汉娜的形象是最为抽象的。从总体上讲，她是一个观念化的形象。在索尼的意识里，汉娜是与政治同一的，女儿的出走在艾拉那里，让索尼感到的是悲哀，而到了汉娜那里，则"变成了一件值得骄傲和激动的事"。其原因就在于，从家庭的角度考虑，投身革命就意味着危险和牺牲，所以这是一种损失，而从政治的角度考虑，投身革命事业意味着个人革命意识的觉醒和革命力量的加强，是一种收获。汉娜是白人，黑人索尼与她的结合还隐含着另一重政治功能，即黑人对白色殖民的一种心理上的弥补功能。对此，索尼的儿子威尔分析道"她当然是一个金发碧眼的女人。我（一个从未与女人睡过觉的在校男孩）在咸湿梦中所见的尽是金发碧眼女人。这是法律的影响所致，法律决定了我们是什么，而他们——那些金发碧眼的人又是什么。结果，所有我们这类人都成了病毒携带者，血液中带有病毒，本人也许并未发病，却能把病毒传给别人；他（索尼）也仍然没有摆脱病毒携带者的身份，尽管他已如此令人羡慕地解放了自己……"这是一种爱、欲、恨交织在一起难以言传的情感。而汉娜自己，则似乎也同政治相认同，她对所有人"报以同志似的微笑"，"对她来说共同战斗的那些人构成她唯一的家、唯一的生活和她所理解的幸福……"与索尼的结合，也是因为她知道索尼出狱后会"欣然迎接战斗"，作为索尼的情人，当她知道艾拉被捕时，痛哭流涕，对情敌，她报以的也是一种纯粹同志式的情感。在此时的索尼看来，"她好像是以她的职业资格躺在他身边"，与索尼在一起，她感到的是一种性与政治交织在一起的极乐，但他们的结合与家庭无关，两人的结合产生的是"事业"，而不是孩子，这种结合将女性放置于与男性同等的地位，是对"女人就是子宫"这种具有代表性的女性定位偏见的一种有力反驳，但同时又有些将男女两性差异图解化、观念化的倾向。汉娜深深地爱着索尼，但当联合国人权组织需要她时，她义无反顾地离开索尼，并且再也没有回来，"因为自我以外的公益事业要求她这样"。个人爱情成为了政治热情的替代品，这种颇富浪漫主义色彩的观念反映了戈迪默对意识形态的简单化处理。

戈迪默对汉娜的态度是有些矛盾的，一方面，对她进行赞美，让她在政治事业中展示了很大的力量，在政治生活中，与男性处于完全平等的平台上；另一方面，在处理这一形象时，戈迪默又不自觉地借用了男权意识：在政治中活跃无比的汉娜偏偏有一个肥胖的身躯和骨架宽大的脸，穿着性别不明显的衣服，用威尔的话讲，"她已经物化了"，与政治同一的汉娜虽说性别上是女性，但实际上有更多男性或无性的特征。

索尼的女儿贝比，非常崇拜自己的父亲，视他为偶像，处处维护他，应当说，在塑造这一形象时，戈迪默多多少少有些有意识地套用弗洛伊德的恋父情结，正因为对父亲的这种畸形依恋，当她知道父亲有外遇时，心中的偶像倒塌，她才会感到无法摆脱的痛苦，以至于丧失了生存下去的力量，用自杀这样的激进做法来试图解脱，可以说，对父亲的崇拜实际上代表着对父权社会的依赖，对男性统治力量的认可，但是生活在南非这样的现实条件之下，贝比很快走出了个人的小世界，摆脱了对父亲的精神依赖，投身到了南非反种族隔离的斗争中去，在斗争中，她和她的丈夫一样勇敢坚定，这象征着贝比在事业中达到了与男性的平等。

在三个女性形象中，艾拉形象是塑造得最丰满的，实际上，她也是整部作品中最为成功的一个形象。作为一个黑人女性，一个政治活动家的妻子，"一个待在家中的主妇"，两个孩子的母亲，艾拉的身份受到了多重掩盖：她要身受白人殖民者的种族歧视；在她那种家庭里，"扫地和煮饭之类都是女人的事"，个人的家庭生活也要为丈夫的政治活动需要所牵制；在儿子和丈夫的心目中，她是一个穿着整洁、容貌美丽、温柔贤淑、需要保护的具有"永恒的女性气质"的女性，所以，当她投身于黑人的反种族歧视的事业中去以后，儿子和丈夫都觉得突然得难以接受。表面上看来，艾拉的转变是一种突然的觉醒。而实际上并非如此，表面上恬静美丽的母亲和妻子背后早就隐藏着另一个自我，艾拉觉醒的过程实际上是这个"隐藏的自我"浮出水面的过程。

在男权社会里，女性被迫习惯于沉默，因为她们找不到属于自己的话语，女性要想获得性别的平等，"就应当冲出沉默的罗网。她们不应该受骗上当去接受一块其实只是边缘地带或闺房后宫的活动领域"①。艾拉当姑娘时就沉默寡言，在整部作品中她的语言都很少，但她的沉默从来不是失声的沉默，从她的沉默中，索尼从两人刚认识时就看到了"她轻柔地包裹起来的那种意志的力量"，这种力量就是一个不会给予任何人而为自己保留的"独立的自我"，这种保留令索尼"对她怀有某种特殊的、心照不宣的尊敬——一种超越激情与爱意的神圣品德"。她也并非对一切一味顺从，当丈夫索尼按照委员会的安排要把家搬到白人居住区时，艾拉用沉默表示了对丈夫从事的政治事业的支持，在和丈夫的谈话中，又用三言两语"对委员会指导她家的生活的设想提出挑战"。艾拉对反种族隔离的政治斗争一直都是理解支持的，但她是以自己的方式在表现这种理解和支持：丈夫外出时，她会随时准备好一个装着各种洗漱用品和干净衣服的旅行包，以保证丈夫在狱中也能保持人的尊严；索尼被捕入狱后，艾拉衣着整洁地去看望丈夫，显示的也是一种自尊和从容的姿态；她只是偶尔来参加一下丈夫的庭审，因为她要工作，对自己的工作尽职尽责是"她和索尼的共同信仰的一个组成部分"，是"不愿让政府摧毁他们的生活原则"

① 埃莱娜·西苏：《美杜莎的笑声》，载张京援《当代女性主义文学批评》，北京大学出版社1992年版，第195页。

的一种行动；艾拉一向非常恬静，但在索尼被转到监狱前夕，艾拉去探望时，竟然当着看守们的面"用双臂抱着丈夫，在他嘴唇上亲吻了起来"。这些艾拉都没有说，她不会像汉娜一样地说出"欣然迎接战斗"似的政治口号，但她却一直以忠诚、耐心、遵守原则和沉默表示对丈夫的政治事业的支持，只不过沉迷于政治狂热之中的索尼没有理解这种内蕴的力量，艾拉的存在被勾销了。汉娜却感受到了这种力量。索尼被捕后，汉娜以国际人权组织的名义去拜访艾拉一家，她是去帮助一个被政府迫害的黑人家庭解决困难的，这无意之中给她以高高在上的慈善家、救济者的感觉，但面对举止得体、神情自若、衣着整洁的艾拉，汉娜感到了自己的来访纯属多余，因为艾拉"非常清楚而有礼貌地表明，没有孩子他爸在家也照样能安排好自己的生活，不需要任何外人的参与"。艾拉显示的这种刚强、自尊的人格力量深深地打动了汉娜，以至于以后她一直对索尼一家怀有"深深的敬意"。

艾拉对政治事业的态度确实经历了一个转变，从对丈夫的支持转为自己身心的投入。最终因参加武装组织的地下活动而被捕入狱，在庭审过程中，成为被人关注的中心人物。而此时的索尼则在组织内部的重新洗牌中离开了决策的中心，二人的地位发生了一个奇异的转换。索尼对此难以适应和接受，得知妻子被捕后，他先是"深信此事因他而起"，后来又"认为艾拉受骗了，被贝比和那个丈夫利用了"，并因此对女儿愤愤不平，他认为艾拉一定惊恐不已，等着他去抚慰，然而，他很快发现，"她不需要抚慰，没有恐惧待他去驱散，没有泪水待他去擦干"；他认为艾拉一定缺乏经验，等着他去传授，但他却发现艾拉"精于监狱之道"；他认为整洁的艾拉不属于监狱，难以想象入狱后的艾拉的状态，但艾拉却远远地就以微笑向他们致意，精神饱满而神情自若，她的衣着和妆容保持着自尊，"但从她那熟悉的美貌后面透露出一种鲜明的陌生。她无畏地装点了自己。正如画家在他的主题中找到自己一样，看来好像是某种自我选择的经历在她身上发现了她自己的本来面目，那种一直在那里等着去发现的东西。……她为发现她那张隐藏的脸经受了考验。他不得不辨认才能认出她来"。

索尼之所以需要辨认才能认出自己的妻子，是因为艾拉完成了一次彻底的换装。这次换装让她还原了本来应有的面目，因为归根结底，"从一开始就不存在一个明确无误的性别可供遮盖，男、女两性本身就只不过是一场化妆舞会"①。她一向留着又长又直、乌黑发亮的长发，穿着自己缝制的整洁的衣服，戴着小珍珠做的项链，总是带着恬静温和的微笑，美丽而优雅，但第一次从国外探望女儿回来，威尔就发现母亲已经剪掉了那一头长发，变成了短短的卷发，而耳环和项链都不见了，她热情地拥抱自己的儿子，感情从没有那么外露过。艾拉剪掉头发的原因就在于她听取了贝比的教导，"你一生已经花费多少时间料理头发"，这次换装可以说是艾拉转变的一个信号和标志，从此以后，在儿子威尔的感觉里，"她再也没有回来过。逃脱了。我的母亲，她永远地离去了"。艾拉是从家庭主妇的角色中逃脱了，是从那种"永恒的女性气质"中解放了，因为正是这些东西耗费掉了她的时间和精力，压抑了她"隐藏的自我"，迫使她与从事政治活动的丈夫无法取得实质上的平等，只能是保持沉默，她的换装实际上显示了一种姿态，这就是伍尔夫所提出的，女性要获得解放，就必须"杀死家中的天使"。也正是在这个意义上，艾拉被捕之后，戈迪默才会借威尔之口说道，"她入狱了同时又自由了，摆脱了他，也摆脱了我"。从此，艾拉开始由小家庭走入大社会，由小世界走入大世界，此时的艾拉依旧是沉默的，但是这种沉默有着丰富的内容，它包蕴着坚韧的意志和独自担当一切的能力，被丈夫背叛的生活经历导致了艾拉自尊、自立、自强、自主、自我的成熟与外显，从自身的生活中，艾拉获得了心灵的解放，"隐藏的自我"终于浮出了历史地表。耐人寻味的是，艾拉投身政治生活的抉择并不是在丈夫索尼——这位长期从事政治活动的著名活动家的影响和引导下做出的，而是在参加国外武装反抗组织的女儿贝比的影响之下，通过自己的观察和思考，做出的自主抉择，她的转变应该说表现出了戈迪默的颇富女权主义色彩的观念：女性的解放要靠女性自身或女性之间的姐妹情谊和母女情谊，而不是依靠男性来成长。

　　在第一次探望女儿回国之后，艾拉就开始从事反种族隔离组织的地下活动，但索尼一直没有发现，其中与索尼对艾拉的忽视有关，但更主要的原因在于艾拉有能力在政治身份与家庭身份之间获得一种平衡，从事政治活动并没有从本质上影响她的家庭生活，这与在政治热情的影响之下，有了外遇，招致儿子的仇视、女儿的绝望、妻子的痛苦的索尼形成了鲜明的

---

① 玛丽·雅各布斯：《阅读妇女》，载张京媛《当代女性主义文学批评》，北京大学出版社1992年版，第17页。

对照，在这一问题上，女性显示了高于男性的能力，因为，是丈夫索尼的行为导致了家庭的解体，而不是妻子艾拉。

总之，《我儿子的故事》中的三位女性在从事社会政治活动中所显示的勇气、智慧和能量，恰如其分地印证了沃尔斯·通拉夫在《女权辩护》中所说的话"不仅男女两性的德行，而且两性的知识在性质上也应该是相同的，即使在程度上不相等；女人不仅被看作是有道德的人，而且是有理性的人，她们应该采取和男人一样的方法，来努力取得人类的美德"①。

综上所述，尽管戈迪默对于女性主义的态度有些矛盾和问题，但在《我儿子的故事》中，她大胆地描写公共生活领域，描写女性与社会现实的密切关系，大大丰富了女性作家的创作题材。尽管她认为在目前的南非，不存在女权主义产生的土壤，女性受到的歧视是整个社会人权解放事业的一个部分，不具备独立的价值，但在《我儿子的故事》中，她所塑造的女性形象又无不显示着她对女性身份问题的关注和对男权话语的有意识的抗争。人们赋予她"女性主义作家"的称号是不无道理的。

第四节　戈迪默的自由人文主义观念

戈迪默于 1991 年获得诺贝尔文学奖，评选委员会的颁奖理由是"戈迪默以热切而直接的笔触描写在她那个环境当中极其复杂的个人与社会关系。与此同时，由于她感受到一种政治上的卷入感——而且在此基础上采取了行动——她却并不允许这种感觉侵蚀她的写作。"② 面对这一评价，人们很自然地将思考聚焦于对戈迪默创作的现实主义因素及对历史进程的介入的肯定，但往往忽略了评价中对第二个因素的强调，即她拒绝政治上的卷入感侵蚀自己的写作。

戈迪默虽然是个关注社会生活的公共知识分子，但却不是为了政治而写作。在她看来，"作家必须永远保持独立，保持艺术独立"③。为了捍卫艺术的自由，戈迪默拒绝当宣传家、鼓动家和代言人。她不是恩古吉那样

---

① 张岩冰：《女权主义文论》，山东教育出版社 1998 年版，第 26 页。

② 瑞典学院：《授奖词》，申慧辉译，载戈迪默《我儿子的故事》，莫雅平译，译林出版社 1998 年版，第 261 页。

③ 泰利·格罗斯采访：《作家必须保持艺术独立》，东子译，载戈迪默《我儿子的故事》，莫雅平译，译林出版社 1998 年版，第 297—298 页。

立场鲜明地呼吁革新的左派激进思想家，不是索因卡那样试图通过重返资源来构建民族文学的民族主义者，甚至不像阿契贝那样强调文学的社会功能。戈迪默的创作初衷是为了探寻自我存在，进行自我界定，她对社会生活的评判遵从的是自我意识生成的内在法律，即良知，她对压迫的谴责基于她对生命尊严的强调，在这些意义上，她称自己为"一个我所认为的所谓天然作家"①。戈迪默对创作的理解与表达的观念与历史悠久的自由人文主义思潮非常贴合。

一　以人为中心、自由为底色的自由人文主义

自由人文主义是近现代西方盛行的一股集焦点于人，以人的经验作为对自己、上帝和宇宙了解的出发点的认识论模式。它始自文艺复兴时期的人文主义。

文艺复兴时期的人文主义者们着眼于对人自身的研究，尊重人的价值，认为人是具有巨大的包括塑造自己在内的潜在能力的，对人的能力的认识又继而引发了对积极活跃生活的向往和对外部世界探索的热情。尽管文艺复兴时期作为一个历史阶段早已经结束，但它的思想武器人文主义却因对人的尊严的强调过于强大，在今后的历史中尽管有诸多变化，但却从未消失。17 世纪的西方思想者们在强调世界是可以被认识的以及解决世界是如何被认识的这一问题的同时，强调了理性的力量，其代表笛卡尔主张把一切放在理性的尺度上校正，用理性作为改造一切、判断一切的准绳；18 世纪的人文主义者们则在强化个人潜力可以爆发出不可限量的改造世界的能量的乐观信念的同时，加进了天赋人权、自由平等等因素，同时还把对人的研究引向了情感层面；19 世纪的人文主义思想呈现出百家争鸣的状态，有对 18 世纪乐观信念的坚持，有对工业文明摧毁人的价值的谴责，有对自我道德修养的个人主义式的强调，有伴随科学发展与实证论相结合而出现的科学人文主义……而 19 世纪人文主义思想最大的贡献则在于强调了在肉与灵的世界徘徊的人的分裂性格和人与社会身上均存在的非理性力量。20 世纪，人文主义虽然经历了危机，但并没有消亡，依旧具有前途，因为在科技高度发达的现代社会，"仅仅为技术问题寻找技

---

① 戈迪默：《授奖演说·写作与存在》，傅浩译，载戈迪默《我儿子的故事》，莫雅平译，译林出版社 1998 年版，第 269 页。

术性的解决方法，不论多么具有吸引力，到头来都是幻想。人的维度是不能弃之不顾的"①。

无论人文主义如何发展，但是总有一些核心观念始终不变。第一，对人的尊严的尊重，这一尊重是其他一切价值的根源。第二，总体上来说，"人文主义者的意见还是偏向于积极活跃的生活，争取掌握命运，在邪恶面前进行抵抗，而不是听天由命"②。第三，强调思想的能动性和独立性。"它始终对思想十分重视，它一方面认为，思想不能孤立于它们的社会和历史背景来形成和加以理解，另一方面也不能把它们简单地归结为替个人经济利益或阶级利益或者性的方面或其他方面的本能冲动作辩解。"③ 这三种观念的实现均与自由不可分割。实现对人的尊重的基础是解放个人潜力，而解放个人潜力的先决条件之一就是实现个人自由；积极参与公共生活既是一种自由的选择，又是一种对自由的捍卫；而超越于一切功利性目的和代言倾向之上的独立思想的形成有赖于对自由的信仰，也就是说，人文主义观念实际上是以自由为底色的。

那么什么是真正的自由？

人文主义者们所理解的自由并不是指随心所欲，对自由的这种偏狭理解只能让人成为自然的奴隶，并不能获得自由。按照拉吉罗的说法，自由不是天生的，而是天性不断进行教育和不断自由选择的结果，"自由的人，不过是成为他自身，他自己行动的结果，他自己选择的对象，截然不同于认为亏负教条的权威与传统的被动性心态"④。自由意味着一种能力，即有能力选择最适合自己精神命运的道路；自由也意味着取舍，即在不同的选择中做出取舍，并对自己的选择负责；自由的实现还有赖于有明确自我意识的个性力量。"成为自由也就是所谓 sui iuris（具有自主权），废黜所有自然和强制的依赖，代之以由彼此的义务意识自行证明的依赖。……做自己的法律，换言之就是自治；服从良知所认识到的权威，因为这来自

①　[英]阿伦·布洛克：《西方人文主义传统》，董乐山译，生活·读书·新知三联书店1997 年版，第 293 页。
②　同上书，第 237 页。
③　同上书，第 235 页。
④　[意]圭多·德·拉吉罗：《欧洲自由主义史》，R. G. 科林伍德英译，杨军译，吉林人民出版社 2011 年版，第 17 页。

其自身的法律，这就是真正的自由。"①

拉吉罗所概括出的对自由的认知可以代表人文主义者们的信仰，从对自由的理解和强调这个角度来说，人文主义又往往被称为自由人文主义。自由人文主义者们尊重人的尊严，愿意为捍卫体现在个体身上的尊严而奋斗，积极干预社会生活，但是他们的这种介入不是被动性地对权威的服从，而是遵从自己的良知这一内在的法律自由选择的行动。从道德立场和政治立场上来看，戈迪默的创作活动和社会实践活动显示出了在此种界定之下的自由人文主义者的特质，自由人文主义思想，可以作为理解戈迪默创作的一个入口。

二　文学应呈现"内部的历史"

关于文学的功能和价值，自古以来就是一个争议的话题，有娱乐说、教化说、审美说、认识说、宣泄说等诸多说法。戈迪默对文学功能的认识，接近于认识说，她曾经这样提及自己为何进行写作，"我开始写作是出于对生活的惊奇，想发现其中的奥秘，这是我探寻生活的方式。我想所有的艺术家都是这样。我不认为有哪个真正的作家是因为政治因素而开始写作的。"② 戈迪默无疑肯定了文学认识生活的功能，但她所理解的认识功能，更多的不是指向外在社会，而是指向自我的内部。在她看来，对生活进行探寻的目的是为了认识自我，并进一步塑造自我，继而以形成的自我意识去观察世界、阐释世界。也就是说，写作首先产生于内在认识自我的需求，作品呈现出的内容带有明显的作家意识的烙印。在谈及非洲文学中的历史小说这种类型时，戈迪默援引了俄国文学中的一个例证："如果你想读到 1812 年莫斯科大撤退的事实，你可以去读史书；如果你想知道这是一场什么样的战争，特定时期和背景里的人怎样以个人的立场来对待这场战争，那么你就必须去读《战争与和平》。"③ 历史事实的记录是历史的功能，文学作品的实质是虚构，反映的是一种有特定自我意识的个人立

---

① ［意］圭多·德·拉吉罗：《欧洲自由主义史》，R. G. 科林伍德英译，杨军译，吉林人民出版社 2011 年版，第 280 页。

② 泰利·格罗斯采访：《作家必须保持艺术独立》，东子译，载戈迪默《我儿子的故事》，莫雅平译，译林出版社 1998 年版，第 295 页。

③ Nadine Gordimer, *The Black Interpreters-Notes on African Writing*, Johannesburg: Spro-Cas/Ravan, 1973, p.7.

场和个人价值观念。因此，在文学作品中，"历史进程被表现为社会中的个体的主体经验；小说给予我们的是'内部的历史'"①。

　　既然文学最终呈现的是"内部的历史"，那么对于作家来说，认清自我就成了至关重要的一项工作。戈迪默明确知道自我意识的形成和对自我的认识离不开社会大环境，所以在收入评论集《写作与存在》中的《作为世界的那个世界》这篇小型自传中，戈迪默有意识地以自己意识的成长为范例，来说明社会大环境对自我意识成长的作用。童年时期的阅读给戈迪默的意识第一次触动，她意识到"我从图书馆里借来的书中描述的世界，电影里的世界——是作为世界的另一个世界。我生活在那个世界之外"②。戈迪默开始努力思考自己的世界到底是什么的问题，她发现："我和环绕我的过去，黑人王朝，没有直接联系。我和成长的现在只有最微弱的联系。"③ 那么，"我"到底身处何方？带着这样的问题，戈迪默开始观察周边的世界，白人对黑人无意识的种族偏见、黑人对白人的莫名恐惧让戈迪默意识到了割裂和这种割裂的根源，"殖民：这是我之所以变成我的故事。我是那个无处可归的人。我是那个没有国家的模子的人"④。自我无处安放的迷惘和探索自我的执着让戈迪默找到了写作这个出口，因为"通过我的故事和小说，通过我正在理解的自我的内部生活和周围人们的生活的呈现，我进入了我的国家的共同体"⑤。戈迪默对自我的认识过程经历了一个由内向外再向内的过程，虽然出发点和落脚点是自我意识，但自我意识的成长却是通过对外部社会生活的观察和思考得到的，所以纷纭复杂的社会生活和公共事件进入戈迪默的小说，读者在其中看到的是一个反对种族隔离政策的有立场的作家，因此由认识自我的内在目的出发的写作，却因大量社会生活信息的进入而客观上导致戈迪默成了一个关注社会生活的公共知识分子，成为时代的良知。

　　自第一部长篇小说《说谎的日子》开始，戈迪默就立意于呈现南非种族和后种族隔离时代真实的社会历史氛围和意识碰撞。然而在她的大多

　　① Stephen Clingman, *The Novels of Nadine Gordimer*: *History from the Inside*, London: Bloomsbury, 1993, p. 1.

　　② Nadine Gordimer, *Writing and Being*, London: Harvard University Press, 1995, p. 117.

　　　Ibid., p. 118.

　　④ Ibid., p. 120.

　　⑤ Ibid., p. 132.

数优秀长篇小说中,对外在世界的描写总是由一个人物的内视角的观察来完成,外在事件也总是作用于该人物的自我意识的形成与发展,并促进其行动。这个视点人物,在《伯格的女儿》中,是拒绝按照父母及其战友的期待,继承父母衣钵成为革命者的罗莎·伯格;在《我儿子的故事》中,是父母故事的见证者男孩威尔;在《七月的人民》中,则是遭遇了身份逆转、最终选择逃离的白人中产阶级女性莫琳;在《大自然的运动》中,是辗转漂流于各国,最后成为黑人政治家妻子的白人女性海丽拉;在《无人伴随我》中,则是跳着生存独舞的社会活动家维拉·斯塔克……

对自我的执着,其实质就是对个体价值的尊重,只有尊重了个体自我,才能由己及人,去尊重他人和他物。对戈迪默来说,这种尊重就是给予在南非种族隔离社会中被剥夺了权利的黑人和后种族隔离社会中遭遇了历史清算的白人以同样的尊重。所以,她既在《说谎的日子》、《陌生人的世界》、《已故的资产阶级世界》、《自然资源保护论者》、《伯格的女儿》、《我儿子的故事》等作品中谴责了种族隔离制度对黑人的压迫,又在《七月的人民》、《我儿子的故事》、《无人伴随我》等作品中,从不同角度表现了黑人的扭曲欲望和由仇恨导致的加于白人身上的新的暴行并对此表示了忧虑。信奉个体价值和人与人、人与世界相处时互相尊重原则的戈迪默反对任何形式的暴行。然而单纯的人性信仰在种族隔离时代的南非经常会让人陷入一种人性的困境。在这方面,《伯格的女儿》中醉酒的老黑人殴打羸弱的驴子的场景具有深刻的象征意义。目睹当前的暴行,主人公罗莎感到了人性的愤怒,罗莎最初的冲动是上前制止,但最终选择了像一般路人一样地离开。因为在感受到了驴子的痛苦的同时,她也感受到了鞭打者长期压抑的痛苦,"我对这种苦难——对我来说,它是苦难的总和——无能为力。我任他鞭打那头驴子。那是一个黑人。这样一种无价值感比情感更具意义。我无法承受将自己——她——罗莎·伯格——视作那些对动物福利的关心超过对人的关心的白人中的一员"[1]。罗莎因为无法忍受陷入人性困境的南非而选择了逃离,戈迪默则因在创作中对人性扭曲社会的深入剖析而引起了变革的期待,成为生命尊严的捍卫者。

对个体价值的探讨又最终会引向对宏大存在问题的思考,这是自我意识的必然走向。戈迪默的作品虽然充满公共生活的信息,但同时也极为关

---

[1] Nadine Gordimer, *Burger's Daughter*, London : Jonathan Cape Ltd, 1979, p. 210.

注存在这一终极指向的哲学问题，后期作品中这种关注变得愈来愈显著。对人的自我颇具哲学意味的探讨构成《无人伴随我》的重要主题。《新生》中的维拉为了获得自我的独立而选择的孤独之舞，阿德里安和琳赛为了捍卫自我而进行的生活的取舍带有明显的自由人文主义观念，是戈迪默对自由人文主义生命观念的致敬。

在这些作品中，戈迪默对生命尊严的捍卫、个体价值的尊重和对终极存在意义的探索没有任何时间性和地域性，具有普遍意义。她的这些观念明显建立在源自启蒙精神的对人性普遍性的信仰之上。18 世纪的启蒙主义对后世文学创作和文学批评的重要影响之一就是对人性的一致性的信仰。在启蒙主义者看来，"人性的基本特征总是并且在任何地方都是相同的"①。因此，人性无国界、种族、时代的限制，文学的主要目的就是要探讨这种永恒不变的人性的本质。因此，对人性的探讨虽往往聚焦于个体意识，最终引起的是群体的共鸣。在戈迪默看来，这正是写作的价值和意义所在。"我认为小说不能够导致变革。……书籍使南非人，黑人和白人，从内心认识自己，得到一面比较自己感情和动机的镜子。我认为在这一点上，小说唤起了他们的良知。而对于黑人，则让他们在痛苦的时候想到自己的尊严和骄傲。"②

三 政治与自我

突出的政治性是戈迪默作品给人留下的又一个鲜明印象。戈迪默的创作充满了种族隔离和后种族隔离时代南非纷纭复杂的社会事件和对特定时期各种社会关系的思考，给人们了解特定时期南非的社会状况提供了一个窗口。

戈迪默的创作的确体现了对政治的持续关注。第一部长篇小说《说谎的日子》讲述了一个来自不同种族的男女青年的爱情因种族隔离政策而被迫分离的悲剧，首次表达作者对种族隔离制度的严肃审视与批判；《陌生人的世界》通过一个英国人的眼光来观察种族隔离时期的南非社会，并通过他的眼睛描摹出了两个具有天壤之别的世界；《已故的资产阶

---

① 转引自周宪《从同一性逻辑到差异性逻辑——20 世纪文学理论的范式转型》，载《清华大学学报》2010 年第 2 期。

② 彼得·马钦等采访：《来自动荡国土的声音》，东子译，载戈迪默《我儿子的故事》，莫雅平译，译林出版社 1998 年版，第 285 页。

级世界》是对沙佩维尔惨案的反映;《尊贵的客人》虽然描写的是新独立
的非洲国家赞比亚的政治斗争,但却指向南非现实政治中的权力腐蚀性问
题;《自然资源保护论者》表达的是对非洲土地归属问题的思索;《伯格
的女儿》被视作对 1976 年索韦托黑人学生流血事件的回应;《七月的人
民》将背景放置于想象中的南非全面内战后新旧政权交替的真空时期,
去审视长期的种族隔离制度对实现变革了的未来的南非产生的影响;《大
自然的运动》则是戈迪默为未来的南非政治发展勾勒出的一幅具有社会
主义色彩的蓝图;《我儿子的故事》记录了一个黑人家庭为反种族隔离斗
争所做出的贡献和牺牲;《无人伴随我》则展现了后种族隔离时代社会出
现的新的混乱和信仰危机……

　　强调文学应书写“内部的历史”的戈迪默为什么写了那么多的政治?
在诺贝尔文学奖的授奖演说《写作与存在》中,戈迪默给予了解答。戈
迪默高度肯定加缪对“生活中的勇气和工作中的才能”的呼唤和马尔克
斯对倾向性小说的如是定义:“一个作家能够为一场革命服务的最佳方式
即尽量写得好些。”① 在戈迪默看来,这两段声明可以成为所有写作者的
信条,“它们不解决当代作家曾经面临并将继续面临的冲突。但它们坦率
地表述了一种如此做的真正可能性,它们把作家的面孔断然扭向她和他的
存在,作为一个作家存在的理由和作为像任何人一样,在一个社会环境
中,起着作用的有责任心的人,存在的理由”②。在戈迪默看来,作家必
须具有面向生活的勇气,即担当起一个普通公民所具有的社会责任并尽力
以艺术之笔唤醒社会的良知。而作家的存在不是超越时空的,他/她必定
存在于特定的时间和地点,要真实地反映存在就必定要反映身处的具体社
会环境。因此,戈迪默将作家的存在意义归纳为:“存在于此:在一个特
定的时间和地点。这是文学的具有特定含义的存在位置。”③ 对于戈迪默
来说,她的存在位置是种族和后种族隔离时代的南非。而在这一特定时期
内的南非,“社会就是政治的环境,也就是说,人们可以这样说:政治是

---

　　① 戈迪默:《授奖演说·写作与存在》,傅浩译,载戈迪默《我儿子的故事》,莫雅平译,
译林出版社 1998 年版,第 272 页。
　　② 同上。
　　③ 同上。

南非的形象"①。戈迪默并不是为了表达政治立场而写政治，而是政治不可避免地进入了身为公民的她对生活和存在的探讨，"我的小说反对种族隔离，并不是因为我个人对种族隔离制度的憎恶，而是因为作为我的创作素材的社会揭示了自身……如果你忠实地书写南非的生活，种族隔离就在严厉批评自身"②。戈迪默是一个有明显倾向性的作家，但她却一再拒绝承认自己是一个代言人、宣传家和先知。对于特定时代南非无人可以摆脱的政治环境对于创作的影响，戈迪默甚至一直深怀忧虑，她曾经说过："在南非生活中，存在那么多难以置信的隐藏的层次，这是南非生活的一部分，我相信越来越多地意识到我和他人、我和自我的关系中存在着的这种遮蔽……"③ 戈迪默担心南非文学作品中对政治的过度聚焦会导致对个体自我探讨的忽略。因为她一直坚信文学首要应该表现自我，失落自我、不肯审视自我欲望，是时代的道德之罪，也是文学的沦落，因此她在创作中，始终坚持着对自我的探寻，这个自我的声音与无法回避的政治声音形成了抗衡。

　　这样，戈迪默的小说实际上呈现出了两种意识：反对种族隔离、呼吁种族平等、反对暴力的政治意识和个性化的自我意识。在二者之中，自我意识的探讨是基础和目的，政治立场、社会生活是无意识进入的材料。也正是在这个意义上，戈迪默说："无意识地反映在故事里的社会态度的变化既表现了社会中的人们——即历史——也表现了我对历史的理解；在我的写作中，按照我的社会而书写，在我的理解态度中，所有的历史按照我的理解而发生。"④ 作家作品中呈现的历史只是有特定自我意识的个人理解中的历史，只有当社会变迁影响到个人意识时，才会进入作家的创作。基于这种理解，戈迪默的大多数小说在处理自我意识与政治意识的时候，都存在一个恒定的模式，评论者安德列·沃格·埃丁（Andrew Vogel Ettin）如此概括这个模式："她的大部分小说可以以戈迪默在提到《尊贵的

　　① Nadine Gordimer, " A Writer in South Africa", 转引自 Stephen Clingman, *The Novels of Nadine Gordimer*: *History from the Inside*, London: Bloomsbury, 1993, p. 10.

　　② Pat Schwartz, "Interview-Nadine Gordimer", 转引自 Stephen Clingman, *The Novels of Nadine Gordimer*: *History from the Inside*, London: Bloomsbury, 1993, p. 12.

　　③ Andrew Vogel Ettin, *Betrayals of the Body Politic*: *The Literary Commitments of Nadine Gordimer*, Charlottesville and London: University Press of Virginia, 1993, p. 100.

　　④ Nadine Gordimer, "Introduction to No PlaceLike: Selected Stories", 转引自 Stephen Clingman, *The Novels of Nadine Gordimer*: *History from the Inside*, London: Bloomsbury, 1993, p. 13.

客人》时所说的一句话来理解：'我试图写一本如同面对爱情故事一样，个人化地对待政治主题的政治小说。'值得强调的是，她不是仅仅说像对待爱情故事一样对待政治，而是在字面上有更为敏锐的东西，即像对待爱情故事一样个人化地对待政治。"①

何谓"个人化地对待政治"？虽然戈迪默没有对这一观念进行集中的理论阐释，但在《伯格的女儿》中，却借主人公罗莎·伯格成长之路的描述形象化地进行了说明。作为声名显赫的革命者的后代，人们自然期待着罗莎能成为革命者，但自幼就被父母安排，参与到革命事业之中的罗莎深感在政治事业中自我的丧失。为了得到自我的自由，在父母去世后，罗莎排除一切阻碍，选择离开了南非。在欧洲漫游期间，罗莎充分地享受到没有外来压力的、释放了的自我的自由，但另一方面过往生活的一切也促使她在不停地思考。尤其是在伦敦期间，罗莎与曾经寄养在他家的黑人贝西（Baasie）的相逢，让她的心灵深受触动。罗莎一直视贝西为异性兄弟，想当然地认为贝西应该对父亲的收养和照顾感恩，但久别重逢时却发现对方充满敌意。这种敌意引发了罗莎对南非社会关系的思考，罗莎发现了社会对黑人的普遍不公，甚至是像父亲那样支持黑人平权运动的白人革命者也没有把黑人视作平等的主体，而是一种居高临下的拯救者姿态。生活经历教育了罗莎，在内心之中，罗莎生发出对社会不公的愤怒。罗莎最终选择回到南非，投身于南非的反种族隔离斗争中，在故事结尾，她因以理疗师的身份帮助索韦托事件中受伤的黑人而被捕。但是罗莎的回归不是出于女承父业的责任感和对父亲及其背后的社会集团号召的被动回应，而是遵从在自我探求中形成的内心的声音，即良知的结果。这种内心声音的形成，不是依赖外部的权威，也不是建立于自我利益与公共利益一致的功利原则之上，而是一个天生具有正义感和道德感的人独立思考、自由选择的结果。对自己生活于其中的政治环境，罗莎采取的是一种个人化的对待。罗莎的成长之路恰如其分地说明了拉吉罗对自由的理解："自由不许人轻易选择外部强加的、使他免受内心斗争痛苦的现成决定：它使他在良心面前变得一览无遗，为他自己行动的后果担负着无法推卸的责任，不存在仁慈的权威可资推缩。成为自己行动的唯一创造者的快乐，与在此之前

---

① Andrew Vogel Ettin, *Betrayals of the Body Politic*: *The Literary Commitments of Nadine Gordimer*, Charlottesville and London: University Press of Virginia, 1993, p. 43.

的痛苦不可分离：二者同样是他精神进步的要素。"①

　　戈迪默强调形成政治立场时的自我意识的能动性作用，拒绝接受任何外来的政治立场，包括性别立场。作为一个女性作家，她的女性意识自然成为学者们关注的一个话题。不少学者都倾向于认为戈迪默是一个女权主义作家。对此称谓，戈迪默总是斩钉截铁地予以否定："我一点也没去想自己是女性作家。有某种男性的写作，有某种女性的写作，还有一种写作则让作家成为真正的作家——可以深入所有性别与年龄的奇异的造物。我觉得这是一个作家必须让他或者她自己拥有的自由。"② 为了让自己成为真正的作家，为了捍卫一个作家独立思考的自由，戈迪默拒绝盲从任何外在的权威观念，她拒绝做任何集团利益的代言人，拒绝接受包括性别观念在内的任何流行观念的控制，她倾听的是心灵的声音，遵从的是内心的法律，对社会生活的评判体现的是一个有充沛精神、个性自我和社会责任感的公民的良知。

　　综上所述，尽管戈迪默从来没有公开宣示过自己是自由人文主义的信徒，但她对文学功能的理解和她的创作实践却处处显示着自由人文主义的价值诉求。她的创作以对个体生命价值的尊重为前提，执着于对自我意识的探求和人性的挖掘；她视文学作品中对政治的过度反应导致的对自我的忽略为时代的道德之罪，并以去除这种对自我的遮蔽为创作的目标；政治因为影响了人物的意识而频频进入文学，戈迪默给予了有倾向性的评价，因此戈迪默已经以积极的姿态通过创作对时代发言，并影响着人们的良知；戈迪默的倾向性不是对某种权威观念的简单服从和机械阐释，而是出自有思考能力和道德感的知识分子的独立判断。戈迪默的这些追求既彰显了在特定时代的南非，一个公共知识分子对创作自由的捍卫，更是对人的尊严与权利的捍卫。

第五节　恩古吉的政治文学观

　　肯尼亚作家恩古吉·瓦·西昂戈（1938—　）是当代黑非洲文坛上

---

①　［意］圭多·德·拉吉罗：《欧洲自由主义史》，R. G. 科林伍德英译，杨军译，吉林人民出版社 2011 年版，第 282 页。

②　彼得·马钦等采访：《来自动荡国土的声音》，东子译，载戈迪默《我儿子的故事》，莫雅平译，译林出版社 1998 年版，第 283 页。

的标志性人物之一。作为从前殖民到后殖民时期转变时代的经历者，他一生的创作都聚焦于肯尼亚和黑非洲社会的现代化进程。即使后来被迫流亡，散居于美国，恩古吉依旧坚持着自己的创作方向，为故乡而写作，因为在他看来，"写作永远是我将自身与出生、成长的地方联系在一起的方式"①。在小说、戏剧和杂文等各种文体的创作中，恩古吉一直以一个独立文化捍卫者和自由战士的姿态出现。清晰的政治观念表达和鲜明的意识形态立场构成恩古吉创作中一个令人印象深刻的特征。

恩古吉的政治文学观来自他对黑非洲历史和现实的认识，他认为："在殖民和新殖民时期，帝国主义都是影响非洲政治、经济、文化，其实是人类生活方方面面的力量。非洲文学自身在对帝国主义的反应中成长发展起来。"②（恩古吉这里所说的文学实质上是指书面文学）由于非洲文学与帝国主义相伴相生，文学势必要反映帝国主义对黑非洲社会的影响这一颇富政治意味的课题。而"在一个阶级或民族骑在其他阶级和民族头上的状况下，仅有两种类型的学者存在：站在被压迫者这一边的学者和站在对立面的学者"③，恩古吉毫不犹豫地选择了前者。

恩古吉的文学观以政治诉求为首要目标，希望文学能够直接干预社会现实，影响历史进程。他赋予文学的政治使命主要从文化对抗和生活斗争两个向度展开，前者指向欧洲文化，后者指向肯尼亚的现实政治。

一　冲破语言的牢笼

众所周知，殖民历史留给前殖民地社会的遗产中，最难抹除的不是经济剥夺、军事征服和政治控制，而是文化侵袭的后果。特定的文化反映着特定族群关于世界的图像和对自我的认知，抹去特定文化，意味着从根基上对特定族群予以了摧毁。在众多文化形式中，语言是文化最重要的载体，"语言承载着文化，文化承载着整个价值体系（尤其是通过口头文学和书面文学），通过这个价值体系，观察我们自己和我们在这个世界中的位置。人们怎样观察自身影响着他们怎样看待自己的文化、政治、社会物质产品、自然以及其他存在的整体关系。这样，语言就和作为具有特定形

---

① Ngugi wa Thiong'o, *Moving the Centre: The Struggle for Cultural Freedoms*, London: James Currey, 1993, p. 156.

② Ibid., p. 83.

③ Ibid., p. 86.

式、形象、历史、人与世界关系的人类社团的我们自身不可分割"①。因此，对特定语言的保持就意味着对特定文化根基的维护。恩古吉十分重视语言对维护文化独立性的作用，在他看来，"子弹是肉体征服的工具，语言是精神征服的工具"。②

而不容否定的一个事实是，作为多民族国家，肯尼亚虽然拥有多种本土语言，但像许多黑非洲国家一样，在摆脱殖民历史，获得政治独立之后，依旧以作为殖民历史副产品而进入肯尼亚的外来的英语为官方语言。"这导致了巨大的矛盾。这些语言在今天的非洲可能是官方的语言，但是他们不是住在非洲的大多数人的语言。每个国家的大多数人——农民和工人——依旧在使用自己的语言。"③ 这是一种面向现实的无奈选择，但也同时造成了一种文化的悖论：既继承又对抗侵入国的文化。

恩古吉成长于殖民教育体系之中，英文是其学校教育的媒介，他的文学经验来自英语作品，尤其是英国作品。因此，像许多肯尼亚作家一样，恩古吉最初自然而然选择了英语作为创作语言。英语文学创作很快为他带来了世界声望，然而，作为一个有着强烈文化使命感和社会干预意识的知识分子，恩古吉越来越清醒地意识到，"一种压迫者的语言，尤其是在文学之中，不可避免地携带着种族主义和对被征服国家的否定性想象，英语也不例外"④。他开始意识到作为创作媒介的语言已然成为束缚创作的囚笼，正如他自己所说，"我变得对英语语言越来越不安。在写作《碧血花瓣》之后，我经历了一个危机。我知道我正在写关于谁的故事，但我不知道我为谁而写？"⑤（《碧血花瓣》发表于 1977 年 7 月）恩古吉的不安来自对受限的英语文学阅读群体的忧虑。他愿意书写肯尼亚人民的历史、生活和情感，但承载这些内容的英语却注定将没受过太多英语学校教育、使用吉库尤语等民族语言进行日常交流的大众排除在阅读群体之外。由对自己创作的反思开始，恩古吉又继而从文化独立性的高度对整个黑非洲的文

---

① Ngugi wa Thiong'o, *Decolonising the Mind: The Politics of Language in African Literature*, London: James Currey, 1986, p. 15.

② Ibid., p. 9.

③ Ngugi wa Thiong'o, *Moving the centre: The Straggle for Cultural Treedoms*, London: James Currey, 1993, p. 84.

④ Ibid., p. 35.

⑤ Ngugi wa Thiong'o, *Decolonising the Mind: The Politics of Language in African Literature*, London: James Currey, 1986, p. 72.

学创作进行了一番审视，他首先对非—欧文学和非洲文学进行了划分。在他看来，二者之间最清晰的界限是：非—欧文学是指非洲作家使用欧洲语言创作的文学，而非洲文学则是指非洲作家使用非洲语言创作的文学。非—欧文学的阅读群体是受过较高教育的精英阶层，非洲文学的阅读群体是非洲大众。在进行了这番界定之后，恩古吉的解剖刀自然而然又回到了自己的创作，"我不得不解决与传统问题……不可分割的语言问题：《一粒麦种》和《碧血花瓣》属于非—欧小说还是我以前从没有经验的非洲小说。没有中立，我必须选择"①。答案很明显，按照这个标准，恩古吉原来的创作都是属于非—欧文学。在此时的恩古吉看来，当代黑非洲文学要摆脱英国的文化影响，最重要的是发展纯粹本土的非洲文学。因此，恩古吉的创作在形式上开始发生转变，他放弃了英语写作，放弃了精英阅读群体，改用自己的民族语言吉库尤语进行创作，选择肯尼亚大众作为隐含的阅读群体。

为谁而写作的困惑虽已解开，但是对恩古吉来说，由于非洲本土语言书面文学传统的缺乏，"使用非洲语言进行创作面临着许多困难和问题。……简而言之，非洲语言的创作遭受着强大传统、创造力和批评缺乏的困境"②。与非—欧小说在技术和阅读群体的成熟相比，非洲小说明显稚嫩，这是一个不容回避的现实，恩古吉本人在改用吉库尤语进行创作之后，基本上没有再创作出具有世界影响的作品，就是这一困境的有力证明。如何突破非洲文学发展之路上的这一瓶颈，恩古吉也进行了积极的思索，"非洲小说的未来依赖于自愿的作者（他准备将时间和才能花费在非洲语言上）；自愿的翻译者（准备将时间和才能花费在将一种非洲语言转化为另外一种非洲语言的翻译艺术上）；自愿的出版者（准备投入时间和金钱），或者是一个对现行的新殖民语言政策进行根本调整和以一种民主的态度处理民族问题的进步状况的出现；最后，最重要的，是一个自愿的、广大的读者群"③。

---

① Ngugi wa Thiong'o, *Decolonising the Mind: The Politics of Language in African Literature*, London: James Currey, 1986, p. 71.

② Ngugi wa Thiong'o, *Moving the Centre: The Struggle for Cultural Freedoms*, London: James Currey, 1993, p. 21.

③ Ngugi wa Thiong'o, *Decolonising the Mind: The Politics of Language in African Literature*, London: James Currey, 1986, p. 85.

　　尽管非洲文学前行之路充满未知，但恩古吉却始终坚信这一创作方向。恩古吉并不排斥可以让世界人民进行充分交流的共同语言，而是认为这种共同语言不能以压制、取代本土语言为代价，它的出现需要特定的条件，即："当民族、国家和人民之间真正的经济、政治、文化平等出现时，当民主出现时，任何国家、民族或人民就没有理由再害怕共同语言的出现。"① 很明显，恩古吉把创作的载体——语言视作文化较量的重要场所，因而语言的选择实质上为摆脱欧洲影响、形成非洲独立文化属性的一种文化对抗，其"目的是让我们朝着将肯尼亚，东非、非洲置于中心的方向前进。所有其他的事情都应在与我们状况的相关性和对理解我们自身的贡献性上来予以考虑……"②

　　总之，为了实现与世界其他国家平等对话的政治理想，恩古吉勇敢地冲破了语言的牢笼，放弃了他驾轻就熟的英语文学创作，选择了一条陌生且充满风险的非洲本土语言文学的创作道路，当代世界文坛中可能失去了一位能够满足普遍鉴赏趣味的文学大师，但非洲文学中却多了一位本土语言文学的拾荒者。是非得失的价值评判取决于评价的角度。

二　返回根基：为大众而写作

　　恩古吉在作品中的位置，不同于阿契贝与大众生活有一定距离的观察者的位置，也不同于戈迪默抗议一切压迫的自由知识分子的位置，而是将自身化为大众中的一员，以肯尼亚大众为文学服务的对象。

　　在《移动中心：为文化自由而战》这个随笔集中，恩古吉对非洲现代文学进行了更为系统的梳理，他提出，非洲文学有三种传统：第一种是口耳相传、代代相传的口头文学；第二种是使用欧洲语言，尤其是前殖民者的语言创作的非洲文学；第三种是使用非洲语言进行创作的非洲文学（后两者分别对应于前面提及的非—欧文学和非洲文学）。按照恩古吉的观点，两种书面文学传统中，发展较为薄弱的非洲文学传统是当代文学应该大力发展的方向。而"在这个任务中，他们至少有两个巨大的宝库：

　　① Ngugi wa Thiong'o, *Moving the Centre: The Struggle for Cultural Freedoms*, London: James Currey, 1993, p. 40.

　　② Ngugi wa Thiong'o, *Decolonising the Mind: The Politics of Language in African Literature*, London: James Currey, 1986, p. 94.

口头文学遗产和世界文学及文化的遗产"①。两者之中，最有地方特色的自然是非洲口头文学遗产。

口头文学传统作为特定民族最早的民间文学形式，蕴含着该民族的文化密码，是最能映现文化独特性的一面镜子。黑非洲文学要完成建立独立的非洲文化属性的历史任务，往往重返口头文学传统，寻求资源。关于在形式上如何从口头文学那里汲取营养，恩古吉并没有系统的表述，但是在其创作实践中却在不停地进行着多方面尝试：在《大河两岸》中，一开篇就以口述史诗的形式讲述吉库尤的祖先吉库尤和穆姆比建立家园的神话和吉库尤的伟大先知的故事，为小说奠定了一种悲怆的基调；在《碧血花瓣》中，被誉为"人民之母"的老人纳金雅（Nyakinyua）在丰收节聚会上吟诵的勇士的故事，召唤当下的肯尼亚人要为自由独立而战，而一人领唱、众人附唱的民间艺术形式又令所有参与者融入其中，瞬间打开自己的心房，纷纷讲述了自己的历史，构成民族历史的众声汇唱。一场持续的大干旱过后，埃尔茂罗（Ilmorog）村民为寻求援助前往城市的那次"旅行"，本身就具有恢宏的民族史诗的框架，堪比希伯来人的"出埃及史诗"。旅游途中阿普杜拉（Abdulla）讲述的殖民时期为土地而战的勇士们的事迹更是为这次"旅行"勾勒了英雄史诗的气韵。细细感受，就会发现在恩古吉的大多数小说作品中，都有一个隐藏的行吟诗人的身影，频频嵌入的一个个生动的民间故事、民间歌曲，常常在不经意间给你的心田留下旷远的历史回音。

口头文学传统，属于民间文化形式，其根基自然是在民间，对此根基，恩古吉一再强调，"在发音，形成新的方言、新的单词、新的词组、新的表达等方面，不断改变着语言的是农民和工人阶级。在农民和工人阶级的手里，语言总是在变化，它永远不是静止的"②。"口头文学在农民生活中有着根基。首先是他们的乐曲，他们的歌谣，他们的艺术，这些构成了殖民和新殖民时代民族和反抗文化的基础。"③ 既然活的语言是由民众创造的，民众创造的口头文学是反抗文化的基础，那么自然而然就产生了

---

① Ngugi wa Thiong'o, *Moving the Centre: The Struggle for Cultural Freedoms*, London: James Currey, 1993, p. 22.

② Ngugi wa Thiong'o, *Decolonising the Mind: The Politics of Language in African Literature*, London: James Currey, 1986, p. 68.

③ Iibd., p. 95.

这样的疑问："为什么非洲的农民和工人阶级不适合进入小说呢?"① 恩古吉意识到,将非洲的农民、工人的语言、生活排除在外的文学暗含着对欧洲文学原则不加质疑的认同,现在到了改变这个局面的时候了:"如果肯尼亚作家要直面在诗歌、戏剧、小说中再创历史史诗辉煌的巨大挑战,除了回到根基,回到存在于肯尼亚大众的生活、言语、语言的节奏之中的存在之根源,没有任何选择。"② 恩古吉毫不犹豫地驾驶着自己的文学之舟,驶向文化和生活的根基——包括农民和工人的肯尼亚大众,其实质就是选择了一种与欧洲文化霸权相对抗的文学。

　　文学服务于大众,不仅仅在于要使用他们的语言,借鉴他们的艺术形式,更重要的是要书写他们的生活,反映他们的诉求。恩古吉的作品背景大多设置在农村,少部分设置在城市角落。在自己设置的虚构空间里,恩古吉一方面通过再生仪式、成年礼、村社狂欢歌舞、乡村丰收节、村社聚会等场景的描写细腻地展现了肯尼亚人的风俗及其背后的伦理观念,另一方面将目光聚焦于他们的现实困境和生存斗争:《大河两岸》反映了殖民时期本土的祖先信仰和外来的基督教信仰之间的冲突,主人公瓦伊亚吉则主张二者之间的互相包容,并试图通过教育改变故乡;《一粒麦种》、《孩子,你别哭》则将笔触集中于"茅茅运动"前后肯尼亚的混乱无序及农民遭遇的苦难;《碧血花瓣》中既有通过个人的回忆对殖民历史的回溯,又有对国家独立后新政策的新殖民实质的揭示,还有对人民将成为国家真正主人的未来的展望。他的戏剧创作也同小说一样,大多从民众的现实生活中汲取题材:《反叛》反映的是自由恋爱观与乡村习俗之间的冲突;《明天这个时刻》是对被剥夺了土地来到城市自谋生路,而又以城市整洁为理由被到处驱逐、无家可归的城市贫民生活困境的残酷再现;《黑隐士》中既有新思想与旧习俗的冲突,又表达了对部族主义狭隘性的谴责,号召部族之间的团结。

　　总之,为了促进独立非洲文学的发展,恩古吉不仅要在形式上尽量摒弃欧洲文学的影响,转向本土的口头文学传统借鉴形式要素,而且坚持反映农民、工人的生活状况和价值伦理。简而言之,恩古吉主张文学应回归

---

　　① Ngugi wa Thiong'o, *Decolonising the Mind: The Politics of Language in African Literature*, London: James Currey, 1986, p. 68.

　　② Ibid., p. 73.

其根基——大众。

三 文学：斗争的语言

在黑非洲当代作家中，恩古吉的立场当属较为激进的左派，他的思想中有比较明显的马克思主义色彩。他毫不犹豫地将黑非洲社会的现当代困境归因于帝国主义的罪恶，对国家独立后新政权政策，表现出了一种整体批判的态度。文学在他那里，是政治斗争的一件利器，其首要目标是揭露各种社会不平等现状，动员社会革命。在《思维的解殖：非洲文学中的语言政治》的结尾，恩古吉总结自己这本书的创作主旨是为了"民族的，民主的和人类的解放。对于我们语言的重新发现和重新开始的呼吁是……对于人类真实语言的重新发现的呼吁：斗争的语言。"① 对于恩古吉的这一政治文学观念，学者西蒙·吉甘地给予了更进一步的概括："在恩古吉·瓦·西昂戈，这个意识到艺术家和意识形态的拥护者之间存在潜在冲突……的小说家的作品中，政治和意识形态是作者、角色、读者这个三角关系中的核心概念。"②

在谈及自己的创作方向时，恩古吉常常有意凸显意识形态的划分："我们仅仅严肃地谈论阶级之爱、阶级快乐、阶级婚姻、阶级家庭、阶级文化"③。在他笔下，主人公的性格往往着墨不多，缺少变化，但在表明人物的政治观念和揭示行为的动机时，往往不惜笔墨，在每个个性模糊的主人公背后，其实都站着一位充满政治热情的恩古吉。

《碧血花瓣》是恩古吉作品中最成熟的一部。同前期作品相比，思想表达更为深刻，研究者齐迪·雅穆塔（Chidi Amuta）指出，"在《碧血花瓣》中，毫无疑问，恩古吉的意识是反帝国主义的，而在马克思主义的意义上，他的意识形态也是社会主义的，这一点也毫不含糊"④。当然，清晰的意识形态观念是通过比前期更为复杂的叙事来达致的。

从叙述角度来看，《碧血花瓣》摆脱了以往作品因直线发展情节而显

---

① Ngugi wa Thiong'o, *Decolonising the Mind*: *The Politics of Language in African Literature*, London: James Currey, 1986, p. 108.

② Simon Gikandi, *Reading the African Novel*, London: James Currey, 1987, p. 134.

③ Ngugi wa Thiong'o, *Barrel of a Pen*, London: New Beacon, 1985, p. 83.

④ Chidi Amuta, *The Theory of African Literature*: *Implications for Practical Criticism*, London and New Jersey: Zed Books Ltd, 1989, p. 144.

得单调的特点，有倒序，有插叙，叙述层次丰富。作品情节特征是典型的多元并进，围绕一场凶杀案，同一段历史从四个人物的角度来分别呈现，小说具有了从多个层面、全景展现生活进程的史诗性小说的框架。都在探索生活出路和精神出路的四个主人公分别代表四类社会群体：穆尼拉（Munira）代表着徘徊在中产阶级和农民之间的有良知的中产阶级，他最终选择了宗教作为灵魂的归属；万卡（Wanja）是个被侮辱了的受害者的代表，她有善良的灵魂和牺牲精神，曾经为了拯救埃尔茂罗村（Ilmorog）的孩子而牺牲自己的尊严，但最终因再也无法承受现实之恶的挤压而沦为妓女；阿普杜拉（Abdulla）是个为了肯尼亚的独立而斗争，但在国家独立后被执政者刻意遗忘和淡化了的平民英雄们的化身；卡勒卡（Karega）代表着背负苦痛历史的实干家，同前三者相比，他的视野更为开阔，他不仅想为自己的现世生存困惑寻找答案，而且要找到改变埃尔茂罗村（Il-morog）和整个肯尼亚的处方，他最终献身于有组织的工人运动。卡勒卡这个形象的设置为以灰色为基调的叙述涂抹了一层亮色，在充满苦难、背叛、欺骗和血腥的沉重的历史回忆和现实勾勒中，带来了一种乐观主义的未来期待。

随着"谁是杀人者"这个谜团的逐步揭开，四个主人公的个人历史、政治立场也逐渐清晰地浮出水面。四个叙述者的叙述在叙述中的分量几乎是均等的，虽然卡勒卡的观念更加接近于作者，但是作者并没有给他高于其他三者的叙述力量。这种叙述方法，表面上来看，具有了现代主义叙述的特征，但是细细分析，会发现《碧血花瓣》的叙述像恩古吉以前的作品一样，依旧在抵制碎片化的症状呈现，强调唯一真理观。这种取向通过四个主人公之外的两个叙述声音的设置而达到。

第一，"我们"的叙述声音。这个指向集体的叙述声音以权威的姿态清晰地表达着自己的政治观念。如同西蒙·吉甘地所说，"在《碧血花瓣》里，零星出现的集体的'我们'的叙述声音，才是最有力量的作者权威的基础"①。这个"我们"所指并不确定，很多时候，"我们"化身为埃尔茂罗（Ilmorog）的村民，沉浸于现实的欢乐和对往昔的回忆。比如，对村民欢迎第二次回到埃尔茂罗的万卡的场景的描写："不久以后我们都又唱又跳，孩子们在树荫下互相追逐嬉戏，……这真算得上收获节前

---

① Simon Gikandi, *Reading the African Novel*, London: James Currey, 1987, p. 145.

几个月内出现的节日。"① 有时，"我们"又等同于理想读者，通过这双眼睛来进行政治宣示。比如在刻画穆尼拉的父亲时，有这样一段描写，"他的父亲是最早改信基督教的人。我们可以想象本土和外来信仰之间的遭遇。传教士以满足获得利益的欲望为目的，以火药和枪支为保护，渡过海洋，穿越丛林。传教士带来了圣经，士兵扛来了枪支，管理者和移民带来了钱币。基督教，商业，文明；《圣经》，钱币，枪支；神圣的三位一体"②。虽然所指总是在滑动，但是这个"我们"的见识明显高于主人公。

第二，在主人公的个体历史回忆、当下生命思索中频频出现的隐身叙述者的叙述声音。比如，在以"我们"的叙述声音对埃尔茂罗为欢迎万卡的归来自发形成的节日气氛进行描述之后，又出现了这样一段文字："但是他们的欢笑掩盖着他们关于庄稼和丰收可能会失败的焦虑。众所周知，好的收成依赖于风调雨顺。雨水少，或持续地下倾盆大雨，又突然在其他季节总是晴天预示着坏的收成。今年发生的就是后一种情况。"这段评价出自谁之口非常隐蔽，但明显比"我们"更具权威性，是一个预知埃尔茂罗未来命运的人。再比如，在被拘留调查期间，穆尼拉回顾埃尔茂罗（Ilmorog）的历史，不禁想到："我们进行了一场把埃尔茂罗（Ilmorog）从干旱中拯救出来的城市之旅。我们从城市带回来的是精神的荒漠！"③ 紧接着下面，隐身叙述者对穆尼拉的这番认识予以了评判，"在穆尼拉对城市之旅之后发生的事件的分析中，有真理的因素。人们首先在这一地区建立了一个行政官员的管理办公室和一个派出所。接下来传教团联合会又建立了一个教堂，作为他们插入异教徒内部传播福音主义的使命的一部分，对他来说，在这么多年之后，仅仅是这个，历史的反讽恰恰是上帝显示自身的方式。"④ 在这个叙述声音里，明显可以听见"他"对穆尼拉的讽刺，是对穆尼拉寻找到的宗教救赎之路的否定。就这样，这个隐身叙述者总是时不时地插入主人公的叙述和意识之中进行评判，可以说，这个声音比"我们"的叙述声音更接近作者的声音。

总之，在《碧血花瓣》中，指向集体的"我们"和隐身叙述者这两个高于主人公的叙述声音，不断地对主人公的叙述进行着评判，对事件的

---

① Ngugi wa Thiong'o, *Petals of Blood*, London：Penguin Books. 2002, p. 38.

② Ibid., p. 106.

③ Ibid., p. 233.

④ Ibid..

意义进行着拓展，因而牢牢控制着叙述的取向，从一定意义上，这两个声音形成一个叙述的合力，将不同主人公的故事都最终引向意识形态解释。单纯从叙述角度来讲，"我们"和隐身叙述者这两个叙述声音在《碧血花瓣》中的设置并不尽如人意：强行嵌入会影响叙述的流畅，过多的拓展和评价会使叙述显得繁冗。但在清晰地表达作者的意识形态，提供一个完整的社会政治蓝图方面，这两个叙述声音充分发挥了其功能。

由于叙述的背后总是站着一位饱含政治热情、倡导社会革命的恩古吉，所以他的作品发挥着刀剑的作用，具有强大的观念冲击力，就像研究者摩西·伊瑟卡瓦（Moses Isegawa）所说，"阅读恩古吉，就像感受火焰，炙烤着你的灵魂、心智和存在"[1]。

综上所述，恩古吉的文学观是典型的政治文学观，他视文化对抗和政治斗争为文学的首要使命。他在文学领域中所做的一切努力，都是"为了建立一个世界，在这个世界中，我的健康不依赖于别人的麻风病，我的清洁不依赖于别人的被蛆腐蚀的身体，我们的人性不依赖于别人被埋葬的人性"[2]。虽然恩古吉的政治文学观在推崇现代主义碎片化、模糊化叙事的当代世界文学语境中显得有些格格不入，很容易受到关于文学性何在的诟病，但因扎根于黑非洲本土传统和社会现实，面向文化独立和政治平等的当下非洲的迫切诉求，因而自有其活力和感召的力量。说到底，"马克思主义提供的革命道德，也是一种现代性伦理"[3]。不能简单地排斥在现代人的文学世界之外。

---

① Moses Isegawa, "Introduction of Petals of Blood", 载 Ngugi wa Thiong'o, *Petals of Blood*, London: Penguin Books, 2002, p. xi.

② Ngugi wa Thiong'o, *Decolonising the Mind: The Politics of Language in African Literature*, London: James Currey, 1986, p. 106.

③ 刘小枫：《沉重的肉身》，华夏出版社 2007 年版，第 155 页。

第四章　现代主义文学思潮

第一节　背离与变革

黑非洲地区的书面文学起步晚，它的 20 世纪文学大多数是传统的，但是也始终存在着一些现代主义作家和具有现代主义风格的作品。兴盛于 20 世纪 20 年代至 50 年代的黑人性运动虽然是一场反对同化、捍卫民族文化的运动，但其重要诗人的创作中明显可见对欧洲超现实主义、象征主义的模仿痕迹。"对于独立时期的非洲作家来说，充满隐喻典故、断续脱节的现代主义诗歌风格也示意了再现后殖民经验中显著反差的手法。正如索因卡所指出的那样，从 50 年代起，尼日利亚的诗人就一直寻求'围绕着油豆和长矛重新组合埃兹拉·庞德的意象。'"[①] 独立之后，像索因卡、阿尔马赫、奥基伯格、费米·奥索费桑、奥莫托索、奥克瑞、库切等作家的创作具有鲜明的现代主义气质，而遵循现实主义原则进行创作的一些作家的某些作品中也进行了现代主义风格的尝试，如阿契贝的短篇小说《疯子》、戈迪默的长篇小说《新生》、富加德的戏剧《西兹韦·班西死了》，甚至是图图奥拉的《棕榈酒醉鬼故事》既是传统非洲的，但换个角度看，也是超现实主义的。

欧洲的现代主义是在两次世界大战重创欧洲文明带来的精神危机所引发的对欧洲整体文化的反思的背景下出现的文化思潮，表现在各个艺术领域。人与自然、人与社会、人与人、人与自我等关系的异化是其最突出的主题，人在现代物质世界中的疏离感、孤独感、迷惘感、灾难感、无力感、荒谬感等悲观主义感受是其普遍感受。在艺术上，现代主义举出的是反传统美学的大旗，走实验革新、标新立异之路。

---

① ［美］博埃默：《殖民与后殖民文学》，盛宁译，牛津大学出版社 1998 年版，第 143 页。

　　欧洲的现代主义在黑非洲文学走向成熟的时期进入黑非洲并非偶然，一方面，固然是留学欧洲的非洲精英将耳濡目染的新文化观念带入非洲的结果，另一方面，也是现代主义所关心的中心的分崩离析、家园的失去适应了20世纪黑非洲作家对抗欧洲中心论、警惕城市化进程给非洲传统带来的破坏、探索非洲之路、寻找破碎了的非洲自我的文化努力的需求。尤其是那些有流散经历的作家，更是天然的现代主义者，对此，"拉什迪曾评述说，殖民地接触带的作家，生活在支离破碎、杂芜颠倒的世界中的人们，是不得已而操数国语言，因此在一定意义上，他们先于现代主义而成了现代派。'文化上流离失所的处境'迫使他们接受一切真理和确定性都不会恒久不变的观念，或许是他们自己招来了现代主义"[①]。

　　但是，总体来看，虽然在黑非洲的20世纪文学中也出现了现代主义文学创作，或者说，有些黑非洲作家运用了同西方现代主义类似的创作技巧，但是黑非洲的现代主义与欧洲的现代主义相比，也有一些不同。欧洲的现代主义艺术主要表现的是源于生命本体的绝望而导致的痛苦和虚无，大多具有寓言特征，不指向具体的时空，书写内心对生存和世界的感觉，离现实道德关怀往往较远。而黑非洲的现代主义主要表现的则是对现实的不满而产生的愤懑、不平与谴责，离现实较近，较少涉及对生命本体的思考，因现实产生的痛苦也是可以解决的，因为谴责不平的目的是希望唤醒良知，寄希望于未来的改善，从这个意义上来讲，黑非洲的现代主义表达的基本情绪不全然是悲观主义。也就是说，黑非洲的现代主义创作是借用了欧洲现代主义的外壳，表达非洲人自己的经验。

　　阿尔马赫的《美好的人尚未诞生》表达的是存在主义式的感受，小说中的中心意象是排泄物，无处不在的印象是恶心厌恶，但他的恶心厌恶并不是来自对生命本体的绝望，而是指向后殖民时期加纳官场的普遍腐败；黑非洲最具代表性的现实主义作家阿契贝也在一些作品中进行现代主义风格的尝试。他的短篇小说《疯子》打破了现实与虚构的界限，呈现了一个疯子的非理性心理，而一个原本极其理智之人因为裸身追赶拿走自己衣服的疯子的行为而被人视为疯子，正常与疯狂之间的界限亦极模糊，阿契贝借用这个故事探索了导致疯狂的社会责任，即后殖民时期社会风气的败坏、道德观念的颠倒；富加德等人的《西兹韦·班西死了》是对即

---

① ［美］博埃默：《殖民与后殖民文学》，盛宁译，牛津大学出版社1998年版，第136页。

兴戏剧的实验，语言具有荒诞派戏剧的非逻辑特点，双重身份（真实身份和证件身份）的情节设置则直指南非种族隔离时期的通行证法造成的南非的社会磨难；奥克拉的长篇小说《声音》虽然充满了道德寓言，极端字句，新奇句法和实验文体，但也同时模仿了伊博语的表达方法；费米·奥索费桑的《科莱拉·科莱依》用荒诞不经的逻辑、异想天开的情节创造了是非颠倒的荒诞的超现实世界，用以讽刺尼日利亚内战后城市社会道德的沦丧。

　　而"索因卡和奥基伯格，他们就从现代主义的片段化和'难读'中，找到一种适当的手法来表现他们在纷繁复杂而文化上又四分五裂的尼日利亚所感到的异化"①。奥基伯格深受现代英语诗的影响，算得上是最现代的黑非洲诗人。他虽没有阐释过自己的创作纲领，但他的作品表明他是文学自足论的信奉者，反对文学对现实的介入和对诗人自我情感的直接表达，他坚持词语自身的生命力，追求意象的丰富性和暗示性，甘做读者与某个独立存在的诗意境界的媒介。他的诗歌追求音乐性，不仅表现在他的诗歌往往以某种欧洲的和非洲的器乐伴奏，而且诗歌的语言中往往回响着音乐的旋律。对奥基伯格诗歌创作的这种特质，不少评论家都予以了注意："奥基伯格的作品与其说悦目，倒不如说悦耳，听起来比默读更给人以美的享受，因为在他看来，声音千差万别的神韵比单纯的某些确实的感觉的意义更大。"② 在这样的创作理念下，奥基伯格的诗歌往往就像他的诗集《迷宫》所显示的一样晦涩难懂，拒绝理性分析。奥基伯格的后期创作有所变化，在继续保持早期创作的基本原则之外，开始加入对国内迫切的现实问题的关注，表达方式也更为直接，并开始引入民族艺术的形式。他生前的最后一组组诗《雷霆之路》，以响彻全国的雷霆形象贯穿组诗，象征着尼日利亚即将爆发一场可怕的大灾难，其副标题更是明确定名为"预告战争的诗歌"。在第五首《裂鼓挽歌：雷声相随》中，采用了非洲广泛流行的即兴歌曲题材：有领唱，有合唱，还有远处隐约可闻的雷声相伴，领唱者的诗句中一片灾难不详景象，充满对内战前夕尼日利亚所发生事件的暗示；索因卡成熟时期的剧作明显受到西方现代主义戏剧的影

---

　　① ［美］博埃默：《殖民与后殖民文学》，盛宁译，牛津大学出版社 1998 年版，第 223—224 页。

　　② ［美］伦纳德·S. 克莱因主编：《20 世纪非洲文学》，李永彩译，北京语言学院出版社1991 年版，第 178 页。

响，如《森林舞蹈》中历史与现实共时，活人与死人同台，传统氛围与现代场景重合，人物对话不合逻辑，令人费解，明显具有欧洲表现主义和荒诞派戏剧的风格。《路》、《疯子与专家》的构思更加怪异，对话更加令人费解，是典型的荒诞派戏剧；长篇小说《阐释者》被视为黑非洲最复杂、最难解的小说，作品使用了西方意识流小说的技巧，大胆采用联想、回忆、梦幻等手法，把现在、历史、未来三个时空穿插在一起。故事没有清晰的事件线索，呈碎片化。但是对索因卡来说，他对西方现代主义的借鉴和对黑非洲传统美学的探寻始终并行，即使在这些现代主义风格明显的作品中，仍旧可见大量的民族艺术元素的融入：如音乐、舞蹈、哑剧、挽歌、戏中戏等，要表达的是黑非洲的哲学观、宗教观和对非洲现实的忧虑与愤懑。索因卡的创作是呈现欧、非文化融合的产品的一个范本，虽不时会被抨击为过于装饰，故弄玄虚，但不可否认，索因卡的繁复的艺术、曲折神秘的表达极具个性特征和艺术魅力。

奥克瑞的《饥饿之路》则在来自拉美的魔幻现实主义手法中，打上了非洲传统美学的烙印，承载着黑非洲独特的宗教观和宇宙观，并以此来表达后殖民时期尼日利亚混杂现实的复杂感受。奥克瑞的创作代表着在黑非洲小说中的一种重要倾向，即混杂性的魔幻现实主义，对此，博埃默评价道："用英语写作的后殖民作家吸收了魔幻现实主义的特殊效果以后，他们就能表达所谓世界是分裂的、扭曲的，因文化的转移而变得无法相信之类的看法了。与拉美人一样，他们把超自然的与从后殖民主义文化中提取的当地的传说和意象结合起来，来表现受到侵略、占领和政治腐败反复蹂躏的社会。这样，魔幻效果就被用来抨击帝国及帝国以后的种种蠢事恶行。不过，还有一些人——奥克里（即奥克瑞）是最突出的一个例子——对超自然更加当真，不太把它看成一种技巧，而把它看成一种真正的神秘，一种对于属于生活经验一部分的那种真实的扭曲。"[1]

在当代黑非洲优秀作家中，库切创作的现代主义特征最为突出，后期的作品愈来愈有意识地进行崭新的文学尝试。他自愿站在现实主义这一文学主流之外，挑战现实主义的真实观，认为真实是无法再现的，称现实主义为"物质世界幻觉说"。他的艺术形式极具实验特征，每一部作品都各

---

① ［美］博埃默：《殖民与后殖民文学》，盛宁译，牛津大学出版社 1998 年版，第 258—259 页。

自不同，绝不重复别人，也不重复自己，但表面花样翻新的形式实验大多传达出的是他对黑人社会中的白人移民者这个自我身份的反省、对逻各斯逻辑的挑战、对中心话语的颠覆和对后殖民时代非洲文化现状的思考。他虽站在边缘立场，思索世界层面的宏大文化问题，但依旧有浓厚的地域关怀。

对于非洲的现代主义创作，甚至是非洲的现代主义这个说法本身，一直存在着颇多反对之声。以钦维祖为首的一些批评家从民族主义立场出发，对非洲现代主义持否定态度，他们斥责这种创作方式为装扮成普适主义的欧洲同化主义。在他们看来，现代主义是欧洲文学专有的东西，任何被称作现代主义的作品注定是写给西方读者看的，因而不是非洲的。"因此，我们不应该大惊小怪，非洲的殖民主义作家和新殖民主义作家过度忠实于欧美读者和欧美导师，并且将其风帆按现代主义暴风调整。朴素无华的措辞贬值，生造艰涩的词句反而受到尊崇，在非洲文化模式中具有意义的非洲主题也被避开不用……"① 他们甚至认为，使用现代主义的批评术语来评价非洲文学作品都是不合适的，因为非洲美学不同于欧洲美学，现代主义不是非洲文化的构成成分，使用欧洲美学来评价非洲文学，会把作家引入歧路。因为："这种牌号的批评坚持把西方范例或模式应用在非洲作品上，寓言般地得出结论：非洲作品符合西方模式。言外之意，它们值得'世界'承认。这是一种文化低劣心理对外国文化挑战做出的反应：'我们以你们作为楷模，我们达到了你们的标准，请接受我们吧！'"② "那些不将非洲和西方视为两个有不同的历史，不同的问题、价值和成就感的不同的世界的人；那些认为西方过去的轨道（文学上的和其他的）也是我们自己轨道的人，可能会鼓励非洲艺术被西方传统所同化。"③

钦维祖等人反对照搬欧洲的现代主义话语模式来阐释非洲的现代文学，但他们并不反对非洲现代文学的革新，恰恰相反，他们极力主张现代非洲艺术应该反映当代非洲环境引发的情感，"如果非洲艺术家仅仅复制它的过去，失败将是不可避免的结果。我们期待的非洲艺术是来自非洲当

---

① 钦维祖等：《走向非洲文学的非殖民化之二》，转引自 F. 奥顿·八娄贡《现代主义与非洲文学》，李永彩译，载《外国文学》1993 年第 3 期。

② 同上。

③ Chinweizu, *The West and the Rest of Us*, New York：Vintage Books, 1975, p. 298.

代情感的反映"①。非洲的当代艺术具有现代性,然而这个现代性不同于西方的现代性,钦维祖提醒大家澄清一个话语模式里的误区,即本土的当然是非洲的,现代的当然是欧洲的。实际上,"在非洲和欧洲的艺术传统现实里,任何艺术创造都可能是传统的,也可能是现代的,在那里,现代的以某种有区别的方式,被理解为在某种传统内部的对传统的一种背离"②。非洲的现代性和欧洲的现代性因而是"两种隔离的传统,两种隔离的现代性,就像西方现代性出自西方传统一样,非洲现代性一定是出自非洲传统。现代非洲文化,不管它是什么,它一定是古老非洲文化的延续。不管它包括什么,它一定包含了来自非洲传统的种子和支配性的因素。……非洲现代性的问题是非洲传统问题的对应性的一面。……非洲艺术复兴是使传统重获生机;对我们西化的观念来说,它是一种返乡;返乡意味着在非洲的艺术努力里,将非洲过去和将来的经验置于首位"③。也就是说,在他们看来,非洲艺术的现代性应该产生自非洲的土壤,变革传统,赋予它新的活力,而不是抛弃自己的传统,去模仿欧洲(西方)的现代性。在这样一种认识之下,钦维祖等人对索因卡、奥基伯格、埃契如奥、阿尔马赫等人进行批评,认为他们应该对"非洲文学的西方现代主义罪恶"负责。库切的创作也因为手法上的间接和文体上的实验而遭到了左派的批评,他们认为他的小说给了"令人感到极度痛苦的意识的状况"以突出位置,而给予"当代南非的压迫与斗争的物质因素"以次要关注,揭示了一个人"对所有政治和革命的解决方法的反感"④。一批作家也和钦维祖持相同态度,"乌斯曼、恩古吉和拉·古玛均视自己为现代主义的修正主义者,他们的写作从一个假设出发:尽管现代主义清晰地、戏剧化地呈现背叛和失败的意义,谴责新殖民统治阶级,但是它们却不能概述非洲的整体经验"⑤。因而应对其泛滥予以警惕。

钦维祖等人热衷于后殖民时代非洲文化上的解殖民的立场可以理解,但其偏狭也显而易见,因而受到了诸多批评。尼日利亚学者 F. 奥顿·八

---

① 转引自 Chinweizu, *The West and the Rest of Us*, New York: Vintage Books, 1975, p. 298.

② Chinweizu, *The West and the Rest of Us*, New York: Vintage Books, 1975, p. 296.

③ Ibid., p. 298.

④ Adelman, Gary, "Stalking Stavrogin: J. M. Coetzee's The Master of Petersburg and the writing of The Possessed", Journal of Modern Literature, Vol. 23, No. 2, Winter 1999/2000.

⑤ Simon Gikandi, *Reading the African Novel*, James Currey, 1987, p. 112.

娄贡在其论文《现代主义与非洲文学》中，在对现代主义进行详细的界定和对非洲的几部现代主义作品进行解析之后，指出：非洲的现代主义有三个灵感源泉：今日非洲的社会政治现实、非洲民间创作、西方现代主义传统。在这三种传统的共同影响之下，形成了非洲的现代主义。"在这种情况下，非洲现代主义和西方现代主义并不像有人引导我们去相信的那样对立和水火不相容。恰恰相反，它们可以相互补充。这就是说，使用西方现代主义批评术语评估非洲文学产品绝不含有西方文学美学优越的意思。此外，认为使用现代主义批评术语是批评家邀约作家只能像西方现代主义作家已经做过的那样去创作，则是完全的误解。"① 但是，批评家在使用这些术语阐释非洲的现代主义作品时，一定要注意非洲现代主义与西方现代主义的差异及形成这些差异的原因。

与钦维祖等人有偏见的左派立场相比，F. 奥顿·八娄贡的观点相对客观。的确，追根溯源，整个黑非洲的书面文学都是在欧洲文学的影响下形成的，既然能够接受非洲的现实主义、非洲的浪漫主义，为何不能接受非洲的现代主义？钦维祖等人拒绝接受现代主义，主要是因为西方现代主义使用的手法和表达的悲观主义情绪与非洲传统不合，也不能表达非洲人的经验。然而，在借鉴外来的现代主义的经验的同时，非洲的作家们已经做出了适应本土的变革，并在这变革的基础上，取得了一些优秀的成果，本身就已证明现代主义在非洲是有活力的：奥基伯格被视为尼日利亚现代诗歌史上最有才华的诗人，索因卡、库切获得了诺贝尔文学奖，奥克瑞因其《饥饿之路》获得布克文学奖……钦维祖等人反对非洲现代文化简单地依赖外来的欧洲文化，号召展开一场激进的思维的再非洲化运动，在当时固然有其一定的摆脱殖民影响、捍卫民族文化自我的意义。但是在经历了殖民时期欧非文化的碰撞之后的非洲，文化的纯粹性早已不存在，实际上，就整个世界而言，在全球化背景之下，"作家们心照不宣地承认，在一个多元混杂、异质共存的世界里，所谓文化的本真性、语言的纯粹性，那是在任何情况下都不可能得到的"②。在这样的时代，再以捍卫文化自我为由拒绝外来影响不仅显得有些不合时宜，而且恰恰是文化不自信的表

————————

① F. 奥顿·八娄贡：《现代主义与非洲文学》，李永彩译，载《外国文学》1993 年第 3 期。

② ［美］博埃默：《殖民与后殖民文学》，盛宁译，牛津大学出版社 1998 年版，第 230 页。

现；再者，就文学自身的发展规律而言，文学创作需要的想象力来自作家的精神自由，作家对世界的好奇心、随时接受新鲜事物的能力是刺激创作灵感的重要源泉，外来的刺激是多元的，传统艺术可以提供，现代艺术亦可以提供，这些刺激不能简单地以正误来评判，关键是化为己用，提供好的产品。创作应该鼓励多元共生，才能够保持住文学的活力。奥比·马杜阿克（Obi Maduakor）在评论索因卡的创作时的评论更加犀利："作为一个创作性的艺术家，他的想象不能仅仅限制在对地方色彩（钦维祖那一群批评家所建议的富有诗意的非洲土地上的植物群和动物群）的考虑上，而是应该超越这些，吸收来自其他文化和传统的新的经验。""真正的诗人吸收全异的经验只是为了将它们转换成一种新的创造力（以此迥异于只知模仿的诗人）。"[1] 另外，从某种程度上来讲，非洲的现代主义创作并非像钦维祖所说的是对自己文化的背叛，对欧洲文化的臣服，而是文化对抗的方式之一，对此，博埃默指出，对于在殖民学校接受过教育的前殖民地文化精英来说："弗洛伊德、马克思和尼采的理论给他们以启发，使他们看到非中心化的有效策略和拆解欧洲主宰性思想方式的手段。乔伊斯、弗吉尼亚、伍尔夫、艾略特或超现实主义的反传统的'花样翻新'是一种解放力量：现代主义创作提供了象征性语言，可以用来阐释迅速变化的殖民地现实。"[2] 按照博埃默的解释，这种多元文化碰撞杂交产生的作品，具有反抗权威主义的意义，也不失为一种文化对抗策略。

西方现代主义本身是一个包含众多流派的变动不居的思潮，在挑战传统美学也在不断颠覆自己中前进，甚至经历了一个时期的大叫大嚷，渐渐归于沉寂平和，学界普遍认为，现代主义文化已经过时，取而代之的是以杂交为主要特征的后殖民文化，后殖民之后是什么，也不断有学者做出预测。不管现代主义是否已过时，但不可否认的是，现代主义所倡导的创作原则和使用的创作技巧已经深深地影响了当代作家的创作，融入文学的机理，对未来的文学创作仍将发挥作用。非洲的现代主义虽然也存在着一些问题，尤其是在发展的早期有简单模仿、搬用西方现代主义手法的痕迹，但是非洲作家不断对现代主义做出适合非洲本土的调试，使其为自己的本

---

[1] Obi Maduakor, *Wole Soyinka: An Introduction to His Writing*, Garland Publishing, 1986, p. 322.

[2] ［美］博埃默：《殖民与后殖民文学》，盛宁译，牛津大学出版社1998年版，第142页。

土表达服务。很多作家的作品呈现为一种混融状态，很难判断是现代主义的，还是现实主义的，抑或是传统主义的。而且，像索因卡、库切、奥克瑞这些作家更容易为国际读书界所认可，频频获得大奖，作品畅销，你可以说这是迎合欧洲读者的结果，但是毕竟这些作家的创作引发了世界读书界对黑非洲文学的兴趣，更新了对黑非洲文学的认识，把黑非洲文学推向世界视野，又何尝不是一项争取非洲文化话语权的有意义的努力？

第二节 奥克瑞的"非洲美学"
——以《饥饿的路》为例

自 20 世纪 80 年代末期以来，黑非洲的英语写作以势不可当的势头进入了人们的阅读和研究视野，日益成为世界英语文学中一支不可忽视的生力军。众所周知，黑非洲的书面文学是随着欧洲殖民势力的侵入而被移植入黑非洲大陆的，而英语写作更是殖民历史的一个副产品。因此，黑非洲英语文学从出现之日起，就一直面对着是非洲性还是欧洲性的质疑。对此问题，黑非洲作家们普遍持一种抗争态度，他们认为，黑非洲的英语文学应该是按照黑非洲的美学进行创作的，是属于非洲的。对于什么是黑非洲的美学，尽管至今也没有一个清晰的、公认的标准，但许多作家都在理论和实践层面上进行了积极的探索，尼日利亚黑人作家奥克瑞就是其中之一。

在描述心目中的非洲美学时，奥克瑞提出："它不仅和地点结合，它还和看世界的方式——从三维以上空间看世界的方式密切关联。它是一种可能性、迷宫、谜团（我们非洲人喜欢似非而是的谜团）的美学。我认为当我们把它太多地置入民族或部族的疆界时，我们失掉了这一因素。"[1]奥克瑞提出的这一"非洲美学"虽然还比较宽泛，不够系统，但是有三点很明确：第一，奥克瑞接受现实空间的本土化，也就是说，他认为，作品应该具有反映民族生活的真实性。就这一点来说，欧洲传统现实主义观念对奥克瑞的影响非常清晰。第二，奥克瑞特别强调以非洲人看世界的方式作为文学的视角，试图从本土文化精神中汲取营养，寻找属于非洲本土的文学意识，对欧洲传统进行突围，因此，奥克瑞的"非洲美学"明显具有同欧洲影响抗争的意味。第三，总体来看，奥克瑞的非洲美学是一种

---

[1] Wilkinson, Jane, ed, *Talking With African Writers*, London: Heinemann, 1992, pp. 87 – 88.

欧洲影响和非洲意识混合的产物。它既不同于欧洲传统现实主义的镜面再现，也不同于黑非洲口头文学的传统，而是呈现为两者的混合。从某种意义上讲，奥克瑞的"非洲美学"观念是后殖民社会这一特定过渡时期的产物。

奥克瑞在自己的写作中一直力争实践心目中的非洲美学，尤其是他的布克奖得奖作品——长篇小说《饥饿的路》，更是他有意识地按照自己所倡导的非洲美学进行创作所取得的重要成果。在谈到《饥饿的路》时，奥克瑞明确提到："这本书是我在改变我们感知确凿的、富有价值的东西的方式方面所做的适度努力。"①

一　本土化的现实空间

《饥饿的路》中的现实空间是本土化的，故事虽然围绕"阿比库"儿童阿扎罗在生者世界和幽灵世界的徘徊展开，但它呈现的自然物象和现实生活图景却明显指向殖民末期和后殖民时期的尼日利亚。

奥克瑞虽然没有明确指出故事发生的地点，但小说中描写的自然物象毫无疑问指向尼日利亚。尼日利亚地处热带，气候炎热，一年实际上只有旱季与雨季两季。《饥饿的路》中对当地的气候的描写是具有标志性的："下午的天气既炎热又潮湿。阴影的轮廓尖利如刀。空气中没有一丝风……"更有趣的是，在《饥饿的路》的叙述世界里，发生在旱季和雨季的叙述比例与尼日利亚旱季与雨季的比例几乎是一致的。叙述在城镇和森林两个地理空间展开：奥克瑞笔下的森林里，长满了猴面包树、香蕉树、棕榈树、藤蔓等各种热带雨林特有的植物。城镇上人们的主要食物是炖菜、炸大蕉、薯蓣、木薯、胡椒汤等，这样的描写呈现的，无疑是为尼日利亚人所熟悉的尼日利亚南部雨林地区的自然风物。因此，单从故事背景这一角度来说，《饥饿的路》这部小说具有尼日利亚本土气息。

除了表现尼日利亚的自然风物，《饥饿的路》还对尼日利亚人的现实生活图景进行了细致的再现，表现出对尼日利亚民族命运的深切关注。由于尼日利亚并不是社会经济、历史、文化、历史与民族一体化所导致的结果，而是殖民的遗产，所以殖民势力撤出非洲以后，脆弱的国家结构和松散的国民纽带致使现代的尼日利亚面临很多问题：政权更换频繁、部族冲

① Wilkinson, Jane, ed, *Talking With African Writers*, London: Heinemann, 1992, p. 87.

突不断、经济政策失当等导致独立之后的尼日利亚现代化的进程严重受阻，人民的生活经常陷入混乱和贫困。

《饥饿的路》对苦难的描写比比皆是。阿扎罗的爸爸退伍回乡后，迁入城市当搬运工谋生，阿扎罗的妈妈是个沿街叫卖的小贩。尽管夫妻两人非常勤劳，但一家子总是被贫困和饥饿困扰。被沉重的工作折磨的爸爸每天回到家要么脾气暴躁，要么灰心丧气，妈妈每天沿街叫卖或到集市摆摊，挣不了多少钱，还经常受到流氓打手的欺负。一家子经常挨饿，阿扎罗的肚子总是高高鼓起……苦难成为现实生活的主要方式。对此，奥克瑞自己也明确指出，"人们忍受的各种形式的苦难是这本书的突出形象之一"①。《饥饿的路》中这种无处不在的苦难描写反映的是尼日利亚人民的群体情绪，阿扎罗叙述的故事是任何一个尼日利亚城市贫民儿童都可以讲述的，因而阿扎罗一家的遭遇具有普遍意义，是伴随着尼日利亚的现代化进程由农村涌入城市的城市贫民生活的真实反映。与苦难密切相关的形象是暴力。在奥克瑞笔下，各种势力的打手布满城镇，街上经常出现械斗、群殴，指向贫民的暴力更是时有发生，城镇里弥漫着械斗的血腥气氛，有着各种各样畸形和残疾的乞丐群体形象更是尼日利亚现实暴力的形象代言……《饥饿的路》中对暴力的描写贯穿全篇，成为一个异常醒目的主题。其实，由于长时期的殖民历史，暴力在黑非洲的现当代文学中，一直是一个挥之不去的角色，不少批评家担心黑非洲文学中过多的暴力关注会使得非洲文学忽视了对人类某些共通情感和永恒主题的表现。对此问题，奥克瑞采取的态度是不回避，他的看法是："没有对暴力的觉察，你就不能正确地书写尼日利亚。"② 奥克瑞的意思是说，既然暴力在非洲的存在是一个现实，文学就应该大胆地、充分地表现它，简单回避或绕开是对非洲现实的扭曲。

在奥克瑞描写苦难和暴力的背后，隐藏着一个更大的意图：即探讨尼日利亚的现实出路。他曾经说过："人们要谈论希望时，应该是极为严肃的，……人们开始思考或梦想着进入一个能够产生出希望和可能性的情境之前，必须掌握极端困苦世界的真实情况，不得不了解这些事实是多么的

---

① Wilkinson, Jane, ed, *Talking With African Writers*, London: Heinemann, 1992, p. 81.
② Ibid. .

极端和强大。这是我试图放入这本书的步骤之一。"① 作品的标题就透射出了作者的这一意图。"饥饿的路"既指阿扎罗的个人的生命之路，从更深层次上更是指向尼日利亚这个国家。它不仅是指个人和民族经历的肉体上的苦难，而且还指向精神上的彷徨。阿扎罗的本体论迷惘，从一定程度上讲，也是后殖民时期尼日利亚这个民族和国家身份困惑的表征。

独立后的尼日利亚采取了西方式的民主制，但这种政府体制似乎在尼日利亚水土不服，西方的资本主义民主制没有给尼日利亚人民带来自由、民主与发展，反倒带来了一次次的战乱与冲突。《饥饿的路》中描写的富人党和穷人党这两个对立阵营的争斗闹剧就是对尼日利亚从西方复制过来的民主制的一个讽刺。政客们"把什么都弄成政治争斗"，民众被这种所谓的民主制搞得苦不堪言。工作、生活、交际都成了政治的战场，这样一幅图景是当代尼日利亚发展进程中"泛政治化"现象的一个真实写照。奥克瑞的描写触及了当代西方式民主政治的深层危机问题，引人思索。

由于西方殖民者进入黑非洲大陆时，黑非洲的大部分地区还处于部族社会时期。所以西方的殖民行动，"看上去'不过是一项军事和经济的冒险事业'，但它对非洲人民而言，是'一场确确实实的极大变革，它推翻了整个古代的各种信仰和思想，以及古老的生活方式。它使整个民族面临突然的变化'"②。奥克瑞在《饥饿的路》中借人物之口发出感慨："路已经太多、太多！变化来得太快、太快！人人意气不振，懦弱触目皆是！自私吞噬着这个世界。我们正在毁灭非洲！"在奥克瑞的小说中，电、汽车、酒吧、妓女、摩天大楼、桥梁等这些现代文明的表征物引起的往往是骚乱、不安、死亡和贫富分化。奥克瑞通过这些物象传达了这样一个观念：西方现代性的进入带给黑非洲的，更多的是灾难。

在传统与现代之间苦苦挣扎的尼日利亚应该何去何从？对于这样一个令人困惑的问题，奥克瑞并没有给出明确的答案。但是，他在呈现出转型时期的混乱与迷惘的同时，也投递出了一抹希望之光。奥克瑞借阿扎罗的爸爸之口对尼日利亚的未来发出预告："我们这个民族也是鬼魂民族，一个与鬼孩无异的民族——不断地获得再生，每次再生都伴随着血腥与背叛，而这个我们决心留住的孩子却拒绝停留，直到我们奉献出丰厚的祭

---

① Wilkinson, Jane, ed, *Talking With African Writers*, London：Heinemann, 1992, p. 88.
② 艾周昌主编：《非洲黑人文明》，中国社会科学出版社 1999 年版，第 317 页。

品，并表现出勇于担当自身命运的坚定意愿。"也就是说，尽管还没有找到出路，但是奥克瑞相信，"尼日利亚"终有一天不再是一个虚幻的概念，而是每一个尼日利亚人都必须接受的政治文化实体，尼日利亚人也终将因共同的苦难和情感凝聚成一个新的民族——"尼日利亚民族"。

综上所述，《饥饿的路》通过对尼日利亚自然风物的细节性再现，通过对尼日利亚现实生活图景和民族命运的深切关注，给读者提供了一个高度本土化的现实空间，并使文学服务于后殖民社会解殖民的政治诉求。在这一点上，奥克瑞的追求与阿契贝、恩古吉等黑非洲作家并无本质区别，奥克瑞的"非洲美学"也并不像表面上看起来那样是非政治的，而是与后殖民政治密切相关的。

二　神话空间和迷宫模式

从现实空间来看，《饥饿的路》运用欧洲传统现实主义的叙述模式，承载了尼日利亚的现实生活，是欧洲传统本土化的产物。但是如果从话语深层来讲，依然没能摆脱欧洲传统，建构起非洲独立的文学属性。奥克瑞深知文学的民族性不但在于书写什么，更在于从民族的文化精神去借鉴资源，使用民族的思维方式去观照世界。所以在现实空间之外，奥克瑞在《饥饿的路》中让自己的笔触自由地游走在幽灵王国、魔法世界和梦幻之都这些来自黑非洲民间信仰的神话空间。通过神话叙述，在欧洲传统的包围中，奥克瑞为非洲独立的文学表述清理出了空间。

《饥饿的路》选取了阿扎罗这个"阿比库"儿童作为第一人称叙述者，就注定了作品的叙述空间与一般现实主义不同。按照尼日利亚的民间信仰，阿比库就是频繁地往返于生死两界的幽灵儿童，或鬼孩。而阿扎罗是一个决定留在人间的异样的鬼孩，他的生活空间更是处在"一个幽灵世界和生命世界的交接地带"，因此，作品的叙述空间就不再仅限于现实主义两维的镜面再现，而向多维空间延展。阿扎罗的眼前不断出现两头鬼、三头鬼、四头鬼、七头鬼、美丽的蓝发女人以及各种各样奇形怪状的幽灵，他不断地被这些幽灵诱使或强迫着来到幽灵世界，看到幽灵世界的情景；在现实世界，阿扎罗又需要不断地和父母一起与各种威胁生存的力量搏斗，亲历或见证各种各样的暴力和苦难；阿扎罗还能随心所欲地进入别人的梦境展现梦的世界：在梦境中，他看见爸爸为了真理和正义与各种力量搏斗，看到了年轻美丽的妈妈为了让丈夫的魂魄回来所做的种种努力……由于寇朵大婶、瞎老头这些巫师的存在，在《饥饿的路》中，还存在着一个魔法世界。阿扎罗还需要时时提防种种邪恶的魔法陷阱，与魔法力量较量。

由于阿扎罗的跨界身份，多个世界对他来说都是真实的，他往往同时出入于两个世界，在他的眼里，多个世界互相交叠，彼此渗透，共时呈现，所以他的叙述跨越了真实和虚幻的界限。对于现实主义观念来说，《饥饿的路》的叙述方式是一种有力的挑战。因为"传统小说的叙事对过去、现在、未来、神魔世界与现实世界有着明确的假定性界限"①，但是《饥饿的路》的叙述方式却消解了时空界限，混同虚实，造成真幻难辨的效果。幽灵、魔法、梦幻这些非现实因素的引入使得《饥饿的路》中朴素的现实变得神奇。

奥克瑞的非洲美学在强调看世界的多维方式的同时，还引出了另一个概念——迷宫。正如奥克瑞自己所强调的，迷宫模式与多维世界密不可分。正是因为多重世界的互渗共生，令人分不清哪是真实、哪是虚幻，客观上造成一种云里雾里、天上地下的迷宫效果。反过来，迷宫模式又可以极大地扩张小说的空间，二者相伴共生。有学者指出："所谓'迷宫小说'是指作家借助迷宫手法、迷宫意象及迷宫主题构筑的一种特殊文本。"② 对奥克瑞的迷宫美学，我们也可以从这三个方面入手进行分析。

首先是意象层面。"路"作为作品的中心形象，是一个典型的迷宫意象。"路好像有了一种残酷而又无限的想象力。所有的路都在繁衍，路中有路，无限分岔，岔出去之后又折回来，就像一条条蛇，尾巴含在嘴里，左缠右绕地搭成了一个迷宫。路是所有幻觉中最害人的一类，既把你往家的方向引，又把你从那儿引开，如此循环不已，标识多得无数，而方向指示却完全没有……"阿扎罗不断地走上这条循环往复的路进行探索，在他面前出现了各种各样的蜃景，每次探索均身心俱疲地归来，但下一次又不由自主地踏上这条令人困扰的路，探索永无止境。

其次是主题方面。作为理解作品的钥匙，"路"的意义具有不确定性。"路"既是阿扎罗的生命之路，又是被压迫民族的民族复兴之路。对这两种意义的探索在文本中均没有提供最后的解决方案。阿扎罗来到人间时，"乞求欢笑，乞求拥有一个远离饥饿的生命"。但得到的回答却充满悖论，他不由感慨："可能性终究存在于万事万物之中。我们为许多谜团

---

① 杨星映：《中西小说文体形态》，中国社会科学出版社 2005 年版，第 225 页。

② 唐建清：《国外后现代文学》，江苏美术出版社 2003 年版，第 143 页。

所缠绕，生者和逝者都注定无法解答。"爸爸在现实世界和梦幻世界不断与各种各样的力量搏斗，试图找出一条摆脱苦难的民族复兴之路，他对现实所谓的民主政治不满，试图在富人党、穷人党之外建立以乞丐为民众基础的另一党派去参加竞选，这一做法实际上仍旧是在沿袭旧法，充其量只是在众多政治势力之外另加了一支势力而已，不可能解决现实的危机问题。民族之路在何方，直到作品结束，仍然是一个悬疑问题。

再次，作品使用了迷宫手法。除了作品整体上扑朔迷离的叙述氛围之外，作品还采用了循环、互文等典型的迷宫手法。阿扎罗在多个世界的探索反反复复，家庭一次又一次陷入生存的困境；妈妈在苦难的绝望与爱的希望中徘徊；爸爸在被动—反击—胜利—昏迷—新生这一重复的模式中经历着自己的拳击生涯……每一次的苦难最后总会出现新的启示和希望，而每一次的希望和欢乐又是下一次苦难的开始，直到作品最后，爸爸在经历了又一次生死的洗礼之后，向妻儿传达在梦境中获得的启示，房间里充满了新生的喜悦和爱的温柔，但第二天早晨阿扎罗醒来时，"房间里空空荡荡。妈妈和爸爸走了，轻柔的风并未永久延续"。这样的结尾意味着故事远未结束，新的一轮循环又将开始。

《饥饿的路》的意义同时产生在与其他文本的联系之中。除了阿扎罗的死而复生与《圣经》中拉撒路的复活故事形成原型对照，"路"的意象令人想起博尔赫斯的《交叉小径的花园》之外，《饥饿的路》中的意象和思想还闪现着索因卡的身影：作品的标题和路的意象出自索因卡的诗歌《黎明中死亡》中的诗句："当路在饥饿地等待时，你千万别出来行走。"① 而索因卡的荒诞哲理剧《路》更是为《饥饿的路》提供了思想的源头。《路》中的那条路尽管充满死亡的危险，但作者的代言人"教授"依旧敦促人们上路，因为他把路看成不断变化的象征，而死亡是变化的必要牺牲。在《饥饿的路》中，尽管充满对异己力量的进入给黑非洲带来的灾难性后果的认识，但作者仍然借人物之口呼吁"务必把门开着"，因为苦难是走出苦难的必要步骤。

总之，《饥饿的路》借助想象和信仰的力量，让艺术之维无限延展，在小说的世界里，理性与非理性杂陈，现实与虚幻共生，生界与死界同

---

① ［尼日利亚］沃雷·索因卡：《狮子和宝石》，邵殿生等译，漓江出版社 1990 年版，第416 页。

呈，世界像一座迷宫，多种似是而非的可能性纠结，意义闪现在悖论之中。在这样一个多维艺术空间中，读者在品味深邃的同时，也会获得一种陌生化带来的新奇快感。

三　黑非洲的文化意识

一方面是真实的尼日利亚现实，一方面是神奇怪诞的虚幻世界，《饥饿的路》带给读者的审美感受，很容易让人想起产自拉美的魔幻现实主义流派，因而不少学者都指出这部作品是一部魔幻现实主义的杰作。但是，《饥饿的路》里的魔幻现实主义并不是对拉美魔幻现实主义的简单模仿，而是黑非洲文化意识的产物，融入了黑非洲的民间信仰和传统文化逻辑。

在 1994 年的一次访谈节目中，奥克瑞说道：

> ……我的传统的一个重要部分是我们不相信死者死了……我们认为人们死了时，他们其实是去了另一个王国。……它是一阵吹遍整个世界的新风……它是一种新的渴望和发现，正在缓慢地战胜那种对现实平庸描绘的专制。……我们想要更多的东西，因为我们感到在我们内心有更多东西存在。我们需要仪式上的通道去分开经验的不同部分。……有一些事情永远是社会的一部分，只是我们一路前行，忘记了它。我认为我们正在为这种遗忘付出代价，……现在到了我们治愈人类的精神的时候了，这种治愈要通过回归到人类精神世界那充盈的、丰富的、被隐藏的一面而达到。这正是我在我的小说中试图做到的——就像我所说的，修复王国。①

出现于 18 世纪的欧洲现实主义小说是欧洲中产阶级意识的产物。伊格尔顿对此分析道：在那个时代的英国，"衡量什么是文学的标准完全取决于意识形态：体现某一社会阶级的种种价值和'趣味'的作品具有文学资格，……因而在这一历史时期，文学这一概念之'浸透价值判断'（value-ladenness）基本上是不言而喻的"②。而在那个时代，中产阶级正

---

① 参见 Ogunsanwo, Olatubosun, "Intertextuality and Post-colonial Literature in Ben Okri's The Famished Road", Research in African Literatures, Vol. 26, No. 1, Spring 1995 .

② ［英］特雷·伊格尔顿：《二十世纪西方文学理论》，伍晓明译，北京大学出版社 2007 年版，第 16 页。

在崛起成为新的主人，所以包括小说在内的文学创作的核心追求就是要把中产阶级和自己民族最优秀的文化联系起来，也由于 18 世纪的末期欧洲开始向外扩张，文学也承担着培养欧洲主人意识的意识形态任务。欧洲的现实主义观念被视作放之四海而皆准的普遍真理，用以去衡量所有的小说价值。这种被强加的普适性小说观念导致了"人类社会视野（小说的世界）的狭窄，因为它排斥了幽灵、超自然的和其他神奇的存在"①。很明显，奥克瑞也认为，这种普遍性的标准忽略了文化的差异性，暗含着意识形态的潜语。然而被压抑的东西并没有消失，而是始终埋藏在民族文化的深层意识里。他的小说所做的，就是要恢复黑非洲的精神现实，重构那个失去了的多维意识王国。

虽然黑非洲的文化及其意义被世界所认识是晚近的事，但这并不表明黑非洲没有自己的文化，而实际上正如阿契贝所说："非洲人民并不是从欧洲人那里第一次听说有'文化'这种东西的，非洲的社会并不是没有思想的，他经常具有一种深奥的、价值丰富而优美的哲学。"② 黑非洲有自己独特的生命哲学和宗教哲学。这些传统的文化意识自始至终决定着黑非洲人看世界的方式，影响着他们的精神现实。

非洲人认为人是有灵魂的，灵魂可以脱离躯体单独活动，躯体死了，灵魂还在，只是脱离了躯体，他们还相信灵魂会在梦中四处漫游。非洲人的这种灵魂观念又导致祖先崇拜的产生。"许多非洲文化都推崇祖先，把他们视为哲学和精神向导。……与祖先断绝关系，在本质上就是割断生命本身。"③ 所以，在黑非洲的传统文化意识里，世界是多维的。《饥饿的路》中的阿比库观念，一方面，是对黑非洲婴儿死亡率高的现实的一个反映，另一方面，也是源自非洲人灵魂观念的民间信仰。在《饥饿的路》中，祖先的身影也不断闪现：阿扎罗被七头鬼追杀，逃无可逃，是当了路王祭司的爷爷的灵魂解救了阿扎罗；祖先在睡梦中不断向爸爸传授各种哲学，给爸爸以精神指引。总之，小说通过很多细

---

① Ogunsanwo, Olatubosun, "Intertextuality and Post-colonial Literature in Ben Okri's The Famished Road", Research in African Literatures, Vol. 26, No. 1, Spring 1995.

② 转引自伦纳德·S. 克莱因《20 世纪非洲文学》，李永彩译，北京语言学院出版社 1991 年版，第 5 页。

③ [美] 菲利普·李·杰拉尔夫等：《世界文明史》（上），商务印书馆 1998 年版，第 1047 页。

节传达着黑非洲的灵魂的观念：祖先随时与后辈保持着联系，传递着生命之力这种"神圣的、看不见的、永恒的实在"，活着的人成为某种联系着的生命的结合体。

古代黑非洲人之所以认为人是有灵魂的，是因为生活中存在着很多谜，他们无法解释，所以归因于另一个世界的存在。对于他们来说，生和死都是抽象和玄学的，生命恰如一段神秘而无终点的旅程，反反复复，循环不已：阿比库们的反反复复投生，阿扎罗眼前闪现的前世今生，寻找走出非洲的路的那名男子的瞬间变身，都是这一观念的产物。可以说，黑非洲的传统生命哲学遵循了一种循环逻辑，在黑非洲传统文化世界里，充满了"可能性、迷宫、谜团"。正是在此意义上，奥克瑞强调迷宫美学是黑非洲文化意识的产物。细查起来，尽管《饥饿的路》中的迷宫叙述形式和不断分岔的"路"的意象，很容易让人想起博尔赫斯的《交叉小径的花园》等典型的后现代小说文本，但与后现代的迷宫小说的确有些不同。后现代式的迷宫源自中心、意义、方向和终极目标的缺失，传达的是一种混乱和迷惘的生存体验，而"在非洲人眼中，宇宙是一有着上下等级的由互相关联的各种力量组成的辩证体系"①。他们极为看重与天地、神灵的和谐关系。因此在他们的文化意识中，混乱中往往孕育着某种均衡力量，来达到新的和谐。《饥饿的路》虽然没有提供"路"的终结点，但是却预见到"为了顺应时代的要求，种种新的力量正在诞生。……它们也在恢复着世界的均衡。……我望见了最初的神兆——它所报道的，不是一个万物祥和的季节，而是一个循环的即将结束"。很明显，拆解之余，奥克瑞还注重了建构，预示了力的均衡。换句话说，《饥饿之路》引进的是一种从黑非洲神话中借来的非理性周期循环式梦幻逻辑，所以与后现代的迷宫小说带给人的绝望不同，《饥饿的路》的迷宫模式最终留给人们的是希望。

在黑非洲的传统文化中，还存在着万物有灵的观念。在他们看来，自然万物皆是至高神的展现，在自然中至高神无处不在。在这样的泛灵论影响下，《饥饿的路》呈现的世界不仅充满人的灵魂，还有各种各样有着灵异能力的动植物。"森林里挤满了属于另一世界的灵物。森林像一个过分

---

① ［美］菲利普·李·杰拉尔夫等：《世界文明史》（上），商务印书馆1998年版，第1047页。

拥挤的市场。"黑非洲对自然万物的崇拜体现了人与自然同一、协调一致的思想，看起来迷信，却包含着要保护自然、和它们友好相处，否则自然就会对人类进行惩罚的原始生态思想。在《饥饿的路》中，森林是大自然的一个化身。阿扎罗在森林中漫游时，在他面前展现了两种截然不同的森林场景，一个是保留着自然风貌的森林，在那里，"我听到了笛声般动听的鸟儿们的鸣啭，听到了远处潺潺的流水，困乏的森林中的风，以及比比皆是的昆虫的音乐合奏"。与这幅充满自然和谐密码的诗画场景相反，那片人类正在开发的森林则散发着灾难气息，"我听见幽灵般的伐木工人奋力砍倒高大的猴面包树、橡胶树及其他树木的声音。鸟窝随地可见……"面对这种场景，作者借阿扎罗之口发出感慨"人类足迹所至，树木都在逃却"。人类蹂躏了自然，自然就要惩罚人类：在森林中觅食的路王来到人间，疯狂地吞噬一切，洪水将指挥架设电缆的白人席卷到他们挖掘泥沙的大坑里不见了踪影……因此，昏睡中接受了祖先启示的父亲告诉阿扎罗："从今以后，我们必须用尊重的态度对待一切生灵。……我们必须明智地使用我们的全能。"

　　《饥饿的路》与非洲传统文化的联系不但在于体现了非洲传统文化的意识上，而且在形式上也力争本土化。非洲的本土文学传统是其口头文学，如何将古老的口头文学传统融入到现当代文学中来，是黑非洲作家们一直在思考的问题。被誉为"最有非洲味儿的非洲作家"图图奥拉在其成名之作《棕榈酒醉鬼故事》中，尝试着用变异了的非洲英语，以第一人称叙述的形式，串联起了一系列黑非洲的民间故事，为黑非洲现代文学的本土化开辟出了一条道路。奥克瑞在图图奥拉开辟的道路上继续探索。《饥饿的路》的开篇写道："起先是一条河。河变成了路。路向四面八方延伸，连通了整个世界。因为曾经是河，路一直没能摆脱饥饿。"这样的开端不仅具有黑非洲口头文学那种音乐的节奏，而且奠定了一种口述史诗般的氛围。小说的叙述者阿扎罗的"阿比库"身份，使得他的讲述充满了口头文学中那种神奇的色彩。更有意味的是，小说中不仅阿扎罗在讲故事，阿扎罗讲述的故事中的人物也在不断地讲故事。爸爸讲述的路王的故事、妈妈讲述的蓝墨镜的故事都构成叙述的有机部分。这种讲故事的整体结构与《棕榈酒醉鬼故事》极为相似。不同的是，由于奥克瑞是在以现代意识利用非洲口述文学传统，所以《饥饿的路》中的故事都或明或暗地指向黑非洲的现实语境，具有深刻的当下意义。在将口述文学传统融入当下非洲语境方面，奥克瑞比较成功地实现了传统形式的现代转化。

综上所述，《饥饿的路》这部作品成功地阐释了奥克瑞心目中的"非洲美学"。它在源自拉美的"魔幻现实主义艺术手法上深深打下了约鲁巴神话——非洲文化的烙印，把自己大陆的精神注入其中，在以现代意识发掘民族传统文化遗产上走出了一条新路"①。但是奥克瑞的这种将欧洲传统、拉美手法、非洲意识融于一身的混合型非洲美学究竟在多大程度上能代表黑非洲现代文学的趋向，这还是一个有待时间检验和慎重评断的问题。但是无论如何，奥克瑞对于黑非洲独立文化属性的探索是可贵的，他所提供的"非洲美学"也是具有启示意义的，最起码他的努力为陷入言说困境中的黑非洲现代文学提供了众多解决路径中的一条。

第三节　库切创作的理论化倾向

南非作家 J. M. 库切除了是杰出的小说家，还是大学里教授语言学和文学的教授。作为学院派作家的一员，学者的身份对其创作产生了深刻的影响。对此，研究者伊安·格来恩（Ian Glenn）认为："如果非要说库切与南非的某个阶级存在有机联系，或者说库切是某个阶级的代表人物的话，那么这个阶级一定是传统上说英语的大学里的职业学者。"② 胡格安（Huggan）和瓦特森（Watson）也认为，"如果说库切（小说家库切）不存在的话，那么学术就应该是创造库切的东西"③，这些研究者都突出强调了库切的学者身份和作家身份的密切关系和小说创作与学术思想的交相渗透，伊安甚至认为作为批评家的库切已经尝试着使他的作品成为批评的证据（critic-proof），因此称库切为跨文化国际语境中的"作为作家的批评家的新类型"④ 中的一员。纵观库切的整个创作，的确始终存在着一种理论化的倾向，虚构的小说往往指向某种学术思想和理论立场，因此关于

---

① 邹海仑：《他"引导非洲的长篇小说进入后现代时期……"——记〈饥饿的道路〉和它的作者》，载《世界文学》1994 年第 3 期。

② Glenn, Ian, "Nadine Gordimer, J. M. Coetzee, and the Politics of Interpretation", South Atlantic Quarterly, Vol. 93, No. 1, Winter 1994.

③ 转引自 Susan Vanzanten Gallagher, *A Story of South Africa: J. M. Coetzee's Fiction in Context*, New York: Harvard University Press, 1991, p. 25.

④ Glenn, Ian, "Nadine Gordimer, J. M. Coetzee, and the Politics of Interpretation", South Atlantic Quarterly, Vol. 93, No. 1, Winter 1994.

库切小说创作的研究总是与当下学术热点话题的争论相伴随。理论探讨和创造性虚构的有机结合构成库切创作的一个重要特征。的确，理解库切离不开对他的学术背景的了解。库切的学术滋养主要来自西方的后现代主义，尤其是后结构主义语言学和后现代主义历史观念。

一　语言的不稳定性和理性自我的坍塌

像大多数结构主义语言学学者一样，库切很早就注意到了语言的不稳定性及其导致的源自启蒙时代的先在的理性自我的坍塌。库切在 1977 年创作的关于阿切特伯格（Achterberg）的一篇论文，集中体现了其后结构主义语言学的观念，他认为：语言的能指与所指之间不是一对一的关系，语言的意义产生自"能指链"，即能指之间的关系链，由于"能指链"的组合是暂时性的，带有历史的偶然性，所以语言的意义是不确定的、多层次的。通过语言媒介建构的自我与他人的身份也必定是不稳定的、片面的。通过对诗歌的结构分析，库切发现，作为我和你的意义随着能指的滑移，总是处于变动之中，几乎没有固定性，因此，"在语言的中介中，所有我的观点都是我的虚构。根本的我是不可能复原的。我和你都不可能完全地存在"①。库切以语言所指的不稳定出发，从具体文本的语言学分析中，推导出了主体性自我不稳定性的观念。

综观库切创作，作为语言学家的库切的身影确实无处不在。有时，表现为一种在细节上的语言学兴趣，有时甚至渗入了作品的整体叙述。在《铁器时代》中，库切通过柯伦太太之口摧毁了符号与意义的稳固性关系：柯伦太太在讲到霍桑的《红字》时，提到女主人公穿的绣有"A"的衣服——通奸的耻辱的标志，经过了多年以后，"人们慢慢忘记了它代表的意思。他们忘记了，它代表过任何意义。它单纯地变成了她穿的衣服，就像一个戒指或一枚胸针"②。符号与意义的对应性关系具有历史的偶然性，随着时间的推移，旧有的意义退却，新的意义产生，在这样的一个意义不断消失又不断增生的链条中，人们又怎么能够断定符号的最初的和最后的意义呢？符号和意义根本无法形成一一对应关系，从这个意义上

---

① J. M. Coetzee, *Doubling the Point*: *Essays and Interviews*, New York: Harvard University Press, 1992, p. 75.

② ［南非］柯慈：《铁器时代》，汪芸译，台北天下远见出版股份有限公司 2001 年版，第 168 页。

来讲，是作为表达媒介的不稳定性的语言自身反过来造成了表达的模糊性和不确定性。库切的作品中的叙述者经常会为语言的不稳定性而感到困惑：在《等待野蛮人》中，作为叙述者的行政长官"我"，经常遇到表达上的障碍，要不就是"我"的语言微弱无力，一说出来，就远离了真相；要不就是在"我"面前出现各种各样的可以选择的言辞的编排，而最后却失去了所有的意义。于是不得不承认，"一个不知道怎么对付自己床上的女人的男人，同样也不知道如何用文字表达自己"①。语言和它所表达的主体（包括历史的主体）并不重合，在它们之间存在着巨大的空洞和裂隙。伊丽莎白·科斯塔洛在陈述自己的信仰时，实际上也是在反省作家与社会现实的关系，也面临着表征和理解的困难。她在法庭上关于创作的信仰的两次陈述有着很大不同，而第二次陈述时一个女审判员从伊丽莎白讲述的青蛙的故事中发现了一种生命的精神，并断定这种精神才是伊丽莎白的信仰。这并不是伊丽莎白想要说的，然而她又无力运用语言进行辩驳，最后，伊丽莎白也不知道自己到底相信什么，想要说什么，不由得发出"我们如何才能知道自己相信的是什么呢"②的感慨。观念通过语言的中介释放出来，再引起阅读者的反响，距离说话者想要表达的东西越来越远，更何况说话者自己的观念又总是在漂移，语言作为一个表征符号，能在多大程度上与说话者的意愿相符，听话者的理解又能在多大程度上贴近讲话者的表达，就成了一个大大的问题。

由于相信作为叙述工具的语言是不稳定的、多义的，库切作品中通过语言进行自我表述的叙述者的身份就总是呈现为多重性和流动性，因而难以捕捉和定论：两次陈述之后的伊丽莎白失去了对自我的把握，或者说发现了无法把握的自己，她在法庭的最后申述是："可我是谁？谁是'我'？谁是'你'？我们每天都在变化，又保持原来的样子。'你''我'都不比其他任何人更加重要。你可能还会问：进行第一次陈述的伊丽莎白和进行第二次陈述的伊丽莎白，哪个更真实。我的回答是：两个都真实。都真实，都不真实。'我'是另一个人。"③这段陈述有些拗口，但明显可见伊丽莎白在思索的问题是：自我其实是一种语言的建构，并不拥有稳定性的

① ［南非］J. M. 库切：《等待野蛮人》，文敏译，浙江文艺出版社 2004 年版，第 79 页。
② ［南非］J. M. 库切：《伊丽莎白·科斯塔洛：八堂课》，北塔译，浙江文艺出版社 2004 年版，第 166 页。
③ 同上书，第 268 页。

本质，变化浮动是必然的。《彼得堡的大师》中的陀思妥耶夫斯基在癫痫病发作之后，"恢复原状时，又失去了自己是谁的意识。他认识'我'这个字，但是当他盯着瞧的时候，他又像沙漠中的一块石头那样神秘莫测"①。在此种言说之下，西方传统哲学中那个先在的、稳固的、创建世界秩序的理性自我消失了，而由这个游移的、不可把握的自我的叙述构筑的世界的脆弱性也可想而知。

由于以不稳定性的语言作为中介，叙述者的叙述无法把握自我，更无法触碰他在的实体性。在《福》中，沉默不语的星期五始终是作者探讨语言与真实之间关系的焦点。一直在想尽各种办法解开星期五之谜的苏珊清醒地意识到通过语言抵达他者主体性的无力，通过语言建构的他者形象只是自我欲望的折射和对他者的强压。在她看来，"星期五没有对言辞的掌握，因而不能抵抗日复一日地被按照他人的欲望重塑。我说他是一个野人，他就变成了一个野人，我说他是一个洗衣工，他就变成了一个洗衣工。什么是星期五的真相？……不管他对自己是什么（他对自己是什么吗？他怎样告诉我们？），他对世界的所是就是我制造的他所是"②。星期五的沉默最终也没有打开，保持着不确定性。尽管叙述者总是在试图阐释星期五这个他在的沉默，但星期五的沉默却始终未被打破，这未被打破的沉默因而也使他在的身份始终保持着不确定性。

总之，库切在小说创作中，总是有意无意地通过虚构的情节和形象来探讨语言学方面的相关理论和表现理性自我的坍塌，针对这种文本现象，有学者甚至做出如下断言："库切的'游戏'既不是个人的形象也不是国家的权力关系，而是语言和传达，他的作品关注小说写作的困难，语言和传播的死路，作者的权威在一个不公正的社会的困境。"③

二　叙述的自我审视

在《关于写作的笔记》这篇论文中，库切以"书写"为例分析了现代语言学提出的语言的三种声音：主动的、中间的和被动的。库切提醒人

---

①　[南非] J. M. 库切：《彼得堡的大师》，王永年、匡咏梅译，浙江文艺出版社 2004 年版，第 71 页。

②　J. M. Coetzee, *Foe*, Harmondsworth: Penguin Books, 1987, p. 132.

③　Susan Vanzanten Gallagher, *A History of South Africa: J. M. Coetzee's Fiction in Context*, New York: Harvard University Press, 1991, p. 44.

们关注三种不同的声音所表现的书写与主体（机构）的不同关系，认为
"主动的、中间的、被动的三种声音应该被视作一种小心翼翼的合唱，一
个人书写时必须留出一只耳朵来倾听"①。库切清醒地知道叙述声音背后
的权力关系，在权力的控制下，不同的叙述声音直接影响着文本叙述与事
件真相的距离。对真相问题极为执着的库切有意识地对叙述行为进行自我
审视，他在生产话语的同时，会不断地对话语的生产者进行监督，对生产
话语的过程进行检查。马克·柯里曾经说过："从理论到虚构作品的转向
不可避免地以叙事的自我审视为结果。"② 库切的创作印证了这一观点，
强烈的自我指涉性构成他的小说的一个重要特征。

　　库切作品的自我审视首先指向传统叙述的权威。在库切看来，西方文
学传统、主流现实主义真实观、全知全能叙述视角等都从不同角度上代表
了叙述的权威，它们发出的主动声音形成的话语实施的是对他者和叙述对
象不同层次的权力压迫，因而是不公正的③。库切清醒地意识到自己的写
作也浸润于这些传统叙事的叙述权威之中，但他一直保持着一种自我省察
以消解这种权威。在库切笔下，故事虽然也按线性的自然顺序清晰地发
展，但往往因具有局限性和临时性特征的叙述者，叙述的可信性大大降
低。《迈克尔·K 的生活和时代》中因弱智而表达能力欠缺的 K 总是面临
自我表述的裂痕；热衷于解释 K 的生存意义的医官对 K 的解释根本没有
得到 K 的任何回应，说到底他的叙述也只是一种一厢情愿的自语；《福》
中的叙述者苏珊·巴顿的叙述目的主要有两个：一是要讲出自己的乘船遇
难故事；二是要探究被割去了舌头的星期五的故事。苏珊因为缺乏写作技
巧而不得不求助于作家福，虽然苏珊一直与掌握着笔的福进行抗争，但福
还是为了故事的好看改写了苏珊的故事。而对于星期五的探寻，所有的努
力最终都以失败而告终，在明白能够讲出星期五的故事的只有星期五的同
时，苏珊对自己的动机和自我的理性也产生了质疑："我告诉自己我与星
期五说话只是为了教育他走出黑暗和沉默，但那是事实吗？有时仁慈离开

---

① J. M. Coetzee, *Doubling the Point: Essays and Interviews*, New York: Harvard University Press, 1992, p. 95.

② ［英］马克·柯里：《后现代叙事理论》，宁一中译，北京大学出版社 2003 年版，第 59 页。

③ 关于此话题，详见拙著《后殖民文化语境中的库切》，中国社会科学出版社 2008 年版，第 263—282 页。

了我，这时我仅仅是把字词当作让他从属于我的愿望的最简洁的方式。"①
缺乏叙述技巧，又不能控制别人对自己的故事的叙述的叙述者对自己历史
的呈现，有压制别人的不纯动机的叙述者对他人故事的讲述都缺乏可信
性；以见证的形式讲述索韦托事件真相和个人忏悔的书信体小说《铁器
时代》中的叙述者柯伦太太是个即将离世的癌症患者，但这些写给女儿
的信生前一封也未发出，见证的历史证明性何处证实？担负着柯伦太太在
自己死后将信件寄给女儿的嘱托和承载着柯伦太太的忏悔的倾听者和救赎
者功能的流浪汉维库艾尔身份神秘，面目模糊，极不可靠，就像库切的研
究者多米尼克·海德所指出的，柯伦太太选择他做自己的信托者和救赎
者，"依赖的仅仅是他的被社会抛弃者的功能，这种人没有赠予救赎的礼
物，或者也有可能他提供的救赎是不合常规的，（这种判断）建立在他体
现出的无效性——不可定义的他者身份之上"②。柯伦太太的忏悔很可能
是向空洞发出，让人看不到太多救赎的希望；《等待野蛮人》中的行政长
官明显同情被帝国驱逐、屠杀的野蛮人，但在不断的自我反省中，行政长
官最终发现自己实际上和帝国处于一种同谋关系之中，他对被俘的野蛮人
男孩的语言诱导、对野蛮人姑娘的躯体的抚摸与乔尔上校施予他们的酷刑
折磨并无不同，都是对他者实施的压迫。通过这样一个有局限性的叙述者
传达的价值观念并不牢靠与稳固。

　　库切作品的自我审视还指向了作家权威。作为批评家的库切并不把文
学作品视作影响社会发展、提供洞见和真知的权威话语，他曾经说过：
"我从来没有被完全说服，承认作者是不被承认的人类立法者，权威朝向
作家的愤怒对我来说，总有可笑的一面。"③ 库切明显在向作家权威挑战，
但这并不能说明库切对创作持游戏的态度。实际上，库切是一个愿意通过
创作探索真理的极其严肃认真的作家，但是他的学术研究又使他得出创作
的这种诉求只不过是一种无法实现的乌托邦的结论。仔细聆听，这个宣言
中不乏悲音。《彼德堡的大师》中的大师陀思妥耶夫斯基、《伊丽莎白·
科斯塔洛：八堂课》中的伊丽莎白拥有着和库切同样的身份——作家，
从某种程度上讲，借助这两个虚构形象之口，库切传达出了自己对作家权

---

① J. M. Coetzee, *Foe*, Harmondsworth: Penguin Books, 1987, p. 60.

② Dominid Head, *J. M. Coetzee*, Cambridge: Cambridge University Press, 1997, p. 130.

③ Scott, Joanna , "Voice and Trajectory: an Interview with J. M. Coetzee", Salmagundi. Saratoga Springs, No. 114/115, Spring 1997.

威的质疑和颠覆。写了那么多书、自信了解世道人心的大师在继子巴维尔
死后却发现自己并不了解巴维尔，他向来以"要倾听俄国低声抱怨的声
音"为使命，但当他坐下来书写巴维尔及其所经历的时代的疯狂时，却
产生了深深的自我质疑，"这就是他所说的。可是，这究竟是真实，还是
只不过是自夸？……他所说的一切都是假的，没有一句为真，没有一句可
信，没有一句可以反驳。他抓不住任何东西，除了坠落"①。最终他意识
到写作即意味着背叛和对真实的歪曲，大师对写作的信仰瞬间崩溃；《彼
德堡的大师》中对写作自身的质疑在《伊丽莎白·科斯塔洛：八堂课》
中得以重现，为通过大门口而进行的审判实际上既是文本中的作家伊丽莎
白为了"不再自欺欺人"而对写作生涯的回顾，更是库切对写作这个工
作和作家这个职业的自我反省。伊丽莎白最终无法通过那个象征真理的大
门，借助这个意象，库切试图传达的是，因作家无法放弃个人权威，因为
"所有的写作是自传性的，你写的所有东西，包括批评和小说，在你写它
时，它也在写你"，② 写作根本上是一种主观叙述，势必会对言说的客体
进行扭曲和遮盖，归根结底是一种权力压迫形式，在言说真理方面是徒劳
无益的。在这番言说之下，作者的权威被消解殆尽。

　　库切作品的自我审视还表现在作品的元小说特质上。"元小说是指由
这样一些人写的作品：他们清楚怎样讲故事，但他们的叙事却在自我意
识、自觉和反讽的自我疏离等不同层面上返回叙事行为本身。"③ 简单点
说，元小说就是有关小说的小说，它关注的是对小说创作过程的揭示。深
谙写作之道的库切总是有意无意地让他的小说中充满关于小说如何叙事的
叙述。某种意义上，《福》可以被视作一部写作小册子，里面有一个乘船
遇难的故事材料、有试图讲出自己的故事和探索星期五的故事的叙述者苏
珊、有授命把苏珊的经历创作成书的小说家福。星期五的沉默可以看作叙
述者讲述的故事中无法填平的裂隙，苏珊和福的联合与抗争可以看作故事
经历者、叙述者与作家既依赖又冲突的纠葛关系，苏珊要求讲出真实的个

---

　　① ［南非］J. M. 库切：《彼德堡的大师》，王永年、匡咏梅译，浙江文艺出版社 2004 年版，
第 236 页。

　　② J. M. Coetzee, *Doubling the Point*: *Essays and Interviews*, New York: Harvard University Press,
1992, p. 17.

　　③ ［英］马克·柯里：《后现代叙事理论》，宁一中译，北京大学出版社 2003 年版，第 70
页。

人历史，但福为了故事的好看完整和市场需求，随意编造情节，甚至无中生有地为苏珊造出一个来寻母的女儿，驱使福远离事实的这些因素其实是每个作家在创作过程中都不可避免地会受到的诱惑。因此，《彼德堡的大师》中的陀思妥耶夫斯基得出写作就意味着背叛的结论。表面上来看，《彼德堡的大师》是讲述了一个历史故事，实际上通过与历史事实的诸多偏离，库切有效地提醒作品玄幻神秘的故事只是一个外壳，作品最终要呈现的，正如中文译者匡咏梅所说的："是要向读者展示书房斗室里深不可测的想象世界。"① 陀思妥耶夫斯基为争取稿费而"不得不交出自己的灵魂"而品尝到的苦味实际上既是对小说创作实质的揭示，又是库切对作家这个职业命运的概括。

总之，库切作品中的围绕着语言怎样参与权力压迫，充满着对文学传统、作家特权和叙述自身的自我审视。因其小说强烈的自我指涉性，多米尼克·海德认为库切"在南非首先创作出来了显然是来自国际后现代主义的公然的自我意识的小说"②。

三　历史的问题化

库切在创作中对叙述权威的颠覆、对写作自身的自我审视一方面源于他的语言学知识，另一方面还与他的历史观念有关。库切明显接受了后现代主义的历史其实是一种叙事的观念，强调历史的叙述性质，认为："历史不是现实；历史是一种话语。"③而认为我们所谓的历史只不过是当代人对历史的阐释，在他看来，"历史的理解要求我们在理解过去时将其看作是对现在的一种影响。……我们的历史存在是我们现在的一个部分，而我们现在的这一部分就是属于历史的那一部分。而我们所无法完全理解的恰恰就是这一部分，因为，要想理解这一部分，我们就得在理解自己时，不仅将自己看作是历史种种作用的对象和客体，而且将自己看作是历史的自我理解的主体"④。这种情况意味着在具有特定意识形态观念的当代人的阐释之下，真实的历史材料虽然存在，但已不可再现和无法接触。在这样

---

① 匡咏梅：《彼德堡的大师》译后记，载 J. M. 库切《彼德堡的大师》，王永年、匡咏梅译，浙江文艺出版社 2004 年版，第 257 页。

② Dominid Head, *J. M. Coetzee*, Cambridge：Cambridge University Press, 1997, p. 130.

③ J. M. Coetzee, "The Novel Today", Upstream6, Vol. 6, No. 1, Summer 1988.

④ ［南非］J. M. 库切：《异乡人的国度》，汪洪章译，浙江文艺出版社 2010 年版，第 16 页。

的理论视野之下，曾经被视作科学的历史被问题化了，历史与真实之间的乐观等同被击碎。归根结底，库切认为由于我们只有从文本中认识历史，所以通过历史记录获得真相的努力均是自欺欺人。库切的这种历史观念渗透在他的整个创作之中，尤其在与历史有关的历史题材小说和自传类作品的创作之中。

　　迄今为止，库切创作中可以被视作历史题材的小说只有《幽暗之地》的第二部分"雅各布·库切的叙述"。它虽然也在讲述一个殖民者深入南非大陆的一次历史事件，但它并不是传统意义上的历史小说，而是代表了历史题材小说中的一个新的类型——历史元小说。"所谓'历史元小说'是指那些闻名遐迩、广为人知的小说，既具有强烈的自我指涉性，又自相矛盾地宣称与历史事件、人物有关……历史元小说……在理论层面上自觉意识到了历史与小说都是人类构建之物，这为其重审和改造过去的艺术形式和内容奠定了基础。"① 历史元小说在叙述历史事件的同时，总是提醒读者注意历史记录的叙述性质和叙述者讲述历史的方式。

　　"雅各布·库切的叙述"部分的结构具有文本汇编性质，它包括了雅各布·库切对旅程的第一人称自述、"雅各布·库切的叙述"的编辑者S. J. 库切所作的序言（在文本中被安排为编后记）、以附录形式出现的由官方出具的关于雅各布·库切的旅行的具结书、"雅各布·库切的叙述"和 S. J. 库切演讲的英文翻译者及作为作者的 J. M. 库切对"雅各布·库切的叙述"的再编辑四个叙述层面。这四个叙述层面都指向了历史话语的制造过程。作为事件经历者的雅各布·库切是公开掌控一切的叙述者，他的叙述明显是一种主观叙述，通过不断的自我指涉揭示其叙事对事实随意篡改的意图。当他第一次在旅行途中遭遇土著人时，他的脑海里浮现了众多关于旅行叙事的模式，他冷静地在头脑中进行着自己的叙述选择。而对仆人克拉沃死亡真相的两次不同表述则充分体现了雅各布对叙述话语符合自己意愿的操控；历史编纂者 S. J. 库切在为雅各布的故事所作的序言中，为雅各布对黑暗大陆的远征行为大唱赞歌的同时，对白人武装对土著人的屠村行为轻描淡写地一带而过，这显示的是具有阿非利垦民族主义思想的历史学家在历史编纂中对历史的刻意遮盖；"雅各布·库切的具结

―――――――――

　　① ［加拿大］琳达·哈琴：《后现代主义诗学：历史·理论·小说》，李杨、李锋译，南京大学出版社 2009 年版，第 7—8 页。

书"形式上是一种官方的历史报告，但结尾签名处以雅各布不识字为理由写下的"X"符号却又将叙述者的身份模糊化，不确定身份的叙述者讲述的历史明显是不可信的，叙述再次指涉自身的危机；作者库切的叙述声音始终以一种潜在声音的形式存在着，但正是通过他对三个历史叙述文本的并置，展示了历史话语的编制过程。

　　总之，通过多重叙述结构和对叙述者掌控叙述的叙述真相的揭示等叙述技巧，"雅各布·库切的叙述"清晰地传达出了这样的历史观念："意义和形状不存在于事件本身，而是存在于把过去的'事件'转变成现在历史'事实'的体系中。这不是'逃避真相的骗人把戏'，而是承认人造之物具有制造意义的功能。"①

　　某种程度上，自传作为对个人生活的记录，也是一种历史。后现代主义的历史观念也改变了自传观念。在 20 世纪 60 年代，曾经被视作虚构的小说与被视作真实的历史之间的界限的打破导致自传文类出现了一种新的变体——"非虚构小说"。这类小说"更像一种纪实叙事形式，故意公开使用小说的创作技巧，一般不假装出客观地摆事实的样子"②。库切的自传作品《青春》、《男孩》可以视作这类作品的典型范例。库切清醒地意识到记忆的虚构功能和自传即故事叙述的实质，以呈现真实自我为目的的自传不可能再现自我的真相，所以在写个人传记时，他不愿意再玩自传是个人历史真实记录的自欺欺人的叙述把戏，两部作品的题材明明取自过往经历，但偏偏通过第三人称单数叙事视角和一般现在时态等叙述技巧，将创作中的作家与自传中的自我拉开距离，并提醒读者历史只存在于现在之中，文本中的自我只是作者创造的一个客体，是进行创作时作者阐释的对象，巧妙地避开了对自传真实性的任何质疑。库切的笔成功地游走于纪实与虚构之间，创造出了按传统文类观念来看，既不属于传记，也不属于小说的新的小说类型——非虚构小说。

　　某种程度上讲，《伊丽莎白·科斯塔洛：八堂课》、《凶年纪事》也可以归入非虚构小说类型。《伊丽莎白·科斯塔洛：八堂课》里面的八篇演讲明明是库切对于现实主义、非洲小说、动物权利、非洲人文学科、邪恶

　　① ［加拿大］琳达·哈琴：《后现代主义诗学：历史·理论·小说》，李杨、李锋译，南京大学出版社 2009 年版，第 121 页。

　　② 同上。

问题、爱欲、作家权威等文化问题的看法，类似个人的思想传记，却偏偏由一个虚构人物伊丽莎白来表达。《凶年纪事》这部排版新异的作品令读者在内容和形式的期待上遭遇新的挑战。该书的前 5 章分为两栏，自第 6 章起分为三栏。上面一栏是一位声名卓著的老作家关于社会关怀方面的一些短论。下面两栏讲述的是一个中篇爱情故事，由老作家和他请来为他打印手稿的安雅两个当事人分头讲述。这部著作一方面是个人面向真实时代问题的发言，具有理论性质。另一方面爱情故事的并置又使得真实与虚幻的疆界模糊化。作者为什么要这样排版？只是库切为新奇而新奇？成为研究者们关注的一个话题。陆建德在谈到这部作品的文体形式时指出，该部作品之所以采用如此独特的排版，与多谈敏感的政治话题有关，是一种自我保护手段，还与库切习惯于在文本中将自己与文本中的人物拉开距离的做法相一致，是为了能够冷静观察自己、反省自己①。许志强也指出，文本叙述形式上的"这些处理可以让人感觉到现代艺术的兴趣，标明其人工制品的实验意味……"② 这些学者都注意到这部形式新异的作品实质还是一种自我思想叙事，但却通过叙述的设置刻意营造人工制品的氛围，击碎读者关于真实性的阅读期待，而安雅的叙述中对老作家观点的质疑既是库切的自传作品中常见的自我质疑声音的虚构化处理，又瓦解了老作家的思想带给读者的任何确定性观念。任何试图从该部作品去捕捉库切思想踪迹的努力都可能面临真实性的质疑，而库切却不用为此承担任何责任，因为从根本上来说，文本叙述形式自身消解了作者提供任何确定的真实历史的企图。

总之，无论是历史元小说，还是非虚构小说，这些看似新异的文体实验实际上均出自库切视历史为话语建构的具有后现代主义色彩的历史观念，矛头所向为大历史权威。而他的这些作品自身又因其突出、崭新的历史意识而成为文化研究大潮中后现代历史叙述学等理论话语的一个组成部分。

---

① 陆建德：《碎片中的政治与性情——读库切新作〈凶年纪事〉》，载《书城》2008 年第 10 期。

② 许志强：《老年 C 先生与"小故事"写作——读库切新作〈凶年纪事〉》，载《中国图书评论》2009 年第 3 期。

四 理论小说和界限的跨越

马克·柯里在《后现代叙事理论》中提出，在 20 世纪，普鲁斯特的《追忆逝水年华》、乔伊斯的《尤利西斯》等作品开创了理论小说这种新的小说类型，在他看来，"理论小说是一种施为的（performative）而不是陈述的（constative）叙事学，就是说，它并不试图陈述关于客观事物叙事的真相，而是要把关于叙事想说的东西表现出来，尽管它自己也是一种叙事"①。很难说这类文本是作为批评的虚构作品，还是作为虚构作品的批评，只能说它最大限度地跨越了理论和虚构的界限，或者说有效整合了这两者之间的疆界，创造了一种既具有感性生命力的批评，又具有强烈理论色彩的有思想性的小说。

库切的小说大多具有理论色彩，但最大程度上突破了小说和理论的界限，叙述自身就构成一种理论的作品还当属《夏日：外省生活场景》。被视为库切自传三部曲之三的《夏日》在形式上比《男孩》、《青春》更加新奇，作品共分七个部分，开头部分是库切在 1972—1975 年间的部分日记，标注着准确日期。结尾部分是库切日记的片段，但没有标注日期。中间五个部分是一个预备为库切写传记的作家对与库切有各种关联的五个人物的访谈记录，这五个人包括库切的邻居和情人朱丽亚（Julia）、堂妹玛格特（Margot）、学生的母亲阿德里安娜（Adriana）、同事马丁（Martin）和索菲（Sophie）。与其说这部作品是一部自传，倒不如说它是一种口述历史的汇编，或者说是一些零散存在的传记材料。有意思的是，作品的作者明明就是未来他传的传主库切，明明是讲述自己的过往，却偏偏虚构出一个自己传记的作者，库切再次通过叙述的设计，和读者玩了一个智性的游戏，使读者深陷虚幻与真实的困惑，在刻意拉开作者与文本中的主人公的距离这一点上，《夏日》延续了《男孩》和《青春》中的叙述思路，算得上是一部"非虚构小说"。

但《夏日》中呈现的对自传这一文类的自省意识要比《男孩》和《青春》更为强烈。《男孩》和《青春》通过一幕幕充满独立生活场景的描述，虽然有很多空白，但却通过线性叙述基本清晰地搭建起了一个童年

---

① ［英］马克·柯里：《后现代叙事理论》，宁一中译，北京大学出版社 2003 年版，第 60 页。

和青年时期库切的外部经历。而《夏日》的叙述改变传记作品惯用的线性叙述模式，采用多重叙述角度，它没有提供一体化的完整叙述，而是充满对过往的不同理解和感受。在《夏日》中，库切与他生命中有过交集的人物、未来的库切传记的作者与他走访的几个人物之间充满了认知矛盾。库切在日记中视朱丽亚为点燃自己生命激情的重要情人，而在朱丽亚的回忆中，库切却并没有占有什么重要地位，库切留给她的感受，没有激情，更多的是同情和失望。未来的传记作家在搜集材料时，发现库切表示曾经热恋阿德里安纳，他把阿德里安纳当作对库切来说重要的人物去走访，但阿德里安纳却明确予以否认，"那是你所说的。但事实是，如果他与谁相爱过，那肯定不是和我。他是和他的头脑里凭空想象出来的给予我的名字某个幻影相爱"①。未来的传记作家视库切为伟大作家，但阿德里安纳却告诉他"我知道他后来获得了一个大奖；但他真就是一个伟大的作家吗？在我看来，要想成为一个伟大作家，有语言上的天分还远远不够。与此同时，你还必须是一个伟大的人。而他不是一个伟大的人，他是一个渺小的人，一个不重要的渺小的人"②。未来的传记作家虽然表示自己不愿意在面对面的会晤之前，对任何人做出判断，但他还是有意无意地站在库切的立场为库切辩解，甚至是在对访谈的文字整理中，加入某些主观理解，以至于让受访者玛格特感到："某些东西听起来错了，但是我不能清晰地指出来。我能说的是，你的版本听起来不是我告诉过你的东西。"③ 文本中出现的这些认知错位发挥的主要功用，是将文本开始时预设的库切形象一点点击碎，文本结束时的库切形象还没有开始时清晰，从传记应该提供人物的成长史这个传统的评价标准来看，《夏日》这个文本无疑是失败的。然而，库切的创作初衷原本就不在陈述一个成长故事，而是要借叙事来探索传记这个文类创作的理论，拓展传记的理论视野，告诉读者：一个人的成长势必与周围的人发生各种各样的关系，事件的当事人对同一事件会有不同的理解，而传记的作者在创作过程中无法避免主观阐释，所以从理论上来说，真相只是某个人的真相，适合所有人的最终真相根本不存在，因而传记的根本诉求注定无法实现。《夏日》主要是一种表

---

① J. M. Coetzee, *Summertime*: *Scenes from Provincial Life*, London: Harvill Secker, 2009, pp. 174 – 175.

② Ibid. , p. 195.

③ Ibid. , p. 91.

述行为的叙事，在这个意义上，《夏日》更符合马克·柯里定义的"理论小说"。

作为借叙事来表达创作理论的理论小说，《夏日》中的学术批评视角与虚构混合为一体，最大限度地挑战了叙事权威和作者特权，不由让人想起罗兰·巴特的"作者已死"的观念。对于小说家库切来说，对理论和虚构界限的突破到底意味着什么，是一个很复杂的问题。这种叙述模式一方面丰富了叙述理论，但另一方面，因为它摧毁了文学作为独立话语的基础，也会导致叙述的危机，对一个作家来说，无异于在自己的死亡证明上签字。作为作家的库切不得不思考今后的小说写作如何进行，文学的命运何如这些严峻的问题。

综上所述，作为一个学者型作家，库切的创作具有强烈的理论化特征。语言学理论、历史观念以不同的形式进入库切的写作，并直接导致了库切对叙事形式的实验。因此，从理论思想角度理解库切，当是接近库切创作的一个有效途径。

第四节 《鲁滨逊漂流记》的认识结构及其模仿式颠覆

一 经典的生成与其范型意义

在历史的长河中，人类创造了无数的文学作品。随着岁月的流转，有些作品很快就被大浪淘尽，尘封于历史的废墟。有些作品却历久弥新，成为一代又一代读者的必读书目，并进而影响着他们的文学趣味和价值观念。在文学史上刻下深而长的印痕的，就被后世敕封为经典。然而就像南非作家库切所说的，"经得住考验而幸存下来，只不过是一个最起码的、实用的贺拉斯式的标准"①，还不足以使一部作品获得经典的地位。经典不经典的评判标准，是一个很复杂的问题。除了表现人类共通的情感和满足人类对艺术美的普遍期待这些使作品得以永恒持存的具有本质主义特点的要素之外，经典生成的背后还有一个人为选择的作用。正如伊格尔顿所说的："一切文学作品都被阅读它们的社会所'改写'，即使仅仅是无意

---

① J. M. Coetzee, *Stranger Shores*: *Literary Essays*: 1986 – 1999, New York: Viking Penguin, 2001, p. 15.

识地改写；的确，任何作品的阅读同时都是一种'改写'。"① 也就是说，就像一切的历史都是当代史一样，所有的经典都与特定时代、特定的文化密切相关。每一个文化都有自己独特的历史地图，每一个时代的每一个民族都会选择那些满足了时代无意识欲望的作品作为自己的经典，从这个意义上说，经典又是被建构的。问题是为什么有些民族的经典会超越于其他民族的经典之上，成为放之四海而皆准的经典呢？这里就涉及一个文化权力的问题。也就是说，谁掌握着话语权，谁的声音就会压倒弱势文化的声音而占据支配地位。

众所周知，欧洲在近现代世界史上，是强势文化的代名词。这种强势文化地位的获得，不仅要通过经济、政治、军事上的征服，而且要通过文化象征层面上的渗透。为了增强民族文化的自信心和凸显民族文化的优越性，许多欧洲人通过自己的创作、阐释和再阐释有意无意地创造了一些具有偶像意义的文化产品，并赋予它们范型的意义，让它们携带着欧洲的文化观念、文化偏见播撒于世界各地，成功地在象征的层面上实现了对弱势文化的剥夺和压制。丹尼尔·笛福的《鲁滨逊漂流记》就是其中最重要的一件产品。

笛福的《鲁滨逊漂流记》问世以后，"海难沉船、异地扎根、建立文明、探宝、奴隶、对食人生番的恐惧等这些主题，在儿童故事中不断地重复出现。在殖民文学中，白人主人与黑人奴隶或仆人的对立，似乎已成为毋庸置疑的常态格局"。而那个过度亢奋的"带着鹦鹉和雨伞的鲁滨逊·克鲁索，已经变成西方集体意识中的一个人物"②。《鲁滨逊漂流记》在被经典化的过程中，它所隐含的文明与野蛮、主人与奴隶的认识结构已经成为欧洲白色神话的重要组成部分，产生了巨大的辐射作用。对于这部小说在后殖民社会引起的反响，《剑桥后殖民英语文学导读》的作者因奈斯（C. L. Innes）总结道："对非洲和加勒比作家来说，《鲁滨逊漂流记》变成了一个坐标点，它之所以重要，还因为它被视作英国第一部重要的小说，被视作在价值意义上对今后具有欧洲特色的小说文类发展具有重大影

---

① ［英］特雷·伊格尔顿：《二十世纪西方文学理论》，武晓明译，北京大学出版社2007年版，第12页。

② J. M. Coetzee, *Stranger Shores*: *Literary Essays*: 1986 - 1999, New York: Viking Penguin, 2001, p.17.

响的作品。"①

作为殖民事业的典型范例，在后殖民社会争取话语平等权的文化解殖运动和后现代欧洲普遍的文化反思大潮中，《鲁滨逊漂流记》自然就成为前殖民地和一些西方内部有文化自省精神的作家攻击的靶子。这些作家进行攻击使用的主要手段是在模仿中实现颠覆，即通过对《鲁滨逊漂流记》的重读与重写来揭示故事框架背后所隐藏的特定文化意识，审视、质疑和冲击欧洲的认知框架，从而从结构和思想深处去质疑、动摇、消解《鲁滨逊漂流记》这一英国文学中的经典之作所携带和传播的文化偏见。荷兰裔南非作家库切的《福》、法国作家图尼埃的《礼拜五：太平洋上的灵薄狱》和特立尼达裔作家塞穆尔·塞尔文的《摩西登高》三部小说是其中的代表作。

除了共同对《鲁滨逊漂流记》进行模仿性重写之外，《福》、《礼拜五：太平洋上的灵薄狱》和《摩西登高》三部小说还有一个共通之点，即都在不同程度上表达了移民的经验或对移民状态的关注：《福》中的女性乘船遇难者苏珊（女性鲁滨逊）对日夜相伴的星期五的探究最终以失败而告终，苏珊的无力实际上表达的是身处黑非洲的白人作家库切无法进入黑非洲文化之门的苦闷；图尼埃虽然没有移民经历，但是在谈到《礼拜五：太平洋上的灵薄狱》的创作动机时，他却明确表明："是的，我是想把这本书献给许许多多沉默无言的移民法国的外裔工人，献给所有这些匆匆来自第三世界的礼拜五们。"② 从特立尼达移居英国、加拿大的作家塞尔文更是始终在创作中关注移民的经历，包括《摩西登高》在内的"摩西三部曲"更是明显具有作家自传的色彩。其实细细推究起来，在这三部对《鲁滨逊漂流记》进行重写的不同作品中，传达移民体验并不是仅仅出自巧合，因为从某种意义上说，它们仿写的前文本《鲁滨逊漂流记》本身就是一部讲述移民经历的作品。

在《鲁滨逊漂流记》中，鲁滨逊、小岛和星期五这三者之间的关系是构架情节结构和表达欧洲文化意识的核心，三部作品对《鲁滨逊漂流记》的模仿式颠覆也主要是围绕着这个三角关系展开。

---

① C. L. Innes, *The Cambridge Introduction to Postcolonial Literatures in English*, Cambridge: Cambridge University Press, 2007, p. 41.

② 图尼埃：《礼拜五》，王道乾等译，载图尼埃《礼拜五：太平洋上的灵薄狱》，上海译文出版社 1997 年版，第 286 页。

二　鲁滨逊和小岛：孤独处境中的自我与世界

在欧洲，自哲学诞生之日起，就一直存在着将人视为认识的中心的倾向。早在古希腊时代，智者学派的普罗泰戈拉就已经提出，"人是万物的尺度，是存在者存在的尺度，也是不存在者不存在的尺度"①，认为人的认识始于感觉。17 世纪是欧洲近代认识思维定型的世纪。大陆唯理论的代表笛卡尔在前人的基础上，将人作为认识的中心地位向前推动了一大步，他以普遍怀疑论为始基，推导出二元论的世界观。在他看来，物质和精神虽都是上帝这个绝对实体之外的相对实体，但二者不同，物质的本性是广延，精神的本性是思想，二者彼此独立，互不相干，这就是哲学上所谓的二元论。关于笛卡尔哲学对后世的影响，黑格尔总结道："笛卡尔是那些一切从头做起的人们中间的一个；近代的文化，近代哲学的思维，是从他开始的。"② 自笛卡尔开始清晰起来的主客对立的二元论，激发了欧洲人对科学理性的推崇、创造的热情和探索世界、征服世界的欲望，促动了近现代欧洲社会的加速发展。但与此同时，人与世界之间的这种征服与被征服的关系所隐含的对立导致的生态危机越来越成为 20 世纪以来人们不能回避的一个问题。日益加深的人与世界的疏离引发了欧洲的知识精英们对欧洲文化的总体反思，并继而引发了一场欧洲哲学认识论的巨大范式转变：由主客对立的二元论向弘扬平等、互为主体的关系哲学转变。胡塞尔、海德格尔、迦达默尔和马丁·布伯等一系列哲学大师共同促成了这种认识论的转向。他们虽站在不同的思想基点上，但都强调人与世界、人与人的互为主体、互相尊重、和谐相生。

《鲁滨逊漂流记》的故事，简单点说，就是一个人和他的小岛的故事。一个人在无名的小岛上生活多年，这是人类有可能面临的极端孤独处境。鲁滨逊的特质就在这样一个极端处境中展开。笛福的鲁滨逊迅速摆脱了最初的恐惧、慌乱和绝望，以主人的身份开始了对小岛的建设。他离开了他的人群，失去了他的文明，他要在这个无名之岛上重建那个失去的文明，并进而证实自己的存在和意义。鲁滨逊对小岛的建设过程在象征层

① ［英］罗素：《西方哲学史》上卷，何兆武、李约瑟译，商务印书馆 1963 年版，第 111 页。

② ［德］黑格尔：《哲学史讲演录》第 4 卷，贺麟、王太庆译，商务印书馆 1996 年版，第 59 页。

面上，成为欧洲创造文明历史的一个缩影。在笛福笔下，鲁滨逊是征服者，小岛是被征服的对象，凭借着勤劳、智慧和意志，鲁滨逊克服了重重困难，在小岛上建立了一个井然有序的世界，而他则是那个世界的毋庸置疑的主人。虽然笛福未必有清晰的创作规划，但是《鲁滨逊漂流记》的故事却恰如其分地表达了欧洲哲学主客二分的认识论基础。作为表现传统认识论的经典范本，《鲁滨逊漂流记》中鲁滨逊和小岛的关系自然成为重写者改写的内容之一。

　　在《福》中，鲁滨逊的小岛土壤贫瘠，物资匮乏。作为小岛的主人，鲁滨逊已经丧失了部分记忆力，"他已经不再知道什么是真相，什么是想象"①。"逃离这里的欲望已经在他内心枯萎"（13）。可以说，他已经没有任何欲望，"他不愿意造船、不愿意坚持写日记、不愿意从船的残骸里拿回工具"（34），他身上完全没有了原型身上那种战天斗地的气魄和创造历史的激情。他在小岛上的劳动在叙述者苏珊·巴顿眼里，显得毫无意义，他日复一日地挖出石头，砌梯田的墙，除草，但是却没有什么东西可种植，劳作只是为了消磨时光。小岛对于鲁滨逊来说，不是勤奋劳动、创造历史的场所，同样也不是为了证明生命力量而与注定的荒诞命运斗争的场所。对于他来说，小岛只是一个简单的存在之所，他、苏珊·巴顿、星期五都应该待在这里而已。这种生存方式显示出西绪福斯式的荒诞，但却缺少了西绪福斯与悲剧命运抗争的崇高。鲁滨逊虽然经常在海与天的交界处做存在之思，也迷恋他的小岛，不愿意返回"文明"的世界。但是他与小岛的关系始终是一种疏离状态，他虽然意识到小岛是一个不受自己控制的存在体，但却缺乏任何沟通的欲望和了解的热情。通过这个冷漠的鲁滨逊形象与小岛的疏离关系，库切颠覆了笛福笔下那个活力四射的欧洲文化英雄对大自然的征服这一情节和思想结构。

　　《礼拜五：太平洋上的灵薄狱》的创作，有明显的重思哲学认识论根基的动机。图尼埃自己明确说过："使我感兴趣的，……是在一个人身上，一种文明的痕迹如何在常人无法想象的孤独环境中消失殆尽，……是一个全新的世界怎样在这块白板上，经过尝试、探索直到建立起来的过

---

　　① J. M. Coetzee, *Foe*. Harmondsworth：Penguin Books，1987，p. 12. 本论文中的引文均出自该版本，以后出现时仅在文中标注页码。

程。"① 而这个主题的展开首先通过鲁滨逊和这个新世界的关系来进行。刚来到小岛上的鲁滨逊出于一种"担心丧失神智的恐惧感"②，开始打造"越狱号"；失败后的他很快进入了"烂泥塘阶段"；走出烂泥塘的麻木状态后，鲁滨逊又进入了对小岛的"狂热组织建设"阶段，他要借对小岛的开发来全面恢复他的人性。与此同时，鲁滨逊的生活也开始在另一个向度展开，即他开始写他的航海日志，其核心内容就是与小岛的对话，在不断的对话中，在鲁滨逊的感觉中，小岛渐渐地开始由充满敌意的荒岛变身为具有"女性"特征的希望之岛。在小岛中心婴儿式的穴居让他被"牵引在幸福欣喜的永恒之中"（93），而他与一株吉阿伊树的肉体之交更是径直地使他把小岛看作他的情人。意外出现的礼拜五有意无意间将鲁滨逊储存的火药全部引爆，鲁滨逊突然之间感受到了一种解放的自由，他彻底抛弃了曾经有过的那个旧文明框架的束缚，而进入一种新的文明，他不再相信技术和工具，他变成了大自然的象征——太阳的信徒，与太阳的合一赋予鲁滨逊一种青春的活力，"他的青春是一种矿物的、神性的、太阳的青春。每天清晨，对他都是一个第一次起点，世界历史的绝对的起点。希望岛在太阳神照耀之下，在永久的现时之中，颤栗着，激动着，既没有过去，也没有将来，永远是现在"（225）。至此，小岛对鲁滨逊的意义，经历了从征服的对象—对话的对象—结合的对象—合为一体的对象的转变过程。在这个转变过程中，鲁滨逊的自我得以重新建立，他的新自我不属于那个失去的文明，而是存在于一种与宇宙同为一体的全新的文明。在这种新的文明中，大自然明显成为了僵化的工具理性所创造的现代文明的救赎力量。

与《福》、《礼拜五：太平洋上的灵薄狱》对《鲁滨逊漂流记》故事框架的顺向借用不同，《摩西登高》是对《鲁滨逊漂流记》的一次逆向仿写。如果说《鲁滨逊漂流记》的故事可以概括为一个来自帝国的人对边缘的征服旅程，那么《摩西登高》则可以说是一个来自边缘的人向帝国中心的挺进之旅。摩西通过多年在伦敦的打拼（见《孤独的伦敦人》），终于为自己在伦敦购得了一所大房子，当起了房东，还雇了一个白人鲍勃

---

① ［法］图尼埃：《礼拜五》，王道乾等译，载图尼埃《礼拜五：太平洋上的灵薄狱》，上海译文出版社1997年版，第279页。

② ［法］图尼埃：《礼拜五：太平洋上的灵薄狱》，王道乾译，上海译文出版社1997年版，第17页。本论文中的引文均出自该版本，以后出现时仅在文中标注页码。

当奴仆和管理员。对于摩西来说，他的小岛有两个，一个是他的房子，一个是伦敦。在他的房子里，摩西非常重视自己住的位置。他一买下道劳伊（Tolroy）大宅，就住到了最高的那一层。因为对他来说，"在地下室的世界里度过我的一生之后，我让自己舒舒服服地躺在这个房子里的最高一层……外面长着一棵高大的伦敦机树（London plane），它的一根树枝延伸到窗户附近。我宁愿它是一棵芒果树，或葫芦，这样能够提醒我是在故乡"①。楼上与楼下、高与低、伦敦与故乡（特立尼达）的对比，暗示着摩西的房子里存在着一个二元对立结构，只不过，这里实现了一种暗中的颠覆，居于高处的、上面的不再是欧洲的移民鲁滨逊，而是西印度群岛的移民鲁滨逊，这是对西方认识论的一个颇有意味的讽刺；与鲁滨逊的小岛不同的是，伦敦不是没有人烟的荒岛，而是现代的大都市，但同样是一个黑白分明的二元世界。在这个世界中，黑人在白人还在沉睡时，就要起来工作；卡拉哈德（Galahad）、布兰达（Brenda）等黑人被抓的理由，就像鲍勃所说的，"我深深怀疑仅仅因为他们是黑人"（96）；白人属于较高的等级这个观念即使在有色人种中，也被视作理所当然：摩西的房客法祖奥（Faizull）说道，"有一个白人在周围总是件好事，因为这样可以减轻怀疑"（74），而布兰达也表示，"来自一个白人的证词会有更大的分量"（115）……在现代大都市伦敦这个新的移民移居地，明显存在着一条等级的鸿沟。就像研究者莫里斯在为《摩西登高》所作的序言里所说的，《摩西登高》这部小说，"很大程度上是对欧洲文化比其他人（非洲人，亚洲人，或加勒比人）的文化优越的假设的一个反应"②。

　　对于他的道劳伊大宅和伦敦，摩西远谈不上可以掌控一切，而是显得相当无力。他的大宅，离开了鲍勃的管理，会陷入混乱。他想融入伦敦，过安静的退休生活，但是有偏见的伦敦白人社会和激进的黑人运动组织这两股力量始终在干扰着他的意愿。他愿意与英国人的生活方式、处事态度认同，但又明显感到与英国人看不起的那些移民有兄弟手足之情；他会为他的朋友、同胞出一大笔保释金保释他们出狱，但又觉得他们的激进观点和行为是荒谬的；他觉得伦敦对黑人是不公平的，但同时他也认为他的同

---

①　Sam Selvon, *Moses Ascending*. London：Heinemann, 1984, p. 3. 本论文中的译文均出自该版本，以后出现时仅在文中标注页码。

②　Mervyn Morris, "Introduction", in Sam Selvon, *Moses Ascending*. London：Heinemann, 1984, pp. ix - x.

胞身上确实有很多缺点。直到小说结束,摩西在两个世界之间的选择都没有结果,始终保持着模棱两可的态度。表面上看起来,这种态度立场不清,但实际上作者塞尔文恰恰是通过摩西的这种暧昧态度来表达加勒比海移民与英国这个移居之地关系的真实感受。根据哲学家德勒兹(Deleuze)和加塔里(Guattari)的说法,"走出二元主义的唯一途径是处于两者之间,是跨越在两者之间,是幕间演出"①。居间的位置不再是非此即彼的对立,而是蕴含了实现两者之间融通的可能。在这个意义上说,《摩西登高》对西方的认识论结构从深度上进行了一次悄无声息的冲击。

综上所述,在重写者的文本中,鲁滨逊的小岛不再是一个勤奋劳作的花园,创造的天地,自我意义的求证之所。对于库切的鲁滨逊来说,小岛是一个冷漠的花园,欲望枯萎、意义缺失的所在;对于图尼埃的鲁滨逊来说,小岛是一个自由的花园,对话与融合的场域;而对于塞尔文笔下的鲁滨逊来说,小岛则是一个模棱两可的花园,意义混杂与不确定性的空间。通过对笛福笔下人与世界关系的模仿性重写,库切、图尼埃、塞尔文提供了新的人与世界关系,强有力地冲击了近现代西方哲学中那种僵化的、对立的结构图式。

三　鲁滨逊和星期五:两种文化相遇时的自我与他者

从文类上讲,《鲁滨逊漂流记》是一部典型的游记小说,18、19 世纪欧洲出现的大量的这类体裁就像苏珊·桑塔格所言,有一个共同的特点:"有关异域的游记总是把'我们'和'他们'对立起来",其中"'我们文明,他们野蛮'是前现代游记文学最具代表性的主题"②。桑塔格的归纳触及了这类作品表面故事背后隐含的另一层哲学认识的主要关系——自我与他者。近现代西方二元对立的认识论结构很自然会衍化出这样一种认识:他者是自我之外的对立面,是主体认识的客体,是借以确定自我和建立主体性所必须的一个参照系。当怀有殖民欲望的欧洲旅游者来到异域,两种文化遭遇时,主体与客体、自我与他者等二元对立的认识结构就为欧洲人对他者的经济、军事、文化剥夺的合理性提供了一个哲学基础。《鲁

---

① 参见 Dickinson, Swift, "Sam Selvon's Harlequin Costume: Moses Ascending, Masquerade, and the Bacchanal of Self-creolization", Melus. Los Angeles, Vol. 21, No. 3, Fall 1996.

② [美] 苏珊·桑塔格:《重点所在》,陶洁、黄灿然等译,上海译文出版社 2004 年版,第 326 页。

滨逊漂流记》在这方面，同样具有典范作用。

　　笛福的鲁滨逊刚踏上小岛，还没有遇见土著，就马上想到：可能遇上的野人"比非洲的狮子和老虎还要凶残"。此后，笛福又让鲁滨逊先后四次看见土著吃人的血腥场景，并多次表示自己的厌憎，以示区别。正是在对他者的野蛮化描写中，鲁滨逊所代表的文明的欧洲人的形象树立起来了。野蛮应该抛弃，文明应该成为野蛮人的拯救力量这种文化逻辑顺理成章成为鲁滨逊与星期五主仆关系合法性的理由。当鲁滨逊偶然救下一个土著之后，马上以救世主的姿态进行驯化工作。他借助的主要工具是语言和基督教。通过对命名权的掌控，鲁滨逊成功地抹去了星期五遇到他之前的历史；通过主仆身份的宣告，鲁滨逊为他的新世界安排了一个等级秩序；通过基督教的传播，鲁滨逊成功地以欧洲文化对土著文化实现了替换。在他的努力之下，星期五渐渐脱去野蛮，走向了"文明"，他忠实于自己的主人，用鲁滨逊教给的语言说话，按鲁滨逊的思维思想，完全没有了自己的声音和意志。《鲁滨逊漂流记》通过鲁滨逊关于野蛮的土著的想象和没有主体性的星期五形象的设计，出色地完成了一次殖民叙事。

　　与《鲁滨逊漂流记》中那个为证明鲁滨逊的文明而设的没有自己的附属性存在不同，《福》中的星期五是一个坚实的存在。他的坚实倒并不在于他开口为自己言说，讲述自己的历史，呈现自己的文化，而恰恰在于他不能言说（因为苏珊初遇他时，他就已经被割掉了舌头。被割掉了舌头的星期五实际上影射着虚构的西方人鲁滨逊和真实的作家笛福共同以开化名义对被殖民者自我的剥夺）。因为星期五无法说话，他的历史就成为一个巨大的黑洞。要讲述自己真实的乘船遇难经历的苏珊（女性鲁滨逊，鲁滨逊死去后星期五的新主人）清醒地意识到，没有星期五的故事，她的故事"就仿佛卖了一本内页全是空白的书"，所以苏珊想尽一切办法试图让星期五表达。书写、音乐、绘画等都是她借用的工具，然而她的屡次热情的探寻在星期五那里都没有引起什么本质的回应。苏珊失败的原因在于用自己的文化意义系统去解读他人，对此，福犀利地指出："如果说割掉星期五的舌头是奴隶贩子的行径，那么我们在喋喋不休地争论着词语的含义，却吹毛求疵地让星期五服从，难道这不是和奴隶贩子的行径一样吗？"（150）将自己的文化符号系统强加给别人，让别人用本不属于自己的符号系统进行表述，这种行为与奴隶贩子割掉星期五的舌头的行为在本质上并无不同。能说出星期五的故事的方式只有星期五自己在自己的文化系统里进行表述。其实，在《福》中，星期五也有表述自己的时候，往河里撒花瓣的行为、跳的奇怪的舞蹈、喉咙里发出的低沉的类似唱歌似的声音、用笛子吹奏的单调的曲调、在石板上画的行走的眼睛……但这些表述自我的时刻在一直渴望了解星期五故事的苏珊那里引起的往往是恐惧、不安、焦虑和愤怒，原因在于作为白人的苏珊没有从本质上将星期五视作一个有自己文化的平等的主体去了解，或许无意识中她自己也不愿意承认他异文化的存在。对于此，福指出："我们强烈反对造成他身体伤残的人的野蛮行径，但是我们这些后来的主人，难道没有在背地里暗暗感到庆幸？因为只要他无法说话，我们就能推说不明白他的欲望，继续按照我们的意愿去使用他。"（148）由于这种无意识欲望，苏珊对星期五的探究最终以失败而告终。借助苏珊对星期五的探寻，库切对两种文化遭遇时，西方文化中的集体自我中心意识进行了颇具哲学意味的剖析与反省，同时也透露出了自己对于文化交融前景的几许无奈：非洲的历史必须由非洲人用自己的文化符号表述出来，而欧洲白人从本质上是无法表述非洲文化的，那么两种文化遭遇时，隔阂的坚冰如何破除？在白人创作的文本里，星期五的主体性又在何方？虽然对于文化的交融不持乐观态度，但库切却是睿智的。他的高明之处在于他并没有像一般的作家那样，强行给星期五的故事一个确定的阐释（那样就会陷入同苏珊一样的怪圈），而是自始至终让星期五保持着他的沉默，而这沉默本身就是一种欧洲认识论偏见的对抗力量。在小说的最后一章，匿名叙述者（实为作者库切）两次进入文本的前三章（苏珊的故事）涉及的历史场景进行探寻。他在沉船的一个角落里发现了一息尚存的星期五，他试图说话，但却发现，"这里不是一个字词的地方，每个音节一说出，便被水浸蚀和消融。在这儿，身体是它们自己的符号，这儿是星期五的家"（157）。将星期五的存在最终归结为身体，用意是在告诉人们：遭受苦难的身体虽然无法表述，但身体本身就是文化的表征。最后从星期五嘴里流出的细流，是一股与欧洲文化不同的文化之流，充满差异，虽然"没有一丝气息"，但却"似乎永远流之不尽"。对欧洲人来说，它虽然一时还无法认识，无法解读，但它的存在却是实质性的，不会消逝，也不能抹杀。作为身体存在的星期五因此成为建立在被客体化的他者形象之上的西方自我的一个解构力量。

在《礼拜五：太平洋上的灵薄狱》中，同鲁滨逊与小岛的关系的变化相对应，鲁滨逊对礼拜五的态度也经历了一个转变。他刚意外救下这个土著时，鲁滨逊就像他的原型一样，立刻就把这个印第安人放在了文明的对立面："上帝给我送来一个伙伴。不过，出于上帝的神圣意志，那方式也很叫人费解，他在人类等级中独独从最低一级中选中这样一个人。……他是一文不值的、毫无意义的！"（131）在给这个印第安人命名的问题上，鲁滨逊颇费思量：

> 我不想在他还不配享有基督徒的尊严之前给他取一个基督徒的名字。野蛮人根本算不上是人类。按情理我也不能把一个物的名称强加于他，尽管这也许是合乎常理的解决办法。我相信解决这个两难问题的好办法是按我救他的那天是礼拜几，就算是他的名字好了：就叫礼拜五吧。这既不是一个人的名字，也不是一个普通名词，这是介乎半生存半虚构之间的实体，相当充分地显示了他的暂时的、偶然的、一个插曲式的次要人物的特点。（131）

这段描写既是对笛福的《鲁滨逊漂流记》故事框架和认识结构的模仿，同时也是对《鲁滨逊漂流记》中星期五这个命名的心理学、语言学和哲学层面的解读。在命名之后，鲁滨逊就把礼拜五看作自己的属民，试图让他遵循自己已经在小岛上精心建立起来的文明秩序行动。然而图尼埃笔下的礼拜五却不像他的原型，他有自己的意志："鲁滨逊作为农民和治理者在岛上建立起来并赖以存活下来的人世的秩序，礼拜五从本性上就对它讨厌憎恶。……只要企图把他囚禁于他主人的领域，他就要反抗，把它彻底摧毁。"（170）起初，礼拜五意志上的对抗令鲁滨逊忧虑重重，但随着时间的推移，他渐渐发现这个被他贬低为奴仆的土著礼拜五在这个小岛上，竟有着高于自己的智慧。礼拜五懂得大自然的运行规律：他利用红蚂蚁解决了两人的生活垃圾问题，他会用三颗圆石制造既能猎取动物又能打击敌人的"流星锤"，他还会用山羊皮制作能够钓鱼的风筝……这些发现让鲁滨逊对礼拜五的态度发生了转变："多少年来他一直是礼拜五的主人，同时又是他的父亲。现在，才不过几天工夫，他竟变成了他的兄弟——是不是他的长兄他甚至也拿不准。（173）"当鲁滨逊听到礼拜五用山羊的头颅制成的风琴利用大自然之风发出的天籁之音时，他的灵魂深处受到了震撼。他"沉浸在这伟大庄严的神秘之中，而一切天然元素在其中都合而为一，化为一体。大地、树木、风齐声赞颂昂多阿尔在这黑夜之中羽化成神"（190）。礼拜五的创造更是让鲁滨逊意识到礼拜五不仅是与自己的文明平等的另一种文明的主体，而且还是大自然之子。他对礼拜五的态度由原来的歧视变为尊重，甚至变得有些近乎崇拜。虽然最终星期五跟随英国船队离去让鲁滨逊极度失望，但是一个在船上备受虐待的小水手却甘愿留在小岛上成为鲁滨逊新的伙伴，他告诉这个孩子："以后你就叫礼拜四好了。礼拜四，是天神朱庇特的节日，这一天，也是孩子们的礼拜天。"（235）从最初为星期五命名是为了"显示了他的暂时的、偶然的、一个插曲式的次要人物的特点"，到为这个孩子取一个和天神如此密切的名字，充分表现了鲁滨逊对自我与他人关系的认识的根本变化：从将他人排斥为不具有主体性的次等存在到给予另一个主体天神似的无限尊重，鲁滨逊的精神结构实现了质的飞越。图尼埃借助鲁滨逊与礼拜五关系的变化，对《鲁滨逊漂流记》中所表现的文明与野蛮的关系进行了彻底的颠覆。很明显，当两种文化遇合时，图尼埃主张平等，甚至相信东方文化中物我相融的宇宙观为由于工具理性过度膨胀而陷入现代化泥潭的欧洲现代社会提供了重获生命活力的契机。因此在作品的结尾，出现了这样文化含义极为丰富的意象："各种花卉闭着的花冠本来侧向西方，这时，在花茎上花瓣展开，一起转过头来朝着太阳升起的方向。"（234）

塞尔文的《摩西登高》对《鲁滨逊漂流记》的人物关系通过大逆转来实现颠覆。在《摩西登高》中，鲁滨逊是移民到伦敦的黑人有产者——摩西，而星期五则成了被雇佣者白人鲍勃。摩西是这样解释他和鲍勃之间的关系的：

> 他（星期五）是一个非常温顺的工人，他渴望学习黑人的生活方式……我唯一不喜欢他的事情是他大多数晚上要出去，像一个君主似的喝酒，然后醉醺醺地回来。当我们变成好朋友，或者更确切地说主人和奴隶时，我试图将他从酒精恶魔那儿拉回来，但是没有成功。（4—5）

与《鲁滨逊漂流记》中的鲁滨逊一样，初见鲍勃，摩西就已经决定："等我有时间时，要向他传授《圣经》。"（5）他还拿起了笔要写自己的回忆录，不同的是，拿起了笔要书写的是黑人，不会书写的竟然是白人鲍勃。与《鲁滨逊漂流记》这个前文本相对照，《摩西登高》中角色特性的完全翻转构成一个巨大的历史反讽。然而塞尔文的用意并不是以一种新的主奴关系去取代旧的主奴关系（因为这样依然会陷入西方传统认识论的二元对立陷阱），而是试图在文化碰撞的中间地带寻觅新的关系的答案。虽然摩西总是在有意无意地以鲁滨逊与星期五的关系来比拟自己与鲍勃的关系，但他从一开始就感觉到这种主仆关系是不稳定的，上下的等级边界是模糊的："在我教导他的同时，我自己也学了一课：黑人与白人可以很和谐地生活在一起，因为鲍勃是忠诚的、真实的，从来不听那些你听到过的关于黑人的那些胡说八道。后来他告诉我他过去曾经相信过这些话，但是自从受雇于我，他就认识到黑人也是人类。"（5）而在整个小说中，总是在逃避激进的黑人运动，更愿意与移居地英国文化相认同的是黑人摩西，而愿意理解、支持、参与黑人运动组织活动的是白人鲍勃；与笛福笔下的星期五不同，作为属下的鲍勃有自己的意志，虽然不识字，但却颇具管理能力。鲍勃的短暂离开让摩西意识到了鲍勃的重要性，他为返回的鲍勃举行了一次盛大的欢迎仪式，并告诉鲍勃："从现在开始，我们不再是主人和奴仆的关系，我们要像朋友一样一起生活。"（123）而在文本最后，这种等级边界的模糊更进一步体现在空间的变化和不确定性上。鲍勃夫妻利用了房东摩西难耐的欲望，设计将其赶到了地下室，占据了楼上的房间。而在作品的结尾，摩西正在计划着利用鲍勃与布兰达的暧昧关系重新抢回上层居住空间。主奴的上下等级关系、高低的边界界定在空间表现上陷入了混乱，而这种混乱和不确定性或许正是塞尔文所要达到的效果。对此，研究者狄金森·斯威夫特曾经指出："或许更为准确点，中立或模棱两可性与其说是角色的政治位置，倒不如说是塞尔文的假面戏的组成部分。因为塞尔文自己身处两种文化的迁移和悬而未决之中。"① 身为移民的塞尔文面对移居地英国的文化，更愿意采用一种包容、杂糅的态度，而不是将他的母国文化与移居地文化进行一个非此即彼的二元式分割。也就是说，塞尔文的文化向往，是要"把非此即彼的二项对立变成'既……又……'的关系，把对立面结合在一起"②，并进而为移民开辟出自己的文化表述空间。

---

① Dickinson, Swift, "Sam Selvon's Harlequin Costume: Moses Ascending, Masquerade, and the Bacchanal of Self-creolization", Melus. Los Angeles, Vol. 21, No. 3, Fall 1996.

② ［美］博埃默：《殖民与后殖民文学》，盛宁译，牛津大学出版社 1998 年版，第 191 页。

综上所述，《福》、《礼拜五：太平洋上的灵薄狱》和《摩西登高》这三部小说围绕鲁滨逊与小岛和星期五的关系对丹尼尔·笛福的《鲁滨逊漂流记》分别进行了模仿性重写，虽然库切、图尼埃和塞尔文的文化立场不尽相同，但他们对《鲁滨逊漂流记》的重写都立意于通过把欧洲关于世界的认识分类打碎，以文学的形式给人们新的认知启示：当人与世界、人与人、文化与文化遭遇时，只有打破西方传统的二元对立的认知壁垒，消灭等级次序，互相尊重，才能消除文化隔阂，实现不同文化的和谐共存。

第五章　我是谁：自传写作

第一节　个人身份与集体身份

　　自传作为文类中的一种，关于其性质，存在着一些分歧：传统观念认为自传是历史，因为它是对个人生活的记录；现代自传观认为自传写作是站在现在的时间点上，依赖记忆拼接过去的图景，但记忆自身极不可靠，不可能完整再现历史材料，而且因为叙述完整性的需要，叙述者不可避免地要对材料有所选择，进行叙述加工，根据现在的经验赋予过去的事件意义，因而这一创作过程实际上是文学叙事。传统自传观到现代自传观的转变是随着思想界对语言确定性、叙述权威等问题的认识转变而发生的。实际上，这两种态度都有自己的误区：自传不能完全等同于历史，因为所有的自传都一定有个故事结构，虽然这个结构通常被视作是一种表现真实性的模式；自传也不能完全等同于有严格要求的文学，因为"它不需要情节，不需要伪造的生动性，可以如实地致力于它的主题：一个人物的经验和成长的缓慢的展开。即使是自传作者在考虑自己和别人时，犯了明显的错误，这依旧是自身真实的证据，对人的天性来说，它比小说家经常假装的绝对的知识要更真实"①。基于以上思考，我们可以把自传定义为介于历史与文学之间的"以散文的形式写成的一个真实的人对于自己的经历的记述，这种技术强调个人的生活尤其是这个人的人格史"②。

　　不同的自传观念带来不同的创作态度，持传统观念的自传作家努力告

---

　　① Roy Pascal, *Design and Truth in Autobiography*, London: Routledge and Kegan Paul, 1960, p. 162.

　　② James Olney, "Autobiography and the Cultural Moment: A Thematic, Historical, and Bibliographical Introduction", in James Olney (ed.), *Autobiography: Essays Theoretical and Critical*, Princeton, New Jersey: Princeton University Press, 1980, p. 18.

诉别人自己的书写是真实的、可信的，持现代观念的自传作家则在呈现个人成长史的同时，又通过叙述策略，不断颠覆真实历史的可靠性，告诉读者，自己不为自传的真实性负责。但是，不论是出于哪种自传观念创作的自传，都有一个共同的特质，那就是"在任何一部真正的自传的每个时刻……作者的意图都是传递'此时此刻发生在我身上'的意义"①，也就是说，事件必须为"我"的经验变化、性格变迁、精神成长来服务。因此，自我的寻找、自我的发现、自我的救赎就成为自传的首要任务。

对于前殖民地国家的人民来说，殖民话语留给他们的最大文化伤害就是自我的被贬损、被压抑、被剥夺。自我的被迫丧失导致前殖民地人不停地追问"我是谁"的问题，而后殖民时期的自传写作在建构创作主体的文化归属感上发挥着重要作用。因此，"毫不奇怪自传和自传小说、自传诗歌变成后殖民写作中普遍的文体"②。学者朱莉亚·文戴尔斯（Julia Swind-ells）指出："现在，自传是当人们想让别人听见自己的声音时，经常会求助的模式，有时他们是为自己讲述，有时是政治性地为其他人讲述。自传在现在具有一种潜力，它可能成为那些被压迫者和文化上被误置的人们锻造言说的权利的教科书，这种言说既为自己，又超越了个人。处在无权位置上的人们——女性，黑人，工人阶级——早就已经开始通过自传，通过超越于自身的'个人'声音的坚持，将自己嵌入文化之中。为了制造一个对政治声音的要求，自传作者也经常或含蓄或明确地处于一种和'受过教育者'的记述所提供的权威的对抗之中。某种经验，尤其是那些和系统化的压迫相联系的经验，没有被记录下来，或者是以老套子或明目张胆地偏袒而被不完全地表现出来。在这样的语境中，自传似乎成为反抗沉默和错误描绘的最直接的和最可理解的方式。"③ 詹姆斯·奥内（James Olney）也通过对一些批评家关于自传的相关争论总结出："自传——以个体的形象和从内部书写的特殊的文化的故事——提供了一条特许的进入一种经验（美国经验，黑人经验，女性经验，非洲经验）的通路。这条通路，没有其他

　　① Barrett J. Mandel, "Full of Life Now", in James Olney (ed.), *Autobiography: Essays Theoretical and Critical*, Princeton, New Jersey: Princeton University Press, 1980, p. 53.

　　② C. L. Innes, *The Cambridge Introduction to Postcolonial Literatures in English*, New York: Cambridge University Press, 2007, p. 56.

　　③ Julia Swindells (ed.), *The Uses of Autobiography*, London, Tayor and Francis, 1995, p. 7.

的写作种类能够提供。"① 一向在文类归属上比较模糊的次要文学样式自传写作在这些年来也因此成为学界关注的一个热点。

每一部自传都是一幅自画像，是对自己的个人身份的寻找与勾勒，对我之所以成为现在的我的生活经历与影响等诸多因素的呈现。虽然成功的自传大多聚焦于内在的精神成长，但作为心灵涟漪触媒的外部环境、社会事件是自传写作中不可避免的元素，自传大多会打上特定时代的印痕。欧洲自传作家对社会历史的描写主要是为自我的塑造服务，而对于包括黑非洲作家在内的后殖民作家来说，则更多有意识地将对个人生活经历的追溯与困惑的、惨痛的、耻辱的、灾难的种族、民族、国家历史相结合，借个人的成长表达群体被压迫的不满、愤恨与反抗。因此，个人经历的回顾可以反映整个群体的历史，个人身份的建构往往最终指向种族身份、民族身份等集体身份，个体的自画像也因而映现着群体画像。

黑非洲英语自传中，最突出的是狱中札记和回忆录。

恩古吉因在写作和社会活动中对新殖民时代各种社会问题的揭露与抨击而在 1977 年被逮捕，《被拘押：一个作家的狱中日记》（1981）是对这段监禁生涯的记录，作为有着强烈使命感和马克思主义思想的信徒，恩古吉对狱中生涯的回顾中，充满了对肯尼亚文化解殖途径的思考，对他来说，"1977 年的 6 月到 11 月之间的这六个月是我一生中最兴奋的时候，也是我的教育的真正开始。我重新开始学习我的语言。我重新发现集体工作的创造性的特征和力量"②。这实际上是对他出狱后即放弃英语写作而改用母语吉库尤语进行创作，并坚持为工人、农民等被剥削、压迫的大众书写的创作态度的解释，他的个人经历与肯尼亚作家确立独立文化属性，表达被压迫者的反抗之声结合起来；索因卡在《人死了：狱中笔记》（The Man Died：Prison Notes，1972）中，记录了他在 1967—1969 年因反对尼日利亚内战的言行而被逮捕入狱，单独监禁 27 个月期间的遭遇及感受，表达他的痛苦、愤懑及对给予自己非人折磨的尼日利亚政府的控诉，充满强烈的火药味；而南非白人作家布里坦·布里坦贝奇（Breyten

① James Olney, "Autobiography and the Cultural Moment: A Thematic, Historical, and Bibliographical Introduction", in James Olney (ed.), *Autobiography: Essays Theoretical and Critical*, Princeton, New Jersey: Princeton University Press, 1980, p. 13.

② Ngugi, "A Writer's Prison Diary", 转引自 C. L. Innes, *The Cambridge Introduction to Postcolonial Literatures in English*, New York: Cambridge University Press, 2007, p. 27.

Breytenbach）的《白化恐怖主义分子的自白》（The True Confessions of an Albino Terrorist，1985）是对自己囚禁生涯的记录，布里坦贝奇曾因反对种族隔离制度而被迫流亡，1975 年，他潜回到南非，不久就被逮捕，以叛国罪罪名入狱七年，其中有两年是单独监禁，《白化恐怖主义分子的自白》通过自身的经历，表达了生活在南非这样的国度里的像他这样的白人作家的无奈与尴尬，揭露了在世界上拥有最坏的刑罚系统的国家里生活的恐怖，这就使这部狱中札记超越了个人生活，成为反对种族隔离制度，呼吁平等、尊重、法治的社会斗争的重要组成部分。

　　回忆录在黑非洲英语作家的传记中，占有最大的比例。这些回忆录中作为观察的眼睛的"我"的个人叙述，往往从民族历史、地方斗争中选取素材，个人叙述与群体叙述紧密结合，回忆录的写作也就不仅仅是为了建立个体自我，也是建立群体自我的进程。从 20 世纪 50 年代末开始，一直到现在，大量作家的回忆录出现，来记录黑非洲知识分子，尤其是黑人知识分子的失望与愤怒：南非作家埃泽吉艾尔·姆赫雷雷（Ezekiel Mphalele）的《沿着第二大道》（Down Second Avenue，1959）、彼得·亚伯拉罕的《诉说自由：非洲记忆》（Tell Freedom：Memories of Africa，1954）、托德·马特士奇亚（Todd Matshikiza）的《送给妻子的巧克力》（Chocolates for My Wife，1961）、布鲁克·莫迪塞恩（Bloke Modisane）的《把我归罪于历史》（Blame me on History，1990）、阿尔弗拉德·胡钦森（Alfred Hutchinson）的《通往加纳之路》（Road to Ghana，2006）、布里坦贝奇的《回到天堂：一次非洲旅行》（Return to Paradise：An African Journal，1992）和《狗心：一次旅行记忆》（Dog Heart：A ravel Memoir，1998），尼日利亚作家索因卡的自传四部曲（《阿凯：童年时光》（Aké：The Years of Childhood，1981）、《伊巴丹：潘珂莱姆斯岁月：1945—1965 回忆录》（Ibadan：The Penkelemes Years：a Memoir 1946 – 1965，1989）、《伊萨拉：追随文章的旅行》（Isara：A Voyage around Essay ，1990）、《你必须在拂晓出发》（You Must Set Forth at Dawn ，2006））和阿契贝的《一个国家的存在：一部比夫拉的个人史》（There Was a Country：A Personal History of Biafra，2012）等，都是对个人某个人生阶段的回忆，然而在书写私人生活时，作者大多有意融进公共空间的描写，甚至把大量社会历史事件直接移入文本，把个人的贫穷、压抑、苦闷、流亡等不幸归于社会意识的扭曲，尤其是殖民历史导致的种族压迫、部族冲突、政治混乱和文化自我的迷失，这样，对个人生活史的回顾也是对种族及国家历史的回顾。姆赫雷雷在《沿着第二大道》中，详细记述了作为一个黑人，在南非种族隔离环境下，童年的贫困、棚户区的破败、教育机会的被剥夺、自学成才成为教师的艰辛、因捍卫有色人种的权利而被剥夺教学权利的愤恨、被迫移居尼日利亚后获得自由的舒畅等，导致作家生活中的种种压抑的来源自始至终贯穿着南非的种族隔离制度，对个人史的梳理也就意味着对种族隔离政策的声讨和对种族平等的政治诉求的表达；阿契贝在《一个国家的存在：一部比夫拉的个人史》中，则借个人传记记录民族的灾难，里面收集了阿契贝对于尼日利亚比拉夫内战的多年研究和思考，并表达了自己作为一个多灾多难的国家历史的经历者，有责任应该承担起为民族的历史、文化、信仰言说的使命意识；布鲁克·莫迪塞恩的《把我归罪于历史》，则是一次对分裂文化导致的破碎自我的心理学分析。布鲁克成长于约翰内斯堡郊区的索菲亚镇（Sophiatown），那里是一个种族混杂、文化多元的地区，在那里，黑人曾经被允许拥有自己的家园，在那里的黑人艺术家曾一度以为自己的艺术与世界接轨了，1958年，为了给白人工人建家园，索菲亚镇的黑人被驱逐，小镇被责为平地，布鲁克之后被迫离开南非来到英国，《把我归罪于历史》是在他流亡后创作的自传。在这部自传中，布鲁克以戏仿手法将一面隐喻之镜投向自己过去的生活，这面镜子映照出了一个分裂的自我，这个分裂自我的形成与索菲亚镇的虚幻的国际性环境相关，如好莱坞电影对他的影响："如果好莱坞电影曾经打算要影响某个特定种类的人的发展的话，我就是那个产品；好莱坞电影里那些华而不实的道德观，那些被压抑的暴力，那些彩色缤纷的梦，所有这些事情都是我在文化的名义下吸收来的，它们曾经触手可得。"[①] 好莱坞电影、芭蕾、歌剧、欧美文学等外来文化元素使得布鲁克变得黑皮白心，向往白人的认同，这最突出地体现在他与女性的接触中，他对黑人女性缺少尊重，有大男子主义倾向，而沉浸于与白人女性交往的幻想之中，"在一系列单调沉闷的演替中，我想象自己热情奔放地和我遇见的每一个白人女性做爱，当然总是第一次"[②]（220），布鲁克明显把白人女性对他的接纳视作白人社会对他的接纳，从而获得理想中的自我，这是典型的精神殖民导致

---

① Bloke Modisane, *Blame me on History*, London: Thames and Hudson, 1963, p. 172.

② Ibid., p. 220.

的自我认知的混乱。布鲁克在自传中写出了自己性格行为中的诸多矛盾和缺陷，并对此做了一次心理学剖析，布鲁克的自我塑造之路也是特定时代、特定文化环境塑造的集体性格的一种展现，是对殖民文化遗产对黑非洲人精神畸形影响的一次清算，是一种直接的文化反抗，因此，不难理解，南非政府为何会将这样一部回忆录在 1966 年列为禁书。

与上述作家的回忆录相比，库切的《男孩》、《青春》、《夏日》有些不同。作为一个流散作家，生活在文化夹缝之中，或既在此又在彼，但又同时得不到双方认同的双重他者身份，使得库切的身份认同远没有本土作家那么清晰坚定，对某个族群身份的归属需要也没有本土作家强烈。他的自传大多具有精神传记的特点，主要关注个人的精神经历，探寻个体的自我，为个人发声。再加上库切受后现代主义历史观的影响，不相信任何自传在塑造自我时的真实可靠性，所以他的回忆录在建构自我形象的同时，往往又在不断地解构自传叙述的权威，因而形成了迥然不同的自传风格。

总之，黑非洲英语作家的自传大多在书写个人成长史的同时，"政治性地为其他人讲述"[1]，个人命运指向集体命运，个人的苦难成为集体受压迫的证词，个人的抗议也可以表示集体的抗议，因此，自传，也就成为表达黑非洲经验的一个重要载体，同样具有与欧洲争夺话语权的意义。

第二节　精神的试验和自我发现的旅程
——《阿凯：童年岁月》的自传价值

主要作为戏剧家、小说家和诗人而享誉当代世界文坛的索因卡，对自传这种文学体裁也有自己的贡献。《人死了：狱中笔记》（1972）和《阿凯：童年岁月》（1981）是他最有影响的两部自传。两部自传相比较，《人死了：狱中笔记》更像是政治自传，是索因卡对自己在尼日利亚内战期间，因反对内战而被军政府单独囚禁将近两年的非人经历的回忆，充满着愤愤不平的情绪，控诉、说服是这部自传的首要任务，人格史的勾勒居于次要位置。《阿凯：童年岁月》则是索因卡对自己 3 岁至 11 岁成长历程的追溯，塑造一个独立人格及展示其形成过程是这部自传的首要任务。与《人死了：狱中笔记》突出的政治性相比，《阿凯：童年岁月》更具有

---

① Julia Swindells (ed.), *The Uses of Autobiography*, London, Tayor and Francis, 1995, p. 7.

艺术性,它以多种艺术手段追溯了幼年索因卡的双重文化教育背景以及在此影响下的个人意识的成长,并注意了人格史与社会环境的密切关系,反映了时代主题。在精神价值和艺术价值上,《阿凯:童年岁月》都是一部成功的艺术自传,值得对其自传价值和隐藏在叙述背后的作者的自传意识进行细致分析。

一 双重文化冲突下的自我形象

英文的自传(autobiography)这个单词由三个部分组成: "auto"、"bio" 和 "graphy",这就决定着自传这种文体也至少应由三部分内容组成: "我们怎样解释自我,或他自己(autos)?我们怎样解释生活(bios)?我们把什么样的意义赋予这种写作行为(graphy)——即将生活,或将一个生活转化入文本的意义和影响是什么?"① 在实际的自传作品中,自我、生活、意义是不可分割的整体,都可以归结到自传作者构建的自我形象上来。

《阿凯:童年岁月》通过一幕幕丰富多彩的生活场景,呈现了一个聪明勤奋、喜读书、爱思考、好争辩、想象力丰富且具有叛逆精神的童年索因卡形象。在多个人格层面中,具有矛盾文化意识的索因卡是核心的层面。

在索因卡的叙述中,存在着两个家园:城市阿凯和乡村伊萨拉。阿凯是母亲的故乡,是索因卡成长的地方,也是自传事件发生的首要地点。阿凯的家弥漫着浓厚的基督教的文化氛围:索因卡的家就位于教堂附近的牧师住所里,教堂的大院是他嬉戏玩耍的地方;他的父母是虔诚的基督徒,日常生活中奉行基督教的教规、教义;当地基督教会的重要人物常到他家做客;在父亲和他的朋友的聚会中,关于基督教的讨论是主要的话题……总而言之,在索因卡笔下,基督教是阿凯的主要文化符号。耳濡目染下的幼年索因卡,对基督教的人物和典故十分熟悉,无形之中转化为其文化意识的内在部分。

父亲的故乡,乡村伊萨拉对于索因卡来说,则代表着约鲁巴的传统世

---

① James Olney, "Autobiography and the Cultural Moment: A Thematic, Historical, and Bibliographical Introduction", in James Olney (ed.), *Autobiography: Essays Theoretical and Critical*, Princeton, New Jersey: Princeton University Press, 1980, p. 6.

界，它"是另一种类型的家，朝向过去。岁月飘荡在每个角落。祖先的光辉在每件物体上闪光。我们的旧亲戚与那些在阿贝奥库塔的妈妈那边的亲戚，生活在不同的年代里"①。在那里：晚辈见了长辈，等级低的人见了等级高的人应行俯伏礼；妇女要把自己染成靛青色；成家后的男子不是和妻儿住在一起，而是和自己的父母住在一起；在约鲁巴世界中，存在着与基督教全然不同的神灵……

在索因卡的描述里，伊萨拉是一个和阿凯迥然不同甚至有些对立的世界。幼年索因卡很早就意识到了这种文化的不同：在伊萨拉逗留期间，他能够感受到父母莫名的紧张，也能够感受到因为他是教师的孩子而受到的特殊待遇；参加家族聚会时，因为他不行俯伏礼而在亲戚们之间引起的骚动就是两种文化冲突的颇有戏剧化的一个表现；当索因卡告诉祖父狩猎过程中发生的"蜜蜂"事件及其与同伴们事先的告诫戏剧性的一致时，祖父没有像索因卡的母亲那样说"上帝以神秘的方式运转"，而是说"奥冈保护他自己的所有"；索因卡所受的基督教教育告诫他：如果和别人打架，就要受到惩罚，因为基督教主张宽恕。而祖父却告诉索因卡："如果那是你们在阿凯做事的方式，那不是我们这里生活的方式。"祖父对索因卡的叮咛是："无论你在何方，都不要逃离战斗。"为了让孙子受到祖先的庇佑，获得勇气和力量，祖父在索因卡的脚踝上施行了神秘的约鲁巴仪式。幼年索因卡虽然不太明白，但是也似乎从这种仪式中感受到了一种神秘的力量和精神的振奋。

现代阿凯和传统伊萨拉作为两个不同的文化世界，共同构成索因卡童年活动的主要场所。刚开始与伊萨拉的世界接触时，索因卡是带着一种优越感的：对于伊萨拉的女亲戚们手上的靛青染色，他很反感："我不喜欢这种染色，我憎恶被这种靛青色的光泽所触摸。"面对因为他不行俯伏礼而受到的指责，他的想法是："俯伏看起来是一种非常不干净的问候方式……如果我对上帝都不行俯伏礼，那我为什么应该对你行此礼呢？你只不过是一个和我父亲一样的人，难道不是吗？"然而，随着对伊萨拉生活的深入，他从集体围猎中感受到了生命的张扬，从同伴们丰富的户外生存经验中感到了传统文化的力量，祖父的教导为他打开了另一扇心灵的窗口。他一定是相信了祖父施行的神秘仪式的灵验，因为相信自己已被祖先

---

①　Wole Soyinka, *Ake*: *The Years of Childhood*, London: Rex Colleges, 1981, pp. 66 - 67.

祝福，可以免受巫术的伤害，在政府学院的宿舍里，他勇敢地取出别人不敢去碰的符咒。伊萨拉的真实的生活逐渐让索因卡对约鲁巴的传统世界由最初的排斥走向了接受。

相对于伊萨拉的传统世界，阿凯是一个在外在力量冲击下变形了的非洲世界，然而传统的影子依旧出现于这个西化了的世界的各个角落：信奉基督教的母亲相信自己的兄弟三腊是一个"oro"，一种树的精灵，她为儿女们讲述的精灵故事在她的心目中不是故事，而是真实的世界。幼年索因卡陶醉于母亲的故事并对精灵世界的存在深信不疑，森林中的精灵世界在他后来创作的《森林之舞》等剧本中得以呈现；与书店老板的独生女儿布考拉，一个阿比库（约鲁巴信仰中的"幽灵儿童"）的交往，使约鲁巴关于幽灵世界的民间信仰在索因卡的心里深深地扎下了根，索因卡后来专门创作了一首诗歌《阿比库》，既是对这种约鲁巴民间信仰的反映，也算是对幼时玩伴的纪念。

在《阿凯：童年岁月》的世界中，两个具有独立文化体系的世界的交相渗透，一方面，形成了索因卡的双重文化意识，另一方面，也造成了某种文化的迷惘和混乱。在索因卡的四岁生日聚会上，伙伴们争论起了亡灵的问题，并引发了这样一段对话：

> "如果我死了，我能作为一个亡灵回来吗？"我问欧西凯。
> "我认为不行，"他说，"我从来没听说有哪个基督徒变成了亡灵。"
> "在亡灵的世界中，他们说英语吗？"我现在想知道。
> 欧西凯耸了耸肩。"我不知道，我们自己的亡灵不说英语。"①

这段对话虽然出自几岁的孩子，但是却具有深刻的文化含义：两种异质文化的冲突及兼容性问题。幼年索因卡模模糊糊地意识到了自己的身份困境：说英语、接受基督教教育的约鲁巴人。他试图整合起这种分裂，为自己寻找一个混杂的但是却统一为一体的身份。他想起了圣·彼得祭坛后面的染色窗户上的三个白人画像，他们"穿的明显是亡灵的长袍。他们的脸画得不像我们的亡灵，但我总觉着对这些白人的故国来说，它们是具

---

① Wole Soyinka, *Ake: The Years of Childhood*, London: Rex Colleges, 1981, p.32.

有某种独特性的东西……"① 索因卡坚持认为这三个白人圣徒的打扮就是约鲁巴的亡灵的打扮，这实际上是在为说英语的自己能被约鲁巴文化认可而进行辩解。

双重文化世界对于索因卡文化意识的影响是明显的，这种影响又直接导致了他日后创作的复杂性。对此，尼日利亚学者奥林·奥昆巴指出："这些不同的世界极大地增强了索因卡关于现代非洲社会的复杂性的意识，也丰富了他的创造性思维。这两个世界对作者的影响是极大的，也是彼此不同的。"② 研究者穆米亚（Mumia）也指出："男孩索因卡有一个不平常的童年和少年时期，他行走于传统非洲和变形了的非洲这两个全异的非洲之间。他对历史冲突的调停提供了一种张力，这种张力是他后来的艺术得以产生出来的创造力之源。"③

正如杰恩·斯塔罗宾斯基所说的，每部自传——甚至当他将自己限定为纯粹的叙述时——都是自我解释。④ 由于自传是一种文本行为的结果，所以自传中的自我形象"既不是他过去所是的那个人，也不是他现在所是的那个人，而是他相信并且希望他是和已经是的那个人"⑤。也就是说，与其说《阿凯：童年岁月》中提供了幼年索因卡的形象，不如说它提供了成为知名作家后的成年索因卡想象中的自我形象。尽管自传中的"我"既是主体（写作的人），又是客体（被探究、被观察的对象），由于叙述的因素，主体的"我"和客体的"我"永远不可能完全重合，甚至可能出现很大的偏差，但是《阿凯：童年岁月》中构建的索因卡的自我形象，对自我文化意识及其形成原因的分析还是为我们打开了理解其小说、戏剧等虚构文本中复杂文化意识的一个重要窗口。或许，这是这部自传赋予过去的生活的最重要的意义。

---

① Wole Soyinka, *Ake: The Years of Childhood*, London: Rex Colleges, 1981, p. 32.

② Ogunba, Oyin (ed.), *Soyinka: A Collection of Critical Essays*, Ibadan: Syndicated Communications, Ltd, 1994, p. 2.

③ Abu-Jamal, Mumia, "Soyinka's Africa: Continent of Crisis, Conflict and Cradle of the Gods", Black Scholar: Journal of Black Studies and Research, Vol. 31, No. 1, Spring 2001.

④ Jean Starobinski, "The Style of Autobiography", in James Olney (ed.), *Autobiography: Essays Theoretical and Critical*, Princeton, New Jersey: Princeton University Press, p. 74.

⑤ Georges Gusdorf, "Conditions and Limits of Autobiography", in James Olney (ed.), *Autobiography: Essays Theoretical and Critical*, Princeton, New Jersey: Princeton University Press, p. 45.

二 社会意识和民族身份

对自我进行分析,揭示自我之所以成为自我的原因是《阿凯:童年岁月》的一个中心主题。然而,自传的"主题可以来自作者总体的哲学、宗教信仰,或政治文化态度。他的主题既是个人的,也代表一个时代"①。在揭示自我这个主题时,索因卡并没有将自我意识的成长局限在与家里人和周围人的关系上,而是向外延伸到了公共历史和社会事件中去。这样,个人意识的成长和社会意识的觉醒交汇在了一起,个人身份和民族身份混合为一体,这部自传的精神价值也就超出了个人的小圈子,反映了时代的声音,因而具有了广泛的社会意义。

在《阿凯:童年岁月》中,作者较为集中地描写了两个大的公共历史事件:希特勒发动的法西斯战争和阿凯的女权运动。前者是以戏谑的笔调、碎片化的形式进行折射,后者是以一种严肃的语调,以一个社会批评家的姿态进行全程追踪报道。

希特勒的部队并没有进入阿凯,却让当地人民感到了威胁的日益迫近。索因卡的父亲和他的朋友们每天聚在收音机前,收听战争信息,他们的讨论总是围绕"赢得战争"展开。战争的威胁让阿凯发生了一些变化,比如说房子的"窗户全部涂黑,只留一点可以窥探外面的小缝,以便于希特勒来时可以及早得到警告",深夜点灯要被罚款等。飞机时不时在阿凯的上空飞过,每当这时,"基督徒跑到教堂祈祷上帝的保护,其他的人锁上门窗,待在家里,等待世界末日的来临"。对法西斯战争描写的高潮是一场有趣的误会:一心幻想着能和希特勒直面相遇的巴·阿达坦误把一队过路的士兵当作希特勒的军队,跳着舞蹈,念着符咒,挥舞着大砍刀向士兵们挑衅。这个场景虽然是以闹剧的笔法写出,但却是被压抑着的公众反抗情绪和捍卫人权的自由意识的一次象征性的释放,也标志着幼年索因卡的文化意识开始由自我走向社会。

对妇女运动的描写占据了这部传记的很大篇幅,是后半部描写的中心事件。索因卡细致地描写了阿凯和整个伊博地区妇女运动的发展历程。阿凯的妇女组织始自小规模的聚会,后来发展到成立"伊博妇女联合会",

---

① William L. Howarth, "Some Principles of Autobiography", in James Olney (ed.), *Autobiography: Essays Theoretical and Critical*, Princeton, New Jersey: Princeton University Press, p. 87.

再到后来成为"尼日利亚妇女联合会"的一个组成部分。妇女的实践运动则从开始的扫盲，到后来围绕妇女权利问题的讨论，到在阿拉克王宫前的广场上要求废除重税的示威游行，再到全面的罢工罢市，并最终"和推翻在这个国家的白人统治的活动纠缠在了一起"。通过对妇女运动这个历史事件的描画，索因卡展现了他的家乡阿凯、他的祖国尼日利亚反抗内部的暴政独裁和外部的殖民压迫的社会意识的觉醒。这次事件无疑对幼年索因卡有极深的触动，在他的心灵里种下了反抗暴政、反对殖民压迫的自由精神的种子，而这种精神正是他的创作中体现出的核心精神。这场运动的印象也直接对他以后的创作产生了重要影响：妇女集会的场景在《死亡与国王的马夫》、《酒神的女祭司》等作品中反复再现；妇女们戏弄白人殖民官员的一幕在《死亡与国王的马夫》中得以进一步的艺术化呈现；《死亡与国王的马夫》中的市场领袖伊亚劳嘉、《酒神的女祭司》中亲手杀死儿子的太后阿卡沃、《孔吉的收获》中的塞吉这些意志坚定、成熟稳重、具有领袖气质的女性形象身上无不闪现着《阿凯：童年岁月》中妇女运动领导者们的身影。

妇女运动的领导者库蒂夫人和她的丈夫兰瑟姆·库蒂是尼日利亚的公共历史人物。库蒂先生之所以能在历史上留名，是因为"他作为阿贝奥库塔语法学校的校长和西非高等教育埃利奥特（Elliott）委员会的成员对教育的贡献"[1]。库蒂夫人在历史上的功绩主要是因为"她的妇女运动的领导者身份和随后对独立前政治的参与"[2]。因为母亲和库蒂的亲戚关系，所以幼年索因卡能够经常进入库蒂家里，和这对著名的夫妇有近距离接触。库蒂夫妇的言论对幼年索因卡社会意识的觉醒起到了重要的启蒙作用。库蒂先生（在《阿凯：童年岁月》中的绰号是道杜（Daodu））告诉索因卡：在英国学校里，"他们教你说'先生'，只有奴隶才说先生。这是他们改变一个正处于易受影响的年纪的男孩子们的性格的方式之一……"[3]库蒂夫人在与白人殖民官员通电话时，对美国向日本而不是向德国投放原子弹的愤怒，深深感染了索因卡，"因为德国人是一个白色人种，德国人是你的祖先，而日本人是一个肮脏的黄色人种。……我知道你

---

[1]　Eldred Durosimi Jones, *The Writing of Wole Soyinka*, London: James Currey, 1988, p. 31.

[2]　Ibid., p. 31.

[3]　Wole Soyinka, *Ake: The Years of Childhood*, London: Rex Colleges, 1981, p. 192.

们白人的思维:日本人、中国人、非洲人,我们都是次等人。如果你们觉着适合,你会对阿贝奥库塔或其他任何的你们的殖民地投放一颗原子弹"①。像这样的话语在当时的尼日利亚是表现种族和民族意识觉醒的具有标志性的言论,索因卡把这些谈论作为一个重要部分写入自己的传记,无疑是因为这些言论曾经给他的意识以触动,并滋养了他的心灵,他的个人意识与之产生了认同。个人意识的成长和社会意识的成长实现了相伴相生,对自我身份的求索与民族身份的思考在这些场景里交融为一体。

　　总而言之,《阿凯:童年岁月》对公共历史事件和公共历史人物的细致描写不仅使这部自传包含了巨量的历史信息,而且强调了个性成长与周围环境的密切关联。在《阿凯:童年岁月》中,外在的事件为人格的成长提供了养分,所有的经历都成为自我意识觉醒的温床。而对民族独立意识成长的反映、对内部与外部权力机构的怀疑和对民族身份的思考增加了这部自传的精神价值。因为"自传的价值最终依赖作者的精神质量"②,在精神质量这个意义上,《阿凯:童年岁月》是一部成功的自传。

三　记忆是伟大的艺术家

　　由于自传是对过去经历的追溯,自传写作离不开记忆。然而记忆自身并不是过去的事件和生活,而是对过去生活的重现和解释,在重现和解释的过程中,记忆在无意识中对过去的事件进行了艺术加工。维柯对记忆的功能进行过透彻的分析,他认为:"记忆有三个不同的方面:当它回忆事件时的记忆,当它改变或模仿事件时的想象和当它给予这些事件一个新的次序,或将它们置入合适的安排和关系时的创造。"③ 简而言之,维柯认为,记忆自身就是一位伟大的艺术家,在对过去的回忆中,不可避免地融进了回忆主体的想象,创造这些属于虚构范畴的因素。

　　时间具有无限多的点,过去的生活为无限多的事件所充盈,生活在过去的"自我"也具有瞬息万变的自我意识,这些无穷的时间点、事件和意识从根本上来讲,不可能完全进入自传,成为自传材料,记忆必须在这

---

①　Wole Soyinka, *Ake: The Years of Childhood*, London: Rex Colleges, 1981, p. 224.

②　Roy Pascal, *Design and Truth in Autobiography*, London: Routledge and Kegan Paul, 1960, p. 19.

③　Michael Sprinker, "Fictions of the Self", in James Olney (ed.), *Autobiography: Essays Theoretical and Critical*, Princeton, New Jersey: Princeton University Press, p. 329.

些纷繁的材料中进行选择。而选择什么，完全依赖于写作自传时的作者现在的立场，即作者在现在这一时刻对过去的自我形象的想象。对此，西方自传的鼻祖奥古斯汀早就认识到了，他说："从记忆中产生的东西不是事件自身（这些已经过去了），而是从关于这些事件的想象中表达出来的词语……当我回忆我的童年形象并向别人讲述它时……我是在现在这个时间里去看待这个形象。"① 因此，与其说自传提供的是过去的自我形象，不如说提供的是作者现在的自我想象。而对过去材料的选择完全围绕着这个现在的自我想象进行，写作自传时的作者无法避免地要对过去的自我进行干预。虽然自传展现的是一个人格形成的历史，但是特定的人格早已经在写作自传的开始预设好了，写作的过程只是一个筛选、组织材料的过程，在自我形象的建构这个意义上，自传的开端和结尾并没有什么差别。走了一圈，又回到了原点。也正是在这一意义上，维柯认为记忆具有重复的特殊功能。

就《阿凯：童年岁月》而言，传记材料的选择紧紧围绕着双重文化影响下自我的摇摆及其对索因卡创作的影响、尼日利亚民族意识的觉醒而展开。而在对自我意识和社会意识的成长史的展现过程中，明显可见现在的介入：同伴们关于"在亡灵的世界中，他们说英语吗"的争论的意义，远远超出一个四岁孩子的理解；索因卡对自己第一次在阿凯的只身漫游过程的陈述，具有热腾腾的生活气息：街道、店铺、学校、市场、各色各样的人、琳琅满目的物品尽收眼底，为读者提供了极为丰富的文化信息。然而，支撑这种全景描写的生活的经验知识对于一个四岁半孩子来说，明显过于早熟；最具有代表性的是对妇女运动的描写。作者对阿凯的妇女运动整个发展过程的追忆，采用了全知全能的叙述视角。叙述者——十岁的索因卡作为扫盲的"老师"、跟班、信使、听众、热心的观察者几乎无处不在，对整个妇女运动的发生发展过程，叙述者有条不紊、颇有见地地一一道来。甚至一些叙述者不可能在场的场景，像一个妇女在游行过程中的分娩、妇女运动领袖与白人殖民官员和国王及其代表们的交涉、参会妇女们之间的密谈等在叙述者的叙述中也如亲

① See Louis A. Renza, "The Veto of the Imagination: A Theory of Autobiography", in James Olney (ed.), *Autobiography: Essays Theoretical and Critical*, Princeton, New Jersey: Princeton University Press, p. 276.

临一样，进行详细的报道。而对运动意义的阐释，像"它和推翻在这个国家的白人统治的活动纠缠在了一起"①，"一些年轻激进的民族主义者因为煽动闹事而被抓进监狱，煽动言论已经变得等同于要求白人让我们自己统治自己"②……这些评论明显出自掌握了大量历史资料、具有深刻思想和强烈社会责任意识的社会批评家之口，而不太可能出自十岁孩子的心灵。总而言之，在对童年的回忆中，成年索因卡的干预是明显的，或者说，是写作自传时的索因卡在赋予过去的经历以意义，现在的索因卡时不时跳出来，对自我和事件进行解释。《阿凯:童年岁月》的叙述明显是被有倾向性的记忆所选择和安排的。

记忆自身就具有想象的特殊功能，同其他人写的自传相比较，文学家创作的自传在想象上往往更胜一筹。《阿凯:童年岁月》使用了多种叙述技巧，使这部作品堪称一部可读性较强的艺术自传。

在索因卡的笔下，"生日"、"体温"、"变化"这些词语都是以大写的形式标出，抽象的事物似乎具有了生命的活力。四岁的索因卡，焦急地期盼着生日的来临，过去的每一天他都会在日历上留下记号，生日那一天终于来到了，他邀请了很多朋友来到家里，坐在那儿，等待着"生日的发生"，等待着"吃生日";"体温"在索因卡的叙述中，也并不只是一个简单的术语，而是一个具有"魔力的词语"，总是在合适的时间出现，有时却又无从寻觅;"变化"像有生命一样，来了，又离去，"不可能预测";而父亲的朋友，一位大教堂教士（Canon），因为他的外形像"一大块岩石，身躯庞大，黑黑的，有着花岗岩似的脑袋和巨大的脚"，所以在幼年索因卡的头脑里，他的头衔 Canon 迅速地与大炮（cannon）联系在了一起，"我已经发现了一个答案。答案来自头部，巴·德鲁莫的头像一个炮弹，这就是父亲为什么叫他 Canon 的原因"③。这些叙述既符合儿童的思维特点，色彩丰富的语言、富有新奇感的意象、陌生化的效果又使阅读可以获得极大的愉悦。

对过去的回忆不可能使过去的场景再现，经过选择的自传材料自身不可能构成一个完整有序的线性历史，而叙述行为自身又要求有一定的次序

① Wole Soyinka, *Ake*: *The Years of Childhood*, London: Rex Colleges, 1981, p. 220.

② Ibid.

③ Ibid., p. 13.

可循，这就需要自传作者对自传材料进行有技巧的编织。在《阿凯：童年岁月》中最为突出的编织技巧是联想和意识流。阿凯是文本事件发生的首要世界，第一次将伊萨拉的世界流畅地嵌入阿凯的时空，索因卡主要借助的就是联想和意识流。两个时空串接的媒介物是屋顶的"椽子"，索因卡躺在阿凯的家里，看着房顶的椽子，不由想道："但是墙壁已经留住了它们的声音。熟悉的声音穿透空气，那是来自椽子另一边的声音。伊萨拉是第二个家——论文的故乡。……那儿的椽子是烟灰色的，没有通常可见的草席的遮蔽……"① 通过这一联想，两个时空实现了无缝对接；记录幼年索因卡第一次只身漫游阿凯的第三章，以纪实的手法给我们展示了阿凯的街道、学校、市场等各个场所，与此同时，标着各种名称的店铺引起索因卡与其主人交往的回忆，出售的食物引起对自己的母亲和家仆如何制造具有约鲁巴特色的食物及其味道的回忆；市场里那些乳房干瘪、表情僵硬、酷肖女巫的老妇人的商店里出售的动物头骨和植物根茎引起他对自己一次出疹子经历的回忆；而学校则引出了他对道杜的回忆，这段回忆有事件，也有对道杜形象的素描……总之，通过联想和意识流，或者说"回忆中的回忆"，写作自传时的索因卡将原本发生在不同时空中的各种分散的事件和场景串接在了一起，使文本自身成为一个有序的世界，这就是技术手段发挥的神奇作用。

由于记忆的特殊功能和叙述自身的需要，自传作者总是存在于自传之中，始终要面临"创造的诱惑"。自传中的创造和符合作者意愿的设计是不可避免的，但是否意识到并在自传中呈现出这种诱惑的影响是区分现代自传意识和传统自传意识的分水岭。早在卢梭、歌德的时代，自传作家们就已经意识到了在自传中，由于自我兴趣的存在，自我真相的不可把握。现代心理学、生命哲学的发展更是促成了现代人对生命整体特征不可把握及个体自身不确定性的意识。这种意识造成了很多现代自传中存在的明显的自我怀疑，这种怀疑既指向自我形象，也指向写作自身。

在《阿凯：童年岁月》中，虽然作者的意图也是要为读者提供真实的成长历程，在很多地方他确实在按照孩子的心理和口气叙述。但是写作自传时的索因卡的在场还是明显可见的。然而，作者索因卡并没有觉着自己的在场是一个问题，他是自己记忆的坚信者，对文本呈现出的那个过去

①　Wole Soyinka, *Ake: The Years of Childhood*, London: Rex Colleges, 1981, p. 66.

的自我形象的真实性,作者没有表现出丝毫的自我怀疑,所以,《阿凯:童年岁月》这部自传显示出的自传意识是传统的。然而,这并不意味着创作自传时的索因卡在表现自我真相上不够真诚。因为无论是否意识到创造在自传中的存在,创造都是无法避免的。

虽然自传在思维方式上是历史的,但从根本上来讲,它是一种文学体裁。如果拿科学的、历史的真实作为唯一的标准去评判自传,没有一部自传是合格的。评判一部自传价值的首要尺度应该是生命的意义,只要自传作者没有故意撒谎,他对过去的回忆、对自我形象的建构对自己和其他人是有意义的,那它就是一部好的自传。《自传中的设计和真相》的作者罗伊·帕斯卡尔就提出:"真正"的自传,不是一种纯客观的形式,它所讲述的不仅仅是回忆起来的行为和思想,而且还是"一种精神的试验,一个发现的旅程"①。《阿凯:童年岁月》提供的人格成长史,在索因卡后来的很多作品中得到回应,对索因卡的创作的研究确实有不可替代的意义。虽然经历事件时的索因卡不可能意识到,但写作自传时的索因卡对影响自己的世界观的双重文化的作用的认识是客观的,对社会意识成长过程的展现也是具有社会价值的。可以这样说,索因卡的自我发现之旅,作为对人生经历的"第二次阅读",比第一次更具有意义。因此从整体上说,《阿凯:童年岁月》是一部成功的艺术自传。

第三节 库切的自传观和自传写作

南非白人作家 J. M. 库切,2003 年诺贝尔文学奖得主,近些年来越来越引起人们的关注。他并不是一位多产作家,但关于他到底写出了多少部小说,却众说不一。歧义产生的根源主要在于对《男孩》、《青春》这两部作品文类归属的争议。有些学者认为它们属于虚构的小说文类,如浙江文艺出版社在 2004 年出版的"库切小说文库"和 2007 年推出的"巨擘书库:库切核心文集"中,均称《男孩》和《青春》为自传体小说,诺贝尔文学奖授奖词也持此观点。另外一些学者则认为它们是非虚构类,即纪实性质的自传作品:如《大不列颠百科全书》、《大不列颠简明百科全

---

① Roy Pascal, *Design and Truth in Autobiography*, London: Routledge and Kegan Paul, 1960, p. 55.

书》、《哥伦比亚百科全书》都把《男孩》和《青春》称作自传、回忆录（memoirs）、小说之外的其他作品（other workings），英国的"Penguin Books"出版社在 1997 年出版的《男孩》的前言中，也称《男孩》和《青春》为"两本回忆录"，属于小说之外的"其他创作"；厄普代克在《库切和他的青春》这篇随笔中则明确指出，"J. M. 库切，这位想象丰富、文风严肃、目光敏锐的南非小说家和评论家，六十岁刚过，发表了在我们看来是正在写作的回忆录的第二部：《青春：外省生活场景 II》"①。

那么，《男孩》和《青春》到底应该属于哪种文类？我认为，以自传文学的真实性和纪实性这个标准去判断，库切的这两部作品应该属于自传。因为这两部作品是作家对自己的童年和青年时期人生经历和心灵世界的真实记录，里面讲述的生活事件和心路历程在《双角：随笔和访谈》（Doubling the Point：Essays and Interviews）及其他的具有口述自传性质的访谈录中，库切一再提到，与库切的真实经历是基本相符的。之所以对它们的文类归属产生歧义，关键就在于库切独具一格的自传观念，导致他的自传作品显示了与传统不同的自传品格。

一　不可再现的历史

一般认为，自传属于非虚构性的纪实文类，事实是界定自传文类的一个基础因素，真实性是自传文学的核心价值追求。在这一点上，自传的写作跟历史的书写颇为类似，都是力求借助文字再现历史场景。在某种程度上可以认为，自传实质上是在提供个人历史。所以要深度把握库切的自传观，势必要从他的历史观入手。

随着新历史主义和解构主义等后现代文化思潮的兴起，传统的真实历史观受到了极大的挑战。新历史主义的著名理论家海登·怀特认为，历史其实像文学一样，是一种叙事，"事实上，叙述始终是而且仍然是历史书写的主导模式"②。的确，面临一堆彼此之间并无关联的作为事件因素存在的原始材料，历史学家要寻找一条逻辑的链条把它们按因果关系串联起来，在串联过程中，取舍是在所难免的，所以叙事总是一种情节的建构，

---

① 厄普代克：《库切和他的〈青春〉》，马振骋译，载《万象》2003 年第 12 期。
② ［美］海登·怀特：《后现代历史叙事学》，陈永国、张万娟译，中国社会科学出版社 2003 年版，第 294 页。

历史叙述与其说"能产生另一个更为全面也更为综合的事实性的陈述，不如说它是对事实的阐释"①。在对历史场中未经加工的历史材料进行选择并进行情节编织时，作为阐释主体的人所处的文化环境、他自身的文化立场和意识形态模式都在阐释过程中影响着作为客体的历史意义的走向，这是导致对同一历史事件的互相对立的历史叙事出现的根源。历史学家都是特定时代、带有特定时代意识和价值取向的个体，他们阐释的历史必定带有他们所处时代的意识印痕，正是在这个意义上，意大利学者克罗齐提出"一切历史都是当代史"，柯林伍德提出"一切历史都是思想史"的历史命题。由于历史的叙述和意识形态性质，所以传统历史书写的终极诉求——真实再现历史场景从根本上就是不可能的了。

　　库切的历史观深受后现代主义历史观的影响，也明显带有挑战和解构传统科学历史观的色彩。同海登·怀特一样，他强调历史的叙述性质，认为，"历史不是现实；历史是一种话语"②。而在阿特瓦尔的访谈中，库切则提出："历史可以是，就像你所说的，再现的过程，但对我来说，感觉起来它更像是一种引向再现的力量。在那个意义上说，是的，它是不可再现的。"③ 库切所说的"引向再现的力量"，一方面是指历史学家们不可避免地带有主观色彩的历史编纂和历史阐释，另一方面是指记录下历史事件的叙述因素。叙述离不开语言的中介，库切早年曾经专门研修过结构主义语言学，他一直在学术论文和文学创作中非常关注语言的流动性以及这种流动性导致的叙述的不可靠性。语言的中介也是导致历史场景不可再现的重要因素。

　　由于历史的意识形态色彩和历史场景的不可再现性，人类集体的历史经验从根本上是难以修复的，个人的历史同样也难以全面而真实地再现。对此，库切也提出了明确的观点："所有关于'我'的描述都是'我'的虚构，主要的'我'是不可能复原的……真的，在这个词语经历了和某个人存在的关联之后，生活不会恢复到同以前一样。"④ 也就是说，库切

---

　　①　［美］海登·怀特：《后现代历史叙事学》，陈永国、张万娟译，中国社会科学出版社2003 年版，第 326 页。

　　②　J. M. Coetzee, "The Novel Today", Upstream6, Vol. 6, No. 1, Summer 1988.

　　③　J. M. Coetzee, *Doubling the Point*: *Essays and Interviews*, Cambridge, Massachusetts, London: Harvard University Press, 1992, p. 67.

　　④　Ibid., p. 75.

认为通过语言中介书写个人历史，不可能恢复既往，也不可能呈现过去那个自我的真相，只能是一种主观的虚构。

二 一切自传都是故事叙述

基于上述历史观，库切提出了自己的传记观，他提出"传记是一种故事叙述，你从留存在记忆中的过去选取材料，然后将它编排进一个叙述里，这个叙述以一种或多或少没有缝隙的方式领先于活生生的现时"①。

个人生平中每一时刻经历的那些原发性的材料肯定属于事实，但是一方面所有的经历材料不可能全部进入自传写作（作者要保持叙述的完整性，就一定要对材料进行筛选），另一方面自传是在人生的某一时刻动笔，是对以往经历的回溯。自传离不开记忆，而记忆并不像摄像机拍摄的情景再现那样准确可靠，即使是摄像机的拍摄，也只能是拍到外在的真实，内心的情感波澜也是无法再现的。所以靠记忆构建起的回忆录里的真实只能是一种相对的真实，不可能达致绝对的真实。由于自传写作的叙述性质，不可避免地需要想象的介入，因此，库切提出："你从记忆库中选择材料来诉说关于你的生活的故事，在选择的过程中你删除某些东西，比如说省略不提你在孩提时代曾经折磨过苍蝇的事，从逻辑上讲，就像你说你折磨过苍蝇，而实际上你并没有那样做一样，都是对事实真相的违背。因此，那种认为自传（实质上是历史）只要没有撒谎就是真实的观点，唤起了一种十分空洞的真相的观念。"②

库切认为，同传记相比，自传的独特之处在于"一方面是作者拥有把握资料的特权，另一方面，因为追踪从过去到现在的历程是这样一种自我兴趣的事业（在某一种意义上都是自我兴趣的），所以选择性的视野，甚至某种程度上的视而不见——对任何旁观者来说都是明显的东西的视而不见，变得不可避免"③。在1985年写作的《忏悔和双重思想：托尔斯泰、卢梭和陀思妥耶夫斯基》这篇篇幅很长的论文中，库切对这种自传写作中的自我兴趣做出了细致的分析。他指出："忏悔录的最终目的是向自己和为自己讲述真相。我对陀思妥耶夫斯基三部小说中的忏悔录命运所

① J. M. Coetzee, *Doubling the Point: Essays and Interviews*, Cambridge, Massachusetts, London: Harvard University Press, 1992, p. 391.

② Ibid. , p. 17.

③ Ibid. , p. 391.

作的分析是要揭示出：对于卢梭和卢梭之前的蒙田所尝试的现世忏悔的多
变性，陀思妥耶夫斯基怎么样和为什么要产生怀疑。因为意识的特性，陀
思妥耶夫斯基揭示出，自我不可能在没有自我欺骗的情况下向自己讲述自
我的真相。"①

　　通过分析，库切得出了这样的结论：忏悔录中的自我欺骗是不可避免
的，对真相的追求注定是失败的。与此同时，他还强调了另一观点：忏悔
录中自我检查的失败。这种观点主要是通过对卢梭的《忏悔录》的分析
得出的结论。库切指出，在卢梭的《忏悔录》中，自我检查并不像卢梭
所宣称的那样为讲述真相服务，而是服务于作者的自我兴趣。卢梭创作
《忏悔录》的动机与其说是讲述自我的真相，不如说是出自虚荣之心。对
此，库切说："自我检查不是一个真实的容器，而仅仅是一个想让自己感
觉舒适，博得别人好感等的愿望。"② 由于这一特性，自我检查只能成为
讲述真相的对立因素，驱使自我不断掉入对动机的自我怀疑之中，其结果
是无论讲述自我真相的意愿如何真诚，在不断的自我检查的作用之下，也
不可能揭示自我的真相，它形成的只能是一个又一个的关于自我的虚构，
结果，忏悔就成了一个永远没有休止的进程。自传写作也就成了一个永远
在和难以消除的自我兴趣斗争的过程。

　　在《双角：随笔和访谈》的最后，应访谈者阿特瓦尔的邀请，库切
对整个访谈做了一个回顾，在这次回顾中，库切一再强调《忏悔和双重
思想：托尔斯泰、卢梭和陀思妥耶夫斯基》这篇论文的重要性，称它是
自己思想和创作进程中的一个中枢，并再次重申了自传中讲述自我真相的
徒劳，"没有关于自身的最后的真相，抵达最终的真相的努力是没有必要
的，我们称之为真相的东西只不过是一种迅速变化的自我重估，它的功能
是让一个人感觉良好，或者说鉴于这种体裁不允许人们创造随意虚构的小
说，它的功能是让一个人在这种情形下尽可能地感觉良好。自传被自我兴
趣所控制……一个人以一种抽象的方式可以意识到那种自我兴趣，但最终
他不能使它完全清晰。自传中唯一确定的真相是个人的自我兴趣被锁定在

---

　　① J. M. Coetzee, *Doubling the Point*: *Essays and Interviews*, Cambridge, Massachusetts, London: Harvard University Press, 1992, p. 291.

　　② Ibid., p. 292.

个人的盲区"①。通过细密的推理，最终库切得出了"一切自传都是故事叙述，一切写作都是自传"的结论。这一结论一方面突出了自传写作的叙述及虚构性质，另一方面他又进一步将所有的写作视为讲述真相的失败。这种观点直接影响了他的创作，成为他的小说中的一个结构模式，按照阿特瓦尔的说法，"库切的创作遵从一种讲述真相的方式，而这种方式小说自身无法拥有"②。另一位学者吉尔伯特则提出："库切将写作视为讲述真相的失败和欺骗的观点控制和形塑了他的小说，是《等待野蛮人》、《铁器时代》、《耻》等作品中隐含的主题。"③ 的确，通观库切小说，故事的叙述者大多是不可靠的，他们试图探测别人，也时不时反省自身，在反省之中，不断自我批评，也自我辩解。其结果是他们的言说模棱两可，充满矛盾，关于他人和自我的真相总是无法抵达。

三　自传即他传

　　库切的自传观明显具有解构性质，在他的细究之下，传统自传的文体基础发生了根本动摇。虽然在当下文化语境中，库切的自传观算不上十足新鲜，但是却直接影响了他的写作，尤其是自传的写作，使他的自传显示出了与众不同的特质。

　　1997 年出版的《男孩》，主要追忆库切大约从八岁到十三岁之间的人生经历。我们可以看到开始时他和他的家人住在伍斯特郊外住宅区的一幢大房子里，那儿一棵树也没有，却常年刮风，房子很新但满是灰尘。后来由于父亲工作的关系，他们一家离开伍斯特，来到开普敦。住在一个挺偏僻的地方，门窗都已经变形，后院里堆着碎石瓦砾。在书中，我们看到了一个学业优秀但却总是抑郁不安的学生，一个对耻辱和荣誉过于敏感、觉得自己不正常又渴望变得正常的孩子，一个对父母都不满意的倔强的少年，我们还看到了他对他叔叔管理的家庭农场"百鸟喷泉"的眷恋和热爱，对自己所拥有的阿非利垦人身份的苦恼，以及无处不在的种族歧视、暴力事件、政府决策引起的恐慌、忧虑和仇恨情绪。

①　J. M. Coetzee, *Doubling the Point: Essays and Interviews*, Cambridge, Massachusetts, London: Harvard University Press, 1992, p. 392.

②　Ibid., p. 10.

③　Yeoh, Gilbert, "J. M. Coetzee and Samuel Beckett: Ethics, Truth-telling, and Self-deception", Critique, Vol. 44, No. 4, Summer 2003.

2002 年发表的《青春》，是库切对自己大约在十九岁到二十四岁之间的生活经历的记录。全书共二十章，前四章写他在南非开普敦大学上大学期间的生活场景，他利用业余时间打工，挣的钱足够他付房租和大学学费，他在用这一方式继续着对父母的反抗，力图证明："每个人是一座孤岛，你不需要父母。"① 为了能让自己成为一个男人，治好自己的孩童气，他去谈情说爱，为了让自己日后到欧洲时"不会是外省的土包子"，他拼命读欧洲的经典文学作品。最终在沙佩维尔大屠杀事件之后，为了躲避被征召入国防军服兵役的命运，他逃离了南非，来到了英国的伦敦。从第五章开始，写他在伦敦的生活。在伦敦，他的工作是在计算机公司里当计算机程序员，他无亲无友，身上背负着殖民地人的烙印，因此受到伦敦人的冷眼，他很孤独，想借爱情来排解，于是陷入和众多各种国籍的女性的恋爱。慢慢地，表面上他适应了英国中产阶级的生活方式，但是内心里他并不喜欢为自己赢得中产阶级地位的计算机程序员的工作，他的梦想是当一位文学大师，但却总是壮志难酬，满脑子想的是自己如何成为真正的艺术家，他在阅读和写作中探索着自己的文学道路，等待着缪斯女神某一天的降临。

这两部自传讲述的内容是库切的经历，但读起来不像是一种"自述"，而像是在讲述他人的故事，这主要是因为库切采用了第三人称"他"的叙述视角。这种叙述视角的采用，源自库切对真相的看法。由于自传写作中自我兴趣、自我欺骗、自我检查的存在，自传中提供的自我形象与身处自传事件中的真实的自我形象根本不可能完全重合，自传作家也根本不可能抵达关于自我的最后真相。所以当阿特瓦尔请库切回顾他们之间的谈话时，库切只承认："在回顾中提供的是过去 20 年的故事看起来所像的东西。"② 不肯承认那就是真实的自我。在谈到自己的人生经历时，库切始终只肯用"他"来表述，其实就是在以此方式来强调自我真相的难以抵达。正是出于同样的原因，库切在《男孩》和《青春》中采用第三人称叙述视角。库切隐身在这一视角之下，与自传中的自我形象拉开距离，冷静地审视着自我的成长叙述，尽情地呈现着自我意识的盘旋，巧妙

---

① ［南非］J. M. 库切：《青春》，王家湘译，浙江文艺出版社 2004 年版，第 3 页。

② J. M. Coetzee, *Doubling the Point: Essays and Interviews*, Cambridge, Massachusetts, London: Harvard University Press, 1992, p. 392.

地回避了有关自传真实性的任何质疑。这种质疑在《青春》中也以文学性的语言表述出来："到底什么是真实？如果他对自己都是个谜，怎么可能对别人不是个谜呢？"①

　　一般来说，自传是站在人生历史的某一时刻对以往历史的追溯，树立的形象是过去的自我形象，为了表明现在的自我的不在场，自传作者大多采用一般过去时的时态。然而海登·怀特、蒙特洛斯、克罗齐等历史学家则提醒我们在书写历史时作为阐释主体的历史学家主观意识的介入。对此精神分析学大师弗洛伊德也说过："一个人描述历史的时候，即使他是位历史学家，我们也应该考虑到这样一个问题：他从现在或某个中间的时间点放入过去某些东西，并因为这些东西而使过去的图画歪曲。"② 按照这些学者的说法，自传采用的一般过去时只不过是一种自欺欺人的招数。库切的观点和这些学者相似，在 1981 年写作的论文《卡夫卡〈地洞〉中的时间、时态和神态》中，库切分析了两种对立的时间意识："第一种，即我们称作的历史意识，把现实归因于看起来和现在是一种持续关系的过去。第二种，即我们称作的末世论的历史意识，认识到没有这种持续性：仅有现在，总是现在……"③ 库切明显反对第一种历史意识，而是倾向于第二种，他认为根本没有持续性的完整历史，历史总是存在于现在。库切不愿意自欺欺人，因此，他在《青春》和《男孩》中采用一般现在时态，就是想借此正面告诉读者："我们认识自身时，不仅要把自己当作历史力量的客体，而且还要把我们当作我们自己所做的历史阐释的主体。"④

　　《男孩》和《青春》的副标题分别是"外省生活场景"、"外省生活场景之二"。库切似乎并不以提供意义连贯的线性历史为己任，而只是提供一幕幕的生活场景。场景和场景之间存在大量的空白，对这些空白库切没有做任何解释，也没有呈现出在叙述上将这些历史场景连接起来的意图。库切的这种叙述策略直接源自他独特的时间观。还是在关于卡夫卡的《地洞》的那篇论文中，库切对古希腊哲学家芝诺的时间观表现出了浓厚

---

　　① ［南非］J. M. 库切，《青春》，王家湘译，浙江文艺出版社 2004 年版，第 149 页。

　　② Freud, Sigmund, *Introductory Lectures on Psychoanalysis*, Translated and Edited by James Strachey, New York: Norton, 1966, p. 336.

　　③ J. M. Coetzee, *Doubling the Point: Essays and Interviews*, Cambridge, Massachusetts, London: Harvard University Press, 1992, p. 231.

　　④ J. M. Coetzee, *Stranger Shores*, Harmondsworth: Penguin Books, 2001, p. 13.

的兴趣并予以了认同,他分析道:"芝诺指出,射出去的箭到达目标之前,必定要先到达到目标的中间地点,而在到达中间地点之前,它又必须先到达到四分之一的地点;等等。要到达它的目标,这支箭必须经历无限种状态;要经历无限种状态,它又必须花费无限多的时间。芝诺应该再加上:以此方式将箭的飞行构思为时间的连续,我们就永远不能掌握它是怎样从这一时刻进入另一时刻,我们也永远不能将它的那些时刻与一个简单的飞行构成整体。"① 库切的意思是说,由于某一历史时段是由无限种状态和无限多的时间点构成的,所以任何试图呈现整体历史的努力都是徒劳的,这个和那个历史事件之间势必要出现间隔和中断。由于意识到整体历史呈现的无法实现,库切在回忆自己的童年和青年经历时,干脆就任由这些事件之间的间隔和中断保留,最起码在形式上可以做到更加贴近历史存在的真实状态。

总之,在《男孩》和《青春》这两部自传中,库切通过采用第三人称"他"的叙述视角和一般现在时态,提供了彼此之间充满空白的一幕幕独立的历史场景。在这两部自传中,库切一直隐身在叙述之外,既把过去的自我当做客体来研究,又渗透着对真相和如何呈现真相的思索,显示了强烈的自传理论自觉意识。对这样的自传,库切自己独创了一个新词来进行表述,即他传(autrebiography)。或许我们可以这样来表述库切的自传观:自传即他传。

四 精神传记和自我形象

在《男孩》和《青春》中,库切不以提供连贯的历史为价值追求,而是将重心放在了精神分析的层面,他注意的是外在事件在人的心灵之湖上激起的涟漪。两部自传明显带有精神分析传记的特点。这些精神分析的主要目的是要揭示自我的真相,《男孩》和《青春》中的精神分析紧紧围绕着"他"的自我形象探索和建构展开。

在《男孩》中,由于种族隔离导致的等级偏见、暴力事件和畸形的教育体制就是日常的生活现实,库切描写了这些事件,但他更关注的是这些事件对一个孩子情感结构的影响。"对于正在暴露给他的东西来说,他

---

① J. M. Coetzee, *Doubling the Point: Essays and Interviews*, Cambridge, Massachusetts, London: Harvard University Press, 1992, p. 227.

太小，太孩子气也太脆弱了。"孩子公正的天性使他知道周围"正在发生的事是错误的，……不应该允许它们发生"①。然而白人主人对黑人童仆的毒打、农场上的非洲佃农见到枪时的恐惧、等待被屠杀和阉割的动物们惊恐的眼睛、黑人用过的杯子必须被摔碎的习俗、对非洲人不能使用"wise"一词的社会成见、学校里因种族歧视而爆发的一次次暴力事件……这一幕幕的场景都在他身边真实地发生着，使他经常陷入莫名的忧虑、恐慌和愤恨的情绪之中，他不敢自由地宣称自己的爱憎，不敢承认自己对于宗教的态度，对于耻辱和荣誉过度的敏感……他也像其他的孩子们一样骑自行车、看书、打板球，在农场上漫游并为农场的生活而兴奋不已，但是来自暴力和种族歧视的意识的负担总是不能让他纵情地沉浸在童年游戏的快乐之中，明朗的童年情趣中总是伴随着一种被损坏的抑郁。男孩不愿意认同阿非利肯人的文化身份，他的身份向往是英国人，他的英语说得很好，但他又明确意识到他通不过某些测试，这种尴尬使他经常处于一种身份的焦虑之中。

他与父母的紧张关系很容易让人联想起弗洛伊德式的精神分析：他对母亲的爱非常复杂，他一方面异常依恋自己的母亲，想独占她的爱，独占不了，便经常对母亲无理取闹，滔滔不绝地责备她。另一方面由于母亲毫无自我的爱使他感到了某种爱的负担，所以对母亲又产生了某种抗拒，想从母亲身边独立出来。他原本就由于对母亲的依恋而敌视父亲，父亲职场上的失败导致家庭生活的艰难更使他对父亲产生了怨恨。在"百鸟喷泉"，他自认的精神故乡，他的想法是："他有两个母亲。他出生两次：一次产于母体；一次生于农庄。两个母亲，没有父亲。"②

表面看来，"他只不过是一个走在母亲身边的男孩：从外表看，他也许相当正常。可他想象着自己是一只在她身边打转的甲虫，鼻子凑在地上，手脚不停地蹦跶着。事实上，他对自己仍然没什么想法。他的思绪，带着对自己都不耐烦的意念到处飘忽"③，这些飘忽的意念就是困扰"他"的问题，"最初，散乱的思绪只是这儿一道闪念那儿一道闪念，可是后

---

① J. M. Coetzee, *Boyhood: Scenes from Provincial Life*, Harmondsworth: Penguin Books, 1997, p. 139.

② Ibid. , p. 96.

③ Ibid. , p. 59.

来，这般思绪折腾来折腾去，终而聚焦到一点，指向他自己"①。"他"被自我困扰，结果他的形象在读者眼里就更加飘忽不定，难以定论。

《青春》延续了《男孩》中对自我身份的探讨。"他"离开了南非这块令他痛苦的土地，来到伦敦这个欧洲的文化之都。像所有的移民一样，他想融入英国，为此他做出了种种努力，包括对自己进行重新包装，按英国中产阶级的生活方式生活，但他发现在英国人眼里，他始终是一个来自殖民地的"他者"，为此他感到异常的孤独。为了摆脱孤独，也为了证明自己不再是一个离不开父母的孩子，同时也因为在他的心目中艺术家似乎都要经历很多恋爱来刺激灵感，他和众多女性发生两性关系，在他的恋爱故事中，库切给读者呈现的是一个没有激情也引不起激情、高峰时总想往后退缩也不太负责任的青年，库切没有说出的，但我们读者可以感觉到的是"他"是一个很有吸引力的青年，短短接触就会有很多女性愿意以身相许。

《青春》中另外一个萦绕的主题是未来的大艺术家的精神成长之路。库切以很大的篇幅来谈论"他"的阅读，包括庞德、霍普金斯、蒲柏、斯威夫特、福特、波德莱尔、亨利·米勒、里尔克、兰波、卡夫卡、艾略特、聂鲁达、布莱希特、托尔斯泰、亨利·詹姆斯等，这种零散的谈论实际是"他"在寻找适合自己的创作道路。他觉得自己缺乏热情，因而渐渐放弃了诗歌，转向散文和小说。当他提笔创作一个散文体故事时，却发现无意识之中把故事的背景放在了南非，他意识到这篇作品是没有必要去发表的，"英国人不会理解的"。因为"他没有掌握伦敦。如果存在着什么掌握的话，是伦敦在掌握着他"②。尽管如此，"他"还是模糊地意识到自己的创作灵感之源应该是在南非这块让他既恨又无法割舍的土地上。在自传的最后，"他"虽然还在面对着空白的稿纸焦灼地等待，为自己未来的职业生涯担忧，但我们可以感到一个大作家正在成熟起来。

同《男孩》一样，在《青春》中，"他"的思绪也是飘忽的。这种飘忽一方面体现了青春期的彷徨，另一方面源自"他"好思辨的个性特征。一幕幕的生活场景引发了他一次又一次的自我反省，他一遍遍地向自

---

① J. M. Coetzee, *Boyhood: Scenes from Provincial Life*, Harmondsworth: Penguin Books, 1997, p. 60.

② ［南非］J. M. 库切：《青春》，王家湘译，浙江文艺出版社 2004 年版，第 69 页。

己发问，在他的呆板、僵硬、冷酷的背后是否隐藏着神圣之火？他对和他交往的女性的态度是否是可耻的？他心目中的完美女性什么时候能够出现？能像想象中那样激发起他的热情吗？他离开南非来到伦敦开始新的生活，是要探索自己的深处，然而深处究竟是什么？他能成为大艺术家吗？什么时候？艺术家就应该经历一切吗？艺术家就可以放任自己的倾向与罪恶，然后又痛悔莫及吗？现在不是诗人、不是作家、不是艺术家的他的未来会是什么？……在一个接一个的疑问中，"他"一步步地逼近内心的真实，曝晒内心深处某些最隐秘的角落，"他"想得到关于自我的最终的答案，然而，站在叙述者背后的作家库切知道真实根本是无法抵达、无法触及的，"他"也明确知道这一点，所以"他"会对真实性发出这样的质问："真实性只是在文艺作品所称的真实的意义上的真实——对作品本身真实，对它内在的目标真实？"①

　　"他"面向内心、直指真实的发问往往得不出什么确定的答案，留给"他"自己和大家的只是一些盘绕的思绪。在这些思绪中，我们可以看出"他"在不断地自我挖掘、自我暴露、自我批判，同时又在不断地自我宽容、自我辩解，然后再对这种宽容和辩解进行自我批判……对自我的精神分析经常陷入永无休止的循环。"他"在 IBM 当计算机程序员期间，为英国国防部原子武器研究站做了一套软件，无意之间参与了军备竞赛，这让"他"感到自己成了帮凶，因为"他"的同情在俄罗斯人一边，"他"谴责自己，同时又以"局外人"的名义为自己辩护，然而"这个辩护他自己一刻也没有相信过。这是诡辩，如此而已，卑鄙的诡辩"②，接着他又想到对于这种诡辩没有什么可以辩解的，"要紧的是做该做的事"，然而"该做的事情是乏味的。所以他处在了两难的境地：他宁愿是个坏人而不愿做个乏味的人，但他不敬重一个宁愿是个坏人而不愿做个乏味的人的人，也不敬重能够把他的两难处境用语言利落地表达出来的那种聪明"③。"他"内心所做的自我分析大多具有这样的特点，充满思辨色彩，然而又不断地互相拆解、互相抵消，在这一过程中，自我的形象变得模糊，读者也休想从中找到对问题的最后解答。

---

①　［南非］J. M. 库切：《青春》，王家湘译，浙江文艺出版社 2004 年版，第 11 页。
②　同上书，第 181 页。
③　同上书，第 182 页。

　　与其说库切在提供"他"的童年和青春时期的精神成长史,不如说更为关注"他"内心世界的经历。或许在库切看来,与事件相比,精神的经历更为真实。虽然在两部自传中,库切并没有为读者勾勒出过去自我的完整图景,然而他对真实的追求却恰恰因其不断地质问而显得尤为执着和深刻。

　　综上所述,作为学者型的作家,库切对于自传这种文体的写作有自己独立的思考,形成了较为系统的自传观,并在《男孩》、《青春》这两部自传中以实验的姿态进行创作实践。在库切的自传理论和自传作品中,萦绕的中心主题是关于真相的问题,库切为什么对于这个问题如此执着,在《双角:随笔和访谈》最后的回顾中,库切自己给出了答案,他说:"为什么我应该对关于我自身的真相感兴趣,而这时真相可能并不是我的兴趣所在?对于这个问题,我料想,我会继续给出一个柏拉图式的答案:因为我生来就有关于真相的观念。"① 一个对写作严谨、执着,对知识敢于穷根究底的当代知识分子赫然眼前。

---

　　① J. M. Coetzee, *Doubling the Point*: *Essays and Interviews*, Cambridge , Massachusetts , London: Harvard University Press, 1992, p. 395.

结　语

　　莎士比亚在传奇剧《暴风雨》中，塑造了一个被征服的精灵凯列班。凯列班从母亲那里继承来了海岛，原本是海岛的主人，但外来的普洛斯比罗凭借呼风唤雨的魔法从他那儿抢走了海岛，并将他贬为奴仆。凯列班的处境与前殖民地遭受外来强权剥夺的殖民处境非常相似，面对普洛斯比罗的训斥和进行驯化的企图，凯列班这样回敬："你教我讲话，我从这上面得到的益处只是知道怎样骂人；但愿血瘟病瘟死了你，因为你要教我说你的那种话。"① 这句话也常常被后殖民理论家们引用，以之作为前殖民地与前宗主国文化上既师承又对立的关系的表征。的确，对于黑非洲的英语文学来说，英语是外来语言，也曾经是宗主国驯化的工具，早期的黑非洲英语文学起始于对英国文学的模仿，但是黑非洲的作家们越来越有意识地让自己的英语书写承载起黑非洲的历史和现实，从而揭示、批判了了内外殖民的危害，他们还通过模仿欧洲的文学形式，挑战、颠覆欧洲霸权话语，从前宗主国那里争抢话语权，以期最终寻找回、构建起黑非洲独属的诗学体系。因而黑非洲作家的英语书写也同时是一种对帝国的反叛与逆写。

　　因此，依附与剥离构成后殖民时期黑非洲英语文学发展的关键词，对此，海伦·蒂芬有着更深刻的剖析："被殖民化的人民每日生活的真实性，在很大程度上来源于欧洲话语的影响。但是，后殖民社会所产生的当代艺术、哲学和文学，却不是对欧洲模式的简单继续和接收。艺术和文学的非殖民化（decolonization）进程涉及对欧洲符码的一种激进的消解/掩盖（dis/mantling），涉及对欧洲主导话语的一种后殖民式的颠覆和挪

---

　　① ［英］莎士比亚：《莎士比亚全集》第 1 卷，朱生豪译，人民文学出版社 1992 年版，第 20—21 页。

用。"① 从源头来看，毋庸讳言，黑非洲的书面文学传统离不开欧洲文学的影响，在黑非洲书面文学发展的整个历程中，欧洲各种各样的文学思潮也对黑非洲文学产生着持续影响。黑非洲英语作家大多致力于将外来传统本土化，或将本土传统与现代需求接轨，最终走出与欧洲在话语上的师徒契约关系，形成平等对话的新型关系。为了实现剥离，黑非洲的英语作家们做出了各种各样的努力，尽管在这个努力的过程中，充满歧义，但是，纷争同时也给黑非洲文学带来了活力，在争鸣中黑非洲文学获得了迅猛发展。这些探索的初衷大多源于对抗，因为强烈的对抗欲望，产生出了多姿多彩的作品，反过来，这些多姿多彩的作品，也渐渐凝聚出黑非洲英语文学独特的文学品格。

文化解殖民是一个漫长的过程，远远没有终结。"这一进程经常伴随着对一种全新的、彻底重现的、摆脱掉所有殖民污点的'真实性'的要求。"② 在黑非洲英语文学发展的过程中，始终有一些黑非洲知识精英呼吁纯粹的非洲文化复兴，但是尽管是强权的强加，非洲、欧洲两种文化由于历史的际遇，已然发生了碰撞，混杂性已经成为黑非洲地区后殖民时期文化的事实，本真的民族性的吁求或许只能成为一种理想。然而，只要非洲与欧洲之间还存在着强弱之分，种族之差，穷富之别，黑非洲的知识界在如何摆脱与欧洲文化的依附关系，实现进一步的剥离，发出自己更独立、更强韧的声音的探索就还将持续，让我们拭目以待。

---

① 海伦·蒂芬：《后殖民主义文学与反话语》，载罗钢、刘象愚《后殖民主义文化理论》，中国社会科学出版社 1999 年版，第 312 页。

② 同上。

主要参考文献

一　中文文献

专著

［英］阿伦·布洛克：《西方人文主义传统》，董乐山译，生活·读书·新知三联书店 1997 年版。

艾周昌主编：《非洲黑人文明》，中国社会科学出版社 1999 年版。

［美］爱德华·W. 赛义德：《赛义德自选集》，谢少波、韩刚等译，中国社会科学出版社 1999 年版。

［美］爱德华·萨义德：《文化与帝国主义》，李琨译，生活·读书·新知三联书店 2003 年版。

［英］巴特·穆尔－吉尔伯特编撰：《后殖民批评》，杨乃乔、毛荣运、刘须明译，北京大学出版社 2001 年版。

［美］博埃默：《殖民与后殖民文学》，盛宁译，纽约：牛津大学出版社 1998 年版。

［肯尼亚］恩古吉：《孩子，你别哭》，蔡临祥译，外国文学出版社 1984 年版。

［肯尼亚］恩古吉：《大河两岸》，蔡临祥译，外国文学出版社 1986 年版。

［肯尼亚］恩古吉：《一粒麦种》，杨明秋等译，外国文学出版社 1984 年版。

［美］菲利普·李·杰拉尔夫等：《世界文明史》，商务印书馆 1998 年版。

高长荣编选：《非洲戏剧选》，外国文学出版社 1983 年版。

高长荣编选：《非洲当代中短篇小说选》，外国文学出版社 1983 年版。

［南非］戈迪默：《我儿子的故事》，莫雅平译，译林出版社 1993 年版。

［南非］戈迪默：《新生》，赵苏苏译，人民文学出版社 2008 年版。

［南非］戈迪默：《无人伴随我》，金明译，译林出版社 2006 年版。

［南非］戈迪默：《七月的人民》，莫雅平等译，漓江出版社 1992 年版。

［意］圭多·德·拉吉罗：《欧洲自由主义史》，R.G. 科林伍德英译，杨
军译，吉林人民出版社 2011 年版。

［美］海登·怀特：《后现代历史叙事学》，陈永国、张万娟译，中国社会
科学出版社 2003 年版。

［法］吉尔·德拉诺瓦：《民族与民族主义》，郑文斌、洪晖译，生活·读
书·新知三联书店 2005 年版。

姜飞：《跨文化传播的后殖民语境》，中国人民文学出版社 2005 年版。

［南非］柯慈：《铁器时代》，汪芸译，台北天下远见出版股份有限公司
2001 年版。

［南非］J.M. 库切：《等待野蛮人》，文敏译，浙江文艺出版社 2004
年版。

［南非］J.M. 库切：《伊丽莎白·科斯塔洛：八堂课》，北塔译，浙江文
艺出版社 2004 年版。

［南非］J.M. 库切：《彼德堡的大师》，王永年、匡咏梅译，浙江文艺出
版社 2004 年版。

［南非］J.M. 库切：《异乡人的国度》，汪洪章译，浙江文艺出版社 2010
年版。

［南非］J.M. 库切：《青春》，王家湘译，浙江文艺出版社 2004 年版。

［美］拉尔夫·科恩主编：《文学理论的未来》，程锡麟等译，中国社会科
学出版社 1993 年版。

［南非］理查德·里夫：《紧急状态》，侯焕良、卢明华、尧雨译，外国文
学出版社 1985 年版。

刘鸿武：《黑非洲文化研究》，华东师范大学出版社 1996 年版。

罗钢、刘象愚主编：《后殖民主义文化理论》，中国社会科学出版社 1999
年版。

［美］伦纳德·S. 克莱因主编：《20 世纪非洲文学》，李永彩译，北京语
言学院出版社 1991 年版。

［美］琳达·哈琴：《后现代主义诗学：历史·理论·小说》，李杨、李锋
译，南京大学出版社 2009 年版。

［英］罗素：《西方哲学史》上卷，何兆武、李约瑟译，商务印书馆 1963

年版。

［德］黑格尔：《哲学史讲演录》，贺麟、王太庆译，商务印书馆1996
　年版。

［英］马克·柯里：《后现代叙事理论》，宁一中译，北京大学出版社
　2003年版。

［德］尼采：《悲剧的诞生》，缪朗山译，海南国际新闻出版中心1996
　年版。

［英］帕林德：《非洲传统宗教》，张治强译，商务印书馆2004年版。

潘兴明、李忠：《南非——在黑白文化的撞击中》，四川人民出版社2000
　年版。

［尼日利亚］钦努阿·阿契贝：《瓦解》，高宗禹译，作家出版社1964
　年版。

［尼日利亚］钦努阿·阿契贝：《神箭》，陈笑黎、洪萃晖译，重庆出版社
　2011年版。

［尼日利亚］钦努阿·阿契贝：《荒原蚁丘》，朱世达译，重庆出版社
　2009年版。

［尼日利亚］钦努阿·阿契贝：《一只祭祀用的蛋》，常文祺译，南海出版
　公司2014年版。

［尼日利亚］钦努阿·阿契贝：《人民公仆》，尧雨译，重庆出版社2008
　年版。

任一鸣、瞿世镜：《英语后殖民文学研究》，上海译文出版社2003年版。

［美］苏珊·桑塔格：《重点所在》，陶洁、黄灿然等译，上海译文出版社
　2004年版。

［尼日利亚］索因卡：《狮子和宝石》，邵殿生译，漓江出版社1990年版。

［尼日利亚］索因卡：《痴心与浊水》，沈静、石羽山译，外国文学出版社
　1987年版。

［尼日利亚］索因卡：《死亡与国王的侍从》，蔡宜刚译，湖南文艺出版社
　2004年版。

唐建清：《国外后现代文学》，江苏美术出版社2003年版。

［英］特雷·伊格尔顿：《二十世纪西方文学理论》，伍晓明译，北京大学
　出版社2007年版。

［法］图尼埃：《礼拜五：太平洋上的灵薄狱》，王道乾译，上海译文出版

社 1997 年版。

杨星映：《中西小说文体形态》，中国社会科学出版社 2005 年版。

［苏］伊·德·尼基福罗娃等：《非洲现代文学》（北非和西非），刘宗
　　次、赵陵生译，外国文学出版社 1980 年版。

俞灏东、杨秀琴、俞任远：《非洲文学作家作品散论》，宁夏人民出版社
　　2012 年版。

俞灏东、杨秀琴、刘清河：《现代非洲文学之父钦努阿·阿契贝》，宁夏
　　人民出版社 2012 年版。

王宁、薛晓源：《全球化与后殖民批评》，中央编译出版社 1998 年版。

张京媛主编：《后殖民理论与文化批评》，北京大学出版社 1999 年版。

张京媛主编：《当代女性主义文学批评》，北京大学出版社 1992 年版。

张岩冰：《女权主义文论》，山东教育出版社 1998 年版。

赵稀方：《后殖民理论》，北京大学出版社 2009 年版。

论文

厄普代克：《库切和他的〈青春〉》，马振骋译，载《万象》2003 第
　　12 期。

F. 奥顿·八娄贡：《现代主义与非洲文学》，李永彩译，载《外国文学》
　　1993 年第 3 期。

黄和斌、戴秀华：《非洲英语的形成、特征与功能》，载《解放军外语学
　　院学报》1998 年第 7 期。

黎跃进：《20 世纪"黑非洲地区"文学发展及其特征》，载《黑龙江社会
　　科学》2012 年第 2 期。

刘炳范：《二十世纪南非文学简论》，载《齐鲁学刊》1997 年第 3 期。

陆建德：《碎片中的政治与性情——读库切新作〈凶年纪事〉》，载《书
　　城》2008 年第 10 期。

任一鸣：《后殖民时代的非洲宗教及其文学表现》，载《社会科学》2003
　　年第 12 期。

宋志明：《沃勒·索因卡：后殖民主义文化与写作》，博士学位论文，北
　　京师范大学，2000 年。

唐欣：《现实主义再检讨》，载《甘肃理论学刊》2000 年第 5 期。

王培根：《南非文学说略》，载《解放军外语学院学报》1997 年第 5 期。

王向远：《黑非洲文学的区域性特征简论》，载《苏州科技学院学报》2012 年第 3 期。

许志强：《老年 C 先生与"小故事"写作——读库切新作〈凶年纪事〉》，载《中国图书评论》2009 年第 3 期。

邹颉：《南非英语文学述评》，载《浙江师范大学学报》2011 年第 3 期。

颜志强：《图图奥拉——尼日利亚英语文学的先锋》，载《绵阳师范学院学报》2004 年第 1 期。

张荣建：《黑非洲文学创作中的英语变体》，载《重庆师院学报》1995 年第 3 期。

张毅：《从文学功能看南非的英语文学》，载《山西财经大学学报》2012 年第 5 期。

周宪：《从同一性逻辑到差异性逻辑——20 世纪文学理论的范式转型》，载《清华大学学报》2010 年第 2 期。

邹海仑：《他"引导非洲的长篇小说进入后现代时期……"——记〈饥饿的道路〉和它的作者》，载《世界文学》1994 年第 3 期。

二　外文文献

专著

Abrahams, Cecil, ed. , *The Writings of Alex La Guma：Memories of Home*, New Jersey：African World Press, 1991.

Alex La Guma, *A Walk in the Night*, Nairobi：Heinemann Kenya Ltd, 1967.

——*In the Fog of the Season's End*, London：Heinemann, 1972.

——*And a Threefold Cord*, Berlin：Seven Seas Publishers, 1964.

Anders Breidlid, *Resistance and Consciousness in Kenya and South Africa*, Berlin：Peter Lang, 2002.

Andrew Vogel Ettin, *Betrayals of the Body Politic：The Literary Commitments of Nadine Gordimer*, Charlottesville, London：University Press of Virginia, 1993.

Amos Tutuola, *The Palm-wine Drinkard and His Dead Palm – wine Tapster in the Deads' Town*, London：Faber and Faber Ltd, 1952.

Armah, Ayi Kwei, *The Beautyful Ones Are Not Yet Born*, Nairobi ：Heinemann

Kenya Ltd. , 1969.

Bernth Lindfors ed. , *Critical Perspectives on Nigerian Literarures*, Washington. D. C. : Three Continents Press, 1976.

Bessie Head, *The Collector of Treasures*, London: Heinemann, 1977.

Bloke Modisane, *Blame me on History*, London: Thames and Hudson, 1963.

Breytenbach, Breyten, *The True Confessions of an Albino Terrorist*, London: Faber & Faber, 1984.

Bruce King ed. , *New National and Post-colonial Literatures: An Introduction*, Oxford: Clarendon Press, 1996.

Buchi Emecheta, *Second Class Citizen*, New York: George Braziller, 1975.

——*The Joys of Motherhood*, London: Heinemann, 1979.

Chinweizu, *The West and the Rest of Us*, New York: Vintage Books, 1975.

Chidi Amuta, *The Theory of African Literature: Implications for Practical Criticism*, London, New Jersey: Zed Books Ltd, 1989.

Chinua Achebe, *Arrow of God*, London: Heinemann, 1964.

——*Things Fall Apart*, London: Heinemann, 1962.

——*Morning Yet on Creation Day*, Garden City and New York: Anchor Press, 1975.

——*The Trouble with Nigeria*, City Layout: Fourth Dimension Publishing Co. Ltd. , 1983.

——*Home and Exile*, Oxford, New York: Oxford University Press, 2000.

——*No longer at Ease*, Oxford: Heinemann International, 1989.

Christopher Okigbo, *Labyrinths*, London, Ibadan, Nairrobi: Heinemann, 1971.

C. L. Innes, *The Cambridge Introduction to Postcolonial Literatures in English*, New York: Cambridge University Press, 2007.

Cooper, Brenda, *Magical Realism in West African Fiction : Seeing with a Third Eye*, London : Routledge, 1998.

David Attwell and Derek Attridge ed. , *The Cambridge History of South African Literature*, Cambridge and New York : Cambridge University Press, 2012.

Dennis Walder, *Post-colonial Literatures in English: History, Language, Theory*, Oxford: Blackwell, 1998.

Dennis Duerden and Cosmo Pieterese ed. , *African Writers Talking*, London:

Heinemann, 1972.

Dominid Head, *J. M. Coetzee*, Cambridge: Cambridge University Press, 1997.

——*Nadine Gordimer*, New York: Cambridge University Press, 1994.

Eldred Durosimi Jones, *The Writing of Wole Soyinka*, London: James Currey, 1988.

Elechi Amadi, *The Great Ponds*, London: Heinemann Educational Books Ltd, 1969.

——*The Concubine*, London: Heinemann, 1966.

Graham, Lucy Valerie, *State of Peril : Race and Rape in South African Literature*, New York : Oxford University Press, 2012.

Jane Wilkinson ed. , *Talking with African Writers: Interviews by Jane Wilkinson*, London: James Currey Ltd. , 1992.

James Olney ed. , *Autobiography: Essays Theoretical and Critical*, Princeton, New Jersey: Princeton University Press, 1980.

James Gibbs and Bernth Lindfors ed. , *Research on Wole Soyinka*, Edmonton Alberta : Africa World Press, Inc. 1993.

J. M. Coetzee, *Doubling the Point: Essays and Interviews*, New York: Harvard University Press, 1992.

—— *Foe*, Harmondsworth: Penguin Books, 1987.

——*Summertime: Scenes from Provincial Life*, London: Harvill Secker, 2009.

——*Stranger Shores: Literary Essays: 1986 – 1999*, New York: Viking Penguin, 2001.

——*Boyhood: Scenes from Provincial Life*, Harmondsworth: Penguin Books, 1997.

Julia Swindells ed. , *The Uses of Autobiography*, London, Tayor and Francis, 1995.

Kadiatu Kanneh, *African Identities: Race, Nation and Culture in Ethnography, Pan-Africanism and Black Literatures*, London, New York: Routledge, 1998.

Karen L. Morell ed. , *In Person, Achebe, Awoonor, and Soyinka at the University of Washington*, Seattle: University of Washington, 1975.

Ketu H. Katrak, *Wole Soyinka and Modern Tragedy: A Study of Dramatic Theory and Practice*, New York: Greenwood Press, 1986.

Martine Waston Brownley, *Deferrals of Domain*：*Contemporary Women Novelists and the State*, London：Macmilian Press Ltd, 2000.

Mathuray, Mark, *On the Sacred in African Literature*：*Old Gods and New Worlds*, Houndmills, Basingstoke, Hampshire , New York ：Palgrave Macmillan, 2009.

Nadine Gordimer, *The Black Interpreters-Notes on African Writing*, Johannesburg：Spro-Cas/Ravan, 1973.

——*Writing and Being*, London：Harvard University Press, 1995.

——*Burger's Daughter*, London ：Jonathan Cape Ltd, 1979.

Ngugi wa Thiong'o, *Decolonising the Mind*：*The Politics of Language in African Literature*, London：James Currey, 1986.

——*Moving the Centre*：*The Struggle for Cultural Freedoms*, London：James Currey, 1993.

——*Barrel of a Pen*, London：New Beacon, 1985.

——*Petals of Blood*, London：Penguin Books, 2002.

——*This Time Tomorrow*, Nairobi：Kenya Literature Bureau, 1970.

——*Writeres in Politics*, Oxford：James Currey, 1997.

Obi Maduakor, *Wole Soyinka*：*An Introduction to His Writing*, New York and London：Garland Publishing, 1986.

Ogede, Ode, *Intertextuality in Contemporary African Literature*：*Looking Inward*, Lanham, Md. ：Lexington Books, 2011.

Ogunba, Oyin ed. , *Soyinka*：*A Collection of Critical Essays*, Ibadan：Syndicated Communications, Ltd, 1994.

Osofisan, Femi, *Major Plays*, Ibadan：Opon Ifa Readers, 2003.

Phanuel Akubueze Egejuru, *Black Writers*：*White Audiences*, Hicksville, New York：Exposition Press, 1978.

Pieterse, Cosmo, *Five African Plays*, London：Heinemann, 1972.

Roy Pascal, *Design and Truth in Autobiography*, London：Routledge and Kegan Paul, 1960.

Simon Gikandi, *Reading the African Novel*, London：James Currey, 1987.

Stephen Clingman, *The Novels of Nadine Gordimer*：*History from the Inside*, London：Bloomsbury, 1993.

Susan Vanzanten Gallagher, *A Story of South Africa*: *J. M. Coetzee's Fiction in Context*, New York: Harvard University Press, 1991.

Wilkinson, Jane, ed., *Talking With African Writers*, London: Heinemann, 1992.

Wole Soyinka, *Art, Dialogue and Outrage*: *Essays on Literature and Culture*, London: Methuen, 1993.

——*Myth, Literature and the African World*, Cambridge: Cambridge University, 1978.

——*Ake*: *The Years of Childhood*, London: Rex Colleges, 1981.

——*Death and the King's Horseman*, London: Methuen, 1982.

——*The Man Died*: *Prison Notes of Wole Soyinka*, London: Rex Collings Ltd. 1972.

——*The Burden of Memory*, *the Muse of Forgiveness*, Oxford: Oxford University Press, 1999.

论文

Abu-Jamal, Mumia, "Soyinka's Africa: Continent of Crisis, Conflict and Cradle of the Gods", Black Scholar: Journal of Black Studies and Research, Vol. 31, No. 1, Spring 2001.

Adelman, Gary, "Stalking Stavrogin: J. M. Coetzee's The Master of Petersburg and the Writing of The Possessed", Journal of Modern Literature, Vol. 23, No. 2, Winter 1999/2000.

Ambroise Kom, "African Absence, a Literature without a Voice", Research in African Literatures, Vol. 29, No. 3, Fall 1998.

Craig McLuckie, "The Structural Coherence of Wole Soyinka's Death and the King's Horseman", College Literature, Vol. 31, No. 2, Spring 2004.

Dickinson, Swift, "Sam Selvon's 'Harlequin Costume': Moses Ascending, Masquerade, and the Bacchanal of Self-Creolization", Melus. Los Angeles, Vol. 21, No. 3, Fall 1996.

Douglas McCabe. "'Higher Realities': New Age Spirituality in Ben Okri's The Famished Road", Research in African Literatures, Vol. 36, No. 4, Winter 2005.

George, Olakunle, "The National and the Transnational: Soyinka's The Interpreters and Aké: The Years of Childhood", Novel: a Forum on Fiction, Vol. 41, No. 2/3, Spring 2008.

Glenn, Ian, "Nadine Gordimer, J. M Coetzee, and the Politics of Interpretation", South Atlantic Quarterly, Vol. 93, No. 1, Winter 1994.

Hawley, John C, "Ben Okri's Spirit-child: Abiku Migration and Postmodernity Research in African Literatures", Vol. 26, No. 1, Spring 1995.

Janheinz Jahn, "An Interview with the Editorial Board" for UFAHaMU, Vol. 4, No. 1, Spring 1973.

J. M. Coetzee, "The Novel Today", Upstream6, Vol. 6, No. 1, Summer 1988.

Nwakanma, Obi., "Metonymic Eruptions: Igbo Novelists, the Narrative of the Nation, and New Developments in the Contemporary Nigerian Novel", Research in African Literatures Vol. 39, No. 2, Summer 2008.

Odinga, Sobukwe, "Chinua Achebe Interviewed", Black Renaissance/Renaissance noire, Vol. 6, No. 2, Spring 2005.

Odom, Glenn A, "The End of Nigerian History: Wole Soyinka and Yorùbá Historiography", Comparative Drama, Vol. 42, No. 2, Summer 2008.

Ogundele, "Wole: Death and the King's Horseman: a Poet's Quarrel with His Culture", Research in African Literatures, Vol. 25, No. 1, Spring 1994.

Ogunsanwo, Olatubosun, "Intertextuality and Post-colonial Literature in Ben Okri's The Famished Road", Research in African Literatures, Vol. 26, No. 1, Spring 1995.

Richard K Priebe, "Literature, Community, and Violence: Reading African Literature in the West", Research in African Literatures, Vol. 36, No. 2, Summer 2005.

Scott, Joanna, "Voice and Trajectory: an Interview with J. M. Coetzee", Salmagundi. Saratoga Springs, No. 114/115, Spring 1997.

Snyder, Carey., "The Possibilities and Pitfalls of Ethnographic Readings: Narrative Complexity in Things Fall Apart", College Literature, Vol. 35, No. 2, Spring 2008.

Wilson, Matthew, "Writing the Postcolonial: the Example of Soyinka's A Dance of the Forests", College Literature, Vol. 27, No. 3, Fall 2000.

Wole Ogundele, "Devices of Evasion: The Mythic Versus the Historical Imagination in the Postcolonial African Novel", Research in African Literatures, Vol. 33, No. 3, Fall 2002.

Yeoh, Gilbert, "J. M. Coetzee and Samuel Beckett: Ethics, Truth-telling, and Self-Deception", Critique, Vol. 44, No. 4, Summer 2003.